Gisela Kammermeyer / Susanna Roux
Sarah King / Astrid Metz

Mit Kindern im Gespräch

Strategien zur sprachlichen Bildung von
Kleinkindern in Kindertageseinrichtungen

Zu den Autoren

Prof. Dr. Gisela Kammermeyer
Lehrerin, Schulpsychologin; Professorin für Pädagogik der frühen Kindheit an der Universität Koblenz-Landau, Forschungsschwerpunkte: Übergang vom Kindergarten in die Grundschule, anschlussfähige Bildungsprozesse, Sprachdiagnostik und Sprachförderung.

Prof. Dr. Susanna Roux
Erzieherin, Studium der Erziehungswissenschaften mit den Schwerpunkten Pädagogik der frühen Kindheit und Interkulturelle Bildung, Dipl.-Päd., Professorin für Elementarbildung an der Pädagogischen Hochschule Weingarten. Forschungsschwerpunkte: Sprachdiagnostik und -pädagogik, Pädagogische Qualität, Sozial-emotionale Entwicklung, Interaktionsforschung.

Dipl.-Päd. Sarah King
Studium der Erziehungswissenschaften mit den Schwerpunkten Pädagogik der frühen Kindheit und Medienpädagogik, Wissenschaftliche Mitarbeiterin der Universität Koblenz-Landau, Projekt: „BISS – Bildung durch Sprache und Schrift" (RLP). Forschungsschwerpunkte: Kindliche Sprachentwicklung, Sprachförderung und Sprachbildung.

Dipl.-Päd. Astrid Metz
Erzieherin, Studium der Erziehungswissenschaften mit den Schwerpunkten Pädagogik der frühen Kindheit und Medienpädagogik, Doktorandin. Forschungsschwerpunkte: Kindliche Sprachentwicklung und Sprachdidaktik.

Die Baden-Württemberg Stiftung setzt sich für ein lebendiges und lebenswertes Baden-Württemberg ein. Sie ebnet den Weg für Spitzenforschung, vielfältige Bildungsmaßnahmen und den verantwortungsbewussten Umgang mit unseren Mitmenschen. Die Baden-Württemberg Stiftung ist eine der großen operativen Stiftungen in Deutschland. Sie ist die einzige, die ausschließlich und überparteilich in die Zukunft Baden-Württembergs investiert – und damit in die Zukunft seiner Bürgerinnen und Bürger.

Die vorliegende Publikation ist das Ergebnis des gleichnamigen Modellprojekts „Gespräche mit Kindern führen", das von der Universität Koblenz-Landau im Auftrag der Baden-Württemberg Stiftung im Rahmen ihres Programms „Sag' mal was" durchgeführt wurde.

Gender-Hinweis:
Zugunsten einer besseren Verständlichkeit kann es vorkommen, dass in einigen Texten teilweise auf die weibliche bzw. männliche Sprachform verzichtet oder eine geschlechtsneutrale Formulierung gewählt wurde. Die Unterschiede in der Lebenswirklichkeit von Frauen und Männern sind jedoch durchgängig berücksichtigt.

Die Vorlagen auf CD sind optimiert für Microsoft Office 2007 SPXX basierend auf Windows 7®
Gedruckt auf umweltbewusst gefertigtem, chlorfrei gebleichtem und alterungsbeständigem Papier.

1. Auflage 2014
Nach den seit 2006 amtlich gültigen Regelungen der Rechtschreibung
© Auer Verlag
AAP Lehrerfachverlage GmbH, Donauwörth
Alle Rechte vorbehalten
Das Werk und seine Teile sind urheberrechtlich geschützt. Jede Nutzung in anderen als den gesetzlich zugelassenen Fällen bedarf der vorherigen schriftlichen Einwilligung des Verlages. Hinweis zu § 52 a UrhG: Weder das Werk noch seine Teile dürfen ohne eine solche Einwilligung eingescannt und in ein Netzwerk eingestellt werden. Dies gilt auch für Intranets von Schulen und sonstigen Bildungseinrichtungen.
Illustrationen: Corina Beurenmeister
Umschlagfoto: Shutterstock_163422077/amelaxa
Fotos: Karin Hiller, Boris Volandt
Satz: Fotosatz H. Buck, Kumhausen
Druck und Bindung: Kessler Druck + Medien GmbH, Bobingen
CD/DVD-Pressung: optimal media production GmbH, Röbel/Müritz
ISBN 978-3-403-**07305**-5

www.auer-verlag.de

Inhaltsverzeichnis

Vorwort der Baden-Württemberg Stiftung 5

Vorwort der Autorinnen 7

Einführung und Zielsetzung 8

1. Sprachliche Bildung von Kleinkindern 9

1.1 Worum geht es in diesem Qualifizierungskonzept? 9

1.2 Worauf baut das Qualifizierungskonzept *inhaltlich* auf? 10
1.2.1 Sprachbildung oder Sprachförderung? 10
1.2.2 Alltagsintegrierte Sprachbildung oder additive Sprachförderung? 10
1.2.3 Welche theoretischen Grundlagen liegen dem Qualifizierungskonzept zugrunde? . . 11
1.2.4 Welche Sprachförderansätze sind erfolgreich? 12

1.3 Welche *Strategien* eignen sich zur sprachlichen Bildung? 15
1.3.1 Modellierungsstrategien 16
1.3.2 Formale Strategien 18
1.3.3 Inhaltliche Strategien 21
1.3.4 Überblick über Sprachförderstrategien 23

1.4 Welche *Situationen* eignen sich zur sprachlichen Bildung? 23
1.4.1 Bilderbuchbetrachtung 23
1.4.2 Spiele und Angebote 24
1.4.3 Symbol- und Rollenspiele 24
1.4.4 Spontane Sprechanlässe und Routinen 25

1.5 Welche *methodischen Kennzeichen* weisen effektive Qualifizierungskonzepte auf? 26
1.5.1 Situiertes Lernen: Bemühen um Authentizität 26
1.5.2 Situiertes Lernen: Betrachten verschiedener Perspektiven 27
1.5.3 Situiertes Lernen: Berücksichtigung des Kontextes 27
1.5.4 Coaching 27
1.5.5 Die Berücksichtigung der menschlichen Grundbedürfnisse 28

2. Qualifizierungskonzept: Mit Kindern im Gespräch 29

2.1 Zielgruppe 29
2.2 Organisatorischer Rahmen 29
2.3 Aufbau der Qualifizierung 29
2.4 Methoden der Qualifizierung 30
2.5 Videoanalyse und Coaching 31

3.	**Einführung in den Praxisteil**	32
3.1	Module und Bausteine des Qualifizierungskonzeptes (Überblick)	32
3.2	Aufbau und Ablauf der Qualifizierung	32
3.3	Überblick über die Inhalte der DVD	39
4.	**Module**	**43**
4.1	**Modul 1: Strategien & Situationen**	43
	Baustein 1–9	43
4.2	**Modul 2: Bilder & Bilderbücher**	70
	Baustein 1–10	70
4.3	**Modul 3: Spiele & Angebote**	94
	Baustein 1–9	94
4.4	**Modul 4: Symbol- & Rollenspiel**	113
	Baustein 1–10	113
4.5	**Modul 5: Spontane Sprechanlässe & Routinen**	139
	Baustein 1–8	139
4.6	**Modul 6: Markt & Möglichkeiten (Stationenarbeit)**	156
	Baustein 1–10	156
5.	**Evaluation des Qualifizierungskonzeptes**	**178**
5.1	Formative Evaluation	178
5.2	Summative Evaluation	180
6.	**Zusammenfassung und Ausblick**	**181**
7.	**Literatur**	**183**
8.	**Anhang**	**190**
8.1	Verzeichnis der Abbildungen und Tabellen	190
8.2	Ergänzende Materialien	190

Vorwort der Baden-Württemberg Stiftung

Die Bedeutung von Sprachkompetenz und Ausdrucksvermögen für den Bildungserfolg ist unbestritten. Dabei gilt, dass Sprache gleichzeitig Schlüssel und Grundlage für den individuellen Bildungserfolg und die Lebenschancen von Kindern ist. Der Zugang zur deutschen Sprache ist für eine gerechte Verteilung von Bildungschancen unabdingbar. Die Baden-Württemberg Stiftung engagiert sich deshalb seit vielen Jahren in der Sprachförderung. Im Jahr 2002 haben wir mit dem Programm „Sag' mal was – Sprachförderung für Vorschulkinder" mit dem Ziel begonnen, die sprachliche Bildung und den Spracherwerb von Kindern im vorschulischen Alter zu stärken. „Sag' mal was" war von Beginn an ein „lernendes Programm", mit dem im Verlauf auch wichtige Erkenntnisse aus der Praxis für die Zukunft gewonnen wurden. Tatsächlich können wir darauf aufbauend kontinuierlich innovative Projekte in der frühkindlichen Sprachförderung und Sprachbildung anbieten. Ein wissenschaftlicher Beirat gibt wertvolle Hinweise für das Programm, das darüber hinaus in zwei Begleitstudien der Pädagogischen Hochschulen Heidelberg und Weingarten untersucht wurde.

Zentrale Erkenntnisse aus der wissenschaftlichen Begleitforschung, Rückmeldungen des Beirats sowie Erfahrungen der Praxis haben gezeigt, dass mit der Unterstützung des Spracherwerbs und der Sprachentwicklung möglichst früh begonnen werden sollte. Außerdem muss das pädagogische Personal gezielt für die Sprachförderung von Kindern qualifiziert werden. Die Baden-Württemberg Stiftung hat deshalb das Projekt „Sprachliche Bildung für Kleinkinder" auf den Weg gebracht und zwei Forschergruppen mit der Entwicklung von Modellprojekten beauftragt: eine Gruppe am Deutschen Jugendinstitut in München und eine Gruppe an der Universität Koblenz-Landau unter der Leitung von Prof. Dr. Gisela Kammermeyer und Prof. Dr. Susanna Roux. In beiden Teilprojekten wurden Lehr-Lernkonzepte in enger Kooperation mit Fachkräften in Kindertageseinrichtungen für Kinder unter drei Jahren erprobt und Praxismaterialien entwickelt.

Die vorliegende Handreichung ist das Ergebnis aus dem Projekt „Mit Kindern im Gespräch" der Universität Koblenz-Landau. Die Materialien und das beschriebene Konzept können für die Qualifizierung von pädagogischem Fachpersonal eingesetzt werden. Es eignet sich auch für den Einsatz in der Kindertageseinrichtung und in der Arbeit mit Kindern, wo bewusst und fokussiert Sprachförderung und Sprachbildung genutzt werden. Wir freuen uns sehr, allen interessierten Personen dieses Qualifizierungskonzept mit umfangreichen Materialien und Videobeispielen auf der beiliegenden DVD zugänglich machen zu können.

Das Programm „Sag' mal was" und die Initiative der Teilprojekte „Sprachliche Bildung für Kleinkinder" fügen sich ein in das Engagement der Baden-Württemberg Stiftung, mit dem sie sich der Spitzenforschung, der Bildung und dem Streben nach einem verantwortungsbewussten Umgang mit unseren Mitmenschen widmet. Alle Aktivitäten sind darauf ausgerichtet, nachhaltige Veränderungen zu bewirken. Der frühkindliche Bereich und die sprachliche Bildung nimmt für die lebenswerte Gestaltung der Zukunft eine besondere Rolle ein. Hier werden wir uns gemäß unserem Motto „Wir stiften Zukunft" weiter engagieren.

Wir danken insbesondere den Mitarbeiterinnen und Mitarbeitern der Universität Koblenz-Landau sowie dem Landesinstitut für Schulentwicklung, das als Projektträger für die Baden-Württemberg Stiftung an dem Projekt „Mit Kindern im Gespräch" beteiligt war. Unser besonderer Dank gilt den Autorinnen der Handreichung, Prof. Dr. Gisela Kammermeyer, Prof. Dr. Susanna Roux, Dipl.-Päd. Sarah King und Dipl.-Päd. Astrid Metz.

Ihnen, liebe Leserinnen und Leser, hoffen wir mit dieser Publikation eine Hilfe für Ihren pädagogischen Alltag, insbesondere für die Sprachförderung und Sprachbildung von Kindern geben zu können. Oder Sie nutzen die Handreichung als Multiplikatorin/Multiplikator bei der Durchführung von Qualifizierungsmaßnahmen – in jedem Fall wünschen wir Ihnen viel Freude bei Ihrer wichtigen Arbeit mit Kindern.

Christoph Dahl
Geschäftsführer
Baden-Württemberg Stiftung

Dr. Andreas Weber
Abteilungsleiter Bildung
Baden-Württemberg Stiftung

Vorwort der Autorinnen

Mit dem vorliegenden Materialband wird das Ergebnis der Entwicklung eines Sprachbildungsansatzes für Erzieherinnen unter dreijähriger Kinder vorgestellt, das in den Jahren 2008 bis 2012 an der Universität Landau entwickelt und mit Erzieherinnen aus Baden-Württemberg erprobt wurde. Eine solche Entwicklungsarbeit ist nicht möglich, ohne ein förderliches Umfeld.

Hier ist an erster Stelle die *Baden-Württemberg Stiftung*, vertreten durch Dr. Andreas Weber und Ulrike Vogelmann zu nennen, die das Projekt einschließlich der Publikation dieses Materialbandes finanziell ermöglicht haben und stets auch ideelle Unterstützung und konstruktive Rückmeldung gegeben haben. Dafür danken wir sehr.
Ein Dank geht auch an das Landesinstitut für Schulentwicklung, hier vertreten durch Gudrun Raible.

Der weitere Dank gilt allen beteiligten *Erzieherinnen* aus baden-württembergischen Kindertagesstätten und deren Teams, die engagiert mitarbeiteten und einen differenzierten Einblick in ihre alltägliche Sprachförderarbeit gewährten. Besonderer Dank gilt den Erzieherinnen des Kinderhauses Gummi-Bärchen in Karlsruhe sowie des katholischen Kindergartens St. Anna in Waldkirch-Suggental, deren Videomaterial für diesen Materialband genutzt werden kann.

Den *Eltern* der beteiligten Kinder ist zu danken für ihre Zustimmung zur Nutzung von Videoaufnahmen ihrer Kinder und zur Veröffentlichung im Rahmen dieses Qualifizierungskonzeptes sowie ihren *Kindern* für ihre Mitwirkung im Rahmen der Sprachbildung.

Ein solcher Materialband kann nicht zuletzt nur realisiert werden an der Seite eines Verlages, der die Idee zusammen mit den Autorinnen aufgreift und umsetzt. Wir danken dem *Auer-Verlag*, vertreten durch Robert Erber und Alexandra Löffler sowie Melanie Dörr für den notwendigen kreativen Freiraum, den Glauben an die Idee und die tatkräftige Unterstützung.

Schließlich wäre ohne ein unterstützendes kollegiales Umfeld diese Entwicklungsarbeit nicht möglich gewesen. Bei allen *Projektmitwirkenden* sowie bei allen *Kolleginnen* und *Kollegen* aus Landau und Weingarten, die an der Realisierung bzw. an der Unterstützung – in welcher Form auch immer – beteiligt waren, möchten wir herzlich danken.

Landau und Weingarten, im Mai 2014

Die Autorinnen

Einführung und Zielsetzung

Es gibt derzeit eine große Übereinstimmung in Praxis, Theorie und Forschung, dass die frühe sprachliche Bildung bereits junger Kinder einen hohen Stellenwert hat und es nicht ausreicht, mit dieser erst im letzten Jahr vor der Einschulung zu beginnen. Eine große Chance besteht vielmehr darin, Kindern schon früh, spätestens aber von Anfang der institutionellen Betreuung an gezielte sprachliche Anregungen zu geben. Damit verbunden ist die Erwartung, dass spätere zusätzliche, sogenannte additive Sprachfördermaßnahmen nicht mehr notwendig werden. Da zunehmend jüngere Kinder in eine Kindertagesstätte eintreten, werden Konzepte zur Sprachbildung bzw. Sprachförderung benötigt, die sich für *unter Dreijährige* eignen. Hierzu gibt es bisher nur sehr wenige empirisch überprüfte Ansätze (vgl. Kap. 1.2.4). Dies ist nicht verwunderlich, da sich für diese Altersgruppe hoch strukturierte zusätzliche Programme eher weniger eignen, es werden vielmehr Ansätze benötigt, die in den *Alltag integriert* werden können.

Die alltagsintegrierte sprachliche Bildung stellt jedoch besonders hohe Anforderungen an die Erwachsenen in Familie und Institutionen. Erzieherinnen in Kitas sprechen beispielsweise selbstverständlich im Alltag mit den ihnen anvertrauten Kindern. Es werden dabei jedoch, wie Videoanalysen zeigen, die Möglichkeiten der sprachlichen Anregung, die für die Sprachentwicklung besonders bedeutsam sind, in der Regel nicht ausreichend genutzt. Dies ist nicht verwunderlich, da die *Verbesserung der sprachlichen Anregungsqualität* besonders anspruchsvoll ist. So sind etwa die eigenen sprachlichen Äußerungen der Selbstbeobachtung nur schwer zugänglich.

Die Qualifizierung von Eltern und pädagogischen Fachkräften im Hinblick auf die Verbesserung der sprachlichen Anregungsqualität ist der Schlüssel zur alltagsintegrierten sprachlichen Bildung. Erfolgversprechend ist dabei die Fokussierung auf *empirisch bewährte Sprachförderstrategien* (vgl. Kap. 1.3). Als besonders geeignet – gerade bei jungen Kindern – hat sich deren Einsatz im Rahmen des sogenannten *Dialogischen Lesens* erwiesen. Sie können aber auch in *anderen Alltagssituationen*, wie z. B. bei Spielen und Angeboten, im Symbol- und Rollenspiel sowie bei Routinen und spontanen Sprechanlässen angewendet werden.

Viele Fortbildungsinstitutionen bieten Qualifizierungsmaßnahmen zur Sprachbildung und Sprachförderung an, die von pädagogischen Fachkräften auch nachgefragt werden. Wenige Erkenntnisse gibt es jedoch, inwieweit der *Transfer des Gelernten in die Praxis* gelingt. Hinweise zur Frage, welche Form von Fortbildung erfolgreich ist, können aus der Lehrerforschung entnommen werden. Sie legen nahe, dass vor allem der methodische Ansatz des *„Situierten Lernens"* erfolgversprechend ist. In Qualifizierungsmaßnahmen nach diesem methodischen Ansatz geht es nicht in erster Linie um Wissensvermittlung, sondern vielmehr um die praxisbezogene *Verbesserung von Handlungskompetenzen*. Dazu werden Lern- und Anwendungssituationen möglichst ähnlich gestaltet, die Teilnehmenden werden systematisch angeregt, sich mit verschiedenen Perspektiven auseinanderzusetzen und das Gelernte kleinschrittig auf ihren individuellen Praxiskontext anzuwenden.

Das vorliegende Qualifizierungskonzept „Mit Kindern im Gespräch" wendet sich vor diesem Hintergrund vor allem an Personen, die Qualifizierungsmaßnahmen für pädagogische Fachkräfte zum Thema Sprachbildung bzw. Sprachförderung leiten, kann aber auch zum Selbststudium genutzt werden. Es wurde im Rahmen des Programms „Sag' mal was – Sprachliche Bildung für Kleinkinder" der Baden-Württemberg Stiftung in den Jahren 2008 bis 2012 entwickelt, erprobt und extern evaluiert. In einem anschließenden Transferprojekt wurden die Erzieherinnen, die besonders erfolgreich am Vorgängerprojekt teilgenommen hatten, zu Multiplikatorinnen fortgebildet, um die Implementation der Weiterbildungsinhalte in die Praxis zu gewährleisten. Mit der Vorlage des Qualifizierungskonzeptes wird erstmals ein *inhaltlich und methodisch differenziert ausgearbeitetes evidenzbasiertes Konzept* angeboten, das alle notwendigen Materialien (einschließlich Videoausschnitte) enthält und bezüglich der Themenbearbeitung und Anpassung an die Adressatengruppe *flexibel eingesetzt* werden kann.

1. Sprachliche Bildung von Kleinkindern

1.1 Worum geht es in diesem Qualifizierungskonzept?

Das vorliegende Qualifizierungskonzept „Mit Kindern im Gespräch" zielt darauf ab, Fortbildnerinnen in der sprachlichen Bildung ein durchdachtes Konzept an die Hand zu geben, mit dem sie die Sprachförderkompetenzen pädagogischer Fachkräfte (z. B. Erzieherinnen, Kindertagespflegepersonen) oder auch Eltern verbessern und so die Qualität der Erwachsenen-Kind-Interaktion erhöhen. Das Konzept „Mit Kindern im Gespräch" ist aber auch geeignet für das Selbststudium von denjenigen, an die sich die genannten Qualifizierungsmaßnahmen wenden, also von frühpädagogischen Fachkräften in der pädagogischen Praxis. Schließlich wendet sich das Konzept außerdem an besonders interessierte Eltern, die die sprachlichen Kompetenzen ihrer Kinder eigenständig gezielter anregen möchten.

Angeboten werden sechs Module mit insgesamt 56 Bausteinen, mit deren Hilfe der Erwerb bzw. die Verbesserung empirisch belegter Sprachförder*strategien* angeregt werden kann. Diese Strategien können in der Kita, Tagespflege oder im familiären Kontext in verschiedenen Alltags*situationen* bei allen Kindern angewendet werden. Das Qualifizierungskonzept baut methodisch auf dem Konzept des *Situierten Lernens* auf, mit dessen Hilfe der Transfer in die Praxis erleichtert wird. Die methodisch differenziert beschriebenen Module und Bausteine des Qualifizierungskonzeptes „Mit Kindern im Gespräch" sind in erster Linie für Qualifizierungen im Rahmen von Fort- und Weiterbildungen im pädagogischen Feld konzipiert, können aber auch zum Selbststudium verwendet werden.

Das Qualifizierungskonzept unterstützt pädagogische Fachkräfte und auch Eltern dabei, ihr eigenes sprachliches Handeln besser wahrzunehmen. Dazu gehört beispielsweise zu erkennen, welche Strategien sie im Alltag bereits nutzen und welche noch genutzt bzw. intensiviert werden können. Pädagogische Fachkräfte und Eltern werden dabei unterstützt, sprachförderliche Situationen zu erkennen und diese gezielter und häufiger für sprachanregende Interaktion und Kommunikation heranzuziehen.

Entwickelt wurde das Qualifizierungskonzept ursprünglich für die Qualifizierung von Erzieherinnen, die mit Kindern unter drei Jahren in Regeleinrichtungen arbeiten. In der vorliegenden Weiterentwicklung wurden die Zielgruppe als auch die Anwendungsbereiche erweitert. Es richtet sich insbesondere an Leitungen von Qualifizierungsmaßnahmen und kann in diesen Lehr-Lernkontexten für unterschiedliche Zielgruppen (Teilnehmende an der Qualifizierung) verwendet werden, z. B.

- von Leitungen von Qualifizierungsmaßnahmen für pädagogische Fachkräfte (wie Aus- und Fortbildnerinnen, Fachberaterinnen, Dozierende an Hochschulen und Berufsakademien),
- von Lehrerinnen an Fachschulen bzw. Fachakademien für die Ausbildung von Erzieherinnen und Kinderpflegerinnen/Sozialassistentinnen,
- von Leitungen von Qualifizierungsmaßnahmen für Tagesmütter/-väter,
- von Pädagoginnen im Bereich der Familienbildung für die Arbeit mit Eltern usw.

Das Qualifizierungskonzept ist vom inhaltlichen und methodischen Kern prinzipiell weder auf eine bestimmte Altersgruppe beschränkt noch auf einen bestimmten pädagogischen Ansatz bezogen. In der vorliegenden Fassung wird dennoch die Gruppe der Zwei- bis Dreijährigen besonders in den Blick genommen. Eine Fassung für die Gruppe der Drei- bis Sechsjährigen wird vorbereitet. Die durch „Mit Kindern im Gespräch" erworbenen Kompetenzen zur sprachlichen Bildung können zudem bei einsprachig und bei mehrsprachig aufwachsenden Kindern sowie auch in integrativen bzw. inklusiven Kontexten eingesetzt werden.

Das Qualifizierungskonzept „Mit Kindern im Gespräch" kann mit folgendem *Steckbrief* kurz charakterisiert werden:

- Entwicklung und Erprobung im Rahmen von „Sag' mal was" (Baden-Württemberg Stiftung)
- formative und summative (externe) Evaluation
- flexibler Einsatz in Qualifizierungsmaßnahmen
- Inhalt: Sprachförderstrategien und Alltagssituationen
- Methode: Situiertes Lernen
- Adressaten:

- sechs Module mit 56 Bausteinen zur flexiblen Nutzung
- Arbeitsblätter und -materialien
- 13 Videobeispiele und 17 Transkripte
- konkrete methodische Vorschläge für den Einsatz der Bausteine mit Variationsvorschlägen
- empfehlenswerte Praxisliteratur und ergänzende Materialien

1.2 Worauf baut das Qualifizierungskonzept *inhaltlich* auf?

1.2.1 Sprachbildung oder Sprachförderung?

Sprachbildung und Sprachförderung gehören zu den zentralen Aufgaben der außerfamiliären institutionellen Kleinkindbetreuung. Diese Begrifflichkeiten werden jedoch mitunter unterschiedlich verwendet. Von einigen wird Sprachförderung als Oberbegriff verstanden, der Sprachbildung beinhaltet, andere unterscheiden die beiden Begriffe voneinander. Fried (2013; vgl. auch Kammermeyer & Roux, 2013) versteht unter Sprachbildung Angebote, in denen die Entwicklung aller Kinder im pädagogischen Alltag angeregt wird. Dies sind meist ganzheitliche, auf alle Sprachentwicklungsbereiche gleichermaßen ausgerichtete Ansätze. Sprachförderung richtet sich demgegenüber selektiv an bestimmte Risikogruppen, mit dem Ziel kompensatorisch Sprachentwicklungsprobleme zu vermeiden. Häufig werden gezielt und systematisch Maßnahmen über einen begrenzten Zeitraum regelmäßig und meist außerhalb der Kindergartengruppe von Sprachförderkräften durchgeführt.

Das Qualifizierungskonzept „Mit Kindern im Gespräch" zielt in erster Linie auf *sprachliche Bildung*. Die inhaltliche Fokussierung auf Sprachförderstrategien und der methodische Ansatz des Situierten Lernens sind gleichwohl auch für *Sprachförderung* geeignet.

1.2.2 Alltagsintegrierte Sprachbildung oder additive Sprachförderung?

Zahlreiche Maßnahmen zur Förderung der kindlichen Sprachentwicklung in frühpädagogischen Institutionen zielen darauf ab, durch zusätzlich eingestelltes (Fach-)Personal besondere Sprachfördergelegenheiten für Kinder im Rahmen der *additiven Sprachförderung* zu schaffen. Diese Maßnahmen werden bundesweit finanziell aufwendig unterstützt (vgl. u. a. Lisker, 2010, 2011). Mittlerweile mehren sich aber Zweifel am Erfolg dieses Vorgehens u. a. durch das Ausbleiben des Nachweises von Fördereffekten. Ein Grund dafür kann sein, dass die Quantität des sprachlichen Inputs in der begrenzten Zeit der additiven Sprachförderung nicht ausreicht. Der Alltag in der Kita hingegen bietet viele Gelegenheiten, mit den Kindern ins Gespräch zu kommen. Das „Sprachbad" alleine genügt jedoch ebenfalls nicht, um die Kinder sprachlich zu fördern. Es kommt nicht nur auf die Quantität, sondern auch auf die Qualität der sprachlichen Anregungen an. Videoanalysen zeigen, dass die

Qualität der *alltagsintegrierten Sprachbildung* nicht hoch genug ist (u. a. Gasteiger-Klicpera, Knapp & Kucharz, 2010; siehe auch Albers, 2009), um nachweisbare Wirkungen zu erzielen. Durch den *gezielten Einsatz von Sprachförderstrategien* kann diese Qualität verbessert werden.

Das Qualifizierungskonzept „Mit Kindern im Gespräch" bezieht sich inhaltlich auf empirisch bewährte Sprachförderstrategien, die im Rahmen einer *gezielten alltagsintegrierten Sprachbildung* eingesetzt werden können, um die Qualität der Erzieherin-Kind-Interaktion zu verbessern.

1.2.3 Welche theoretischen Grundlagen liegen dem Qualifizierungskonzept zugrunde?

Die Interaktionen, in die Kinder eingebunden sind, spielen im Process-Person-Context-Time-Model („PPCT-Modell") von Bronfenbrenner und Morris (2006), das dem Qualifizierungsansatz „Mit Kindern im Gespräch" zugrunde liegt, die zentrale Rolle. In diesem theoretischen Modell wird davon ausgegangen, dass proximale Einflussfaktoren, verstanden als Faktoren, die direkt in der Interaktion mit Kindern sichtbar sind, sich stärker auf die Entwicklung auswirken als distale, die eher im weiteren Umfeld der Sprachbildungsaktivitäten zu finden sind.

Explizit wird herausgestellt, dass vor allem von den proximalen Prozessen, wie die Qualität der Interaktionen, in die Kinder eingebunden sind, eine direkte Wirkung auf deren (Sprach-)Entwicklung ausgeht (z. B. konkrete Interaktionskennzeichen wie Anregungen zur Wortschatzentwicklung, die Feedbackqualität und der Einsatz von Sprachförderstrategien durch die Erzieherin), wie Abbildung 1 zeigt.

Die distalen Faktoren wie beispielsweise die Merkmale der Gruppe (Gruppengröße, Erzieherin-Kind-Schlüssel etc.) bzw. der Erzieherin (Qualifikation, Erfahrung etc.) hingegen wirken sich nicht direkt aus, sondern nur indirekt über die Qualität der Interaktion. Dies bedeutet, dass die Qualifikation der Erzieherin (z. B. Bachelor-Abschluss) isoliert betrachtet an sich keine Wirkungen hat, wenn sie nicht zu qualitativ hochwertigeren Erzieherin-Kind-Interaktionen führt. Auch die Verbesserung des Erzieherin-Kind-Schlüssels an sich bleibt ohne Wirkung, wenn Erzieherinnen dies nicht zu mehr und länger anhaltenden Interaktionen mit den Kindern nutzen. Damit die Interaktionen, denen in diesem Modell der größte Einfluss auf die kindliche Entwicklung zugeschrieben wird, ihre Wirkung entfalten können, müssen sie zudem regelmäßig und über einen längeren Zeitraum hinweg stattfinden.

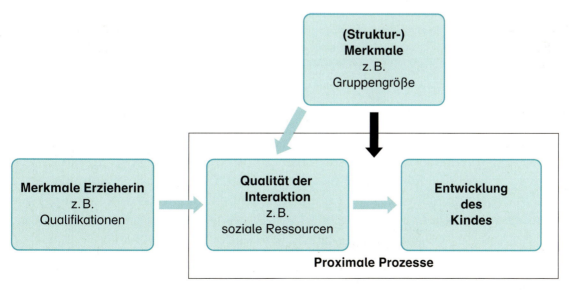

Abb. 1: Vereinfachte Darstellung des PPCT-Modells von Bronfenbrenner und Morris (2006) (vgl. auch Mashburn & Pianta, 2010)

Dieses „PPCT-Modell" wurde in einer Zusammenfassung von sieben Studien durch Early, Burchinal, Bender, Bryant, Cai et al. (2007) bestätigt. Der sprachliche Input ist in den referierten Studien dann hochwertig, wenn die Pädagogin Fragen stellt, die Problemlösen und anspruchsvolle Denkprozesse herausfordern, wenn sie Möglichkeiten bietet, Vorwissen und Vorerfahrungen auf neue Situationen anzuwenden, wenn sie das Lernen in reale Situationen einbettet und wenn sie immer wieder Rückmeldungen gibt, die das Lernen vorantreiben (Downer, Sabol & Hamre, 2010, p. 706). Auf diesem theoretischen Modell baut das amerikanische Qualifizierungsprogramm MyTeachingPartner (MTP) von Hamre, Justice, Pianta, Kilday, Sweeney et al. (2010) auf. In diesem steht das Lernen durch Videoanalysen im Mittelpunkt, das auch im Qualifizierungskonzept „Mit Kindern im Gespräch" aufgegriffen wurde.

1.2.4 Welche Sprachförderansätze sind erfolgreich?

Obwohl in Deutschland vielfältige alltagsintegrierte oder auch zusätzliche („additive") Sprachbildungs- und Sprachförderansätze vorliegen (vgl. Lisker, 2011), gibt es bislang nur wenige Studien, die differenzierten Aufschluss über die Wirksamkeit sprachlicher Förderbemühungen geben. Darüber hinaus sind die vorliegenden Ansätze sowie die Studien zu diesen Ansätzen methodisch, konzeptuell oder mit Blick auf die einbezogenen Adressaten sehr unterschiedlich. Die meisten Studien beziehen sich auf additive Sprachförderansätze sowie Begleitevaluationen für fünf- bis sechsjährige Kinder. Da das vorliegende Qualifizierungskonzept den Anspruch hat, evidenzbasiert zu sein, ist ein Blick auf erfolgreiche Sprachförderprogramme und die dazugehörigen Studien notwendig. Es können aber auch von Studien, in denen keine Wirkungen nachgewiesen werden konnten, weiterführende Hinweise für die Entwicklung eines Qualifizierungsansatzes abgeleitet werden.

Im Rahmen des Programms „Sag' mal was – Sprachförderung für Vorschulkinder" (Baden-Württemberg Stiftung, 2011) wurden zwei Studien in Baden-Württemberg durchgeführt. In den Ergebnissen der Heidelberger Studie von Roos, Polotzek und Schöler (2010) und der Weingartener Studie von Gasteiger-Klicpera et al. (2010) konnte nicht nachgewiesen werden, dass Kinder durch Sprachförderung im Vorschulalter ihre Sprachleistung verbessern. Dieses Ergebnis wurde differenziert aus verschiedenen Perspektiven analysiert (Baden-Württemberg Stiftung, 2011). Auch in der Studie „Deutsch-Sprachförderung vor der Schule" (DACHS) in Hessen wurden keine Unterschiede zwischen dem bisherigen Vorgehen und dem stark strukturierten sprachwissenschaftlich orientierten Sprachförderprogramm „Deutsch für den Schulstart" (Kaltenbacher & Klages, 2007; Kaltenbacher, Klages & Pagonis, 2009) festgestellt. Ebenfalls keine positiven und nachhaltigen Effekte der vorschulischen Sprachförderung wurden in der EkoS-Studie in Brandenburg (vgl. Wolf, Felbrich, Stanat & Wendt, 2011) festgestellt. In dieser experimentellen Studie wurden neben der unmittelbaren Wirkung auch die Langzeiteffekte des Sprachförderprogramms „Handlung und Sprache" (Häuser & Jülisch, 2006) auf die sprachliche Entwicklung der beteiligten Kinder sowie auf ihre ersten schulischen Lernerfolge untersucht. Es traten hier sogar negative Effekte zu Lasten der geförderten Kinder auf.

Für die ausbleibenden Wirkungen gibt es viele Erklärungen. Einen zentralen Grund dafür, dass theoretisch durchaus stringent begründete Ansätze nicht die erhofften Wirkungen erzielen, sehen Redder, Schwippert, Hasselhorn, Forschner, Fickermann et al. (2011) darin, dass Förderkonzepte und -programme in der Regel monodisziplinär entwickelt wurden. Möglicherweise sind die ausbleibenden Wirkungen der bisherigen Evaluationen von Sprachförderprogrammen auch darauf zurückzuführen, dass sowohl die Sprachförderaktivitäten als auch ihre Evaluationen zeitlich zu kurz angelegt sind. Sie beschränken sich in der Regel auf ein Kindergartenjahr. Im Programm „Sag' mal was – Sprachförderung für Vorschulkinder" wurden beispielsweise 120 Stunden finanziert und die betroffenen Kinder sechs Monate mit vier bis fünf Stunden pro Woche gefördert. Tracy (2011, S. 79) weist darauf hin, dass die Erwartungen an das Programm mit einem de facto verfügbaren

Förderzeitraum von sechs Monaten unmittelbar vor Schulbeginn von Anfang an unrealistisch waren. Auch Esser (2011) weist als wichtigste Bedingung für Effekte der Sprachförderung darauf hin, dass der „exposure" lang genug ist. Die *Häufigkeit* und *Dauer* des sprachlichen Inputs gelten auch nach internationalen Erkenntnissen aus der Eltern-Kind-Interaktion als stärkste Prädiktoren für den Wortschatzerwerb (z. B. Hart & Risley, 1995). In der „Abbott Preschool Program Longitudinal Study" (APPLES; Frede, Jung, Barnett & Figueras, 2009, p. 4) beispielsweise hatten diejenigen Kinder besondere Vorteile im Hinblick auf ihre sprachliche Entwicklung am Ende der zweiten Klasse, die nicht nur ein Jahr, sondern zwei Jahre am Förderprogramm teilgenommen hatten. Auf die Bedeutung der *„Dosis" einer Intervention* machen auch Justice, Mashburn, Pence und Wiggins (2008) aufmerksam, die eine Evaluation eines auf Sprachförderstrategien fokussierten Programms durchführten. Sie stellten einen Zusammenhang zwischen der regelmäßigen Teilnahme der Kinder an den Sprachfördermaßnahmen und deren Sprachstand am Ende der Förderung fest. Die „Dosis" der Sprachbildung kann durch alltagsintegrierte Ansätze im Vergleich zu additiven Förderaktivitäten wesentlich erhöht werden. Es lässt sich nach Tracy (2011, S. 80) auch nicht klären, ob die bei der Evaluation überprüften sprachlichen Merkmale überhaupt Teil des sprachlichen Inputs waren, die den Kindern während der Förderung angeboten wurden. Darüber hinaus ist es auch möglich, dass die Erhebungsinstrumente, die in den Studien eingesetzt wurden, nicht sensitiv genug waren, um die Veränderungen zu erfassen.

Eine weitere Erklärung für die ausbleibenden Fördereffekte kann auch darin liegen, dass die Wirkung der Sprachfördermaßnahmen weniger von der *Art* bzw. dem *Konzept eines spezifischen Programms* abhängt, als vielmehr von der *Qualität der Implementation*. Diese Vermutung wird unterstützt durch die Erkenntnisse der Forschungsarbeiten zum Würzburger Trainingsprogramm „Hören, lauschen, lernen" (Küspert & Schneider, 2006), dem nach wie vor am besten evaluierten Sprachförderprogramm im deutschsprachigen Raum. Für die Langzeitwirkung war auch hier die Qualität der Förderung entscheidend (Schneider, Visé, Reimers & Blaesser, 1994). Diese langfristig zu sichern, ist vermutlich nicht einfach. Reich (2011) weist auf zwei weitere Erklärungen zu ausbleibenden Wirkungen in Studien zur additiven Sprachförderung hin. Er stellt zum einen das Problem der Qualifizierung der Sprachförderkraft und zum anderen das der nicht ausgereiften Didaktik der Sprachförderung heraus. Das Qualifizierungskonzept „Mit Kindern im Gespräch" setzt an der Behebung dieser beiden Probleme an.

Neben den dargestellten Befunden zu Sprachförderprogrammen liegen mittlerweile auch Ansätze vor, die explizit die *Qualifizierung von Pädagoginnen* für die sprachliche Bildung *unter dreijähriger Kinder* in den Blick nehmen. Vorgestellt werden drei alltagsintegrierte Ansätze, zwei aus Deutschland und einer aus Kanada, die ebenfalls in empirischen Studien evaluiert wurden. Gemeinsam ist diesen Ansätzen, dass sie sich, wie das Qualifizierungskonzept „Mit Kindern im Gespräch", inhaltlich auf die Verbesserung der Qualität der Erzieherin-Kind-Interaktion beziehen.

■ „Heidelberger Trainingsprogramm" (Buschmann, Jooss, Simon & Sachse, 2010)

Im „Heidelberger Trainingsprogramms" (Buschmann et al., 2010) liegt der Fokus auf dem sprachlichen Interaktionsverhalten von Erzieherinnen im Alltag. Als *sprachbasiertes Interaktionstraining* für Erzieherinnen in Krippe und Kindergarten werden hier Kinder einbezogen, die in ihrer sprachlichen Entwicklung verzögert sind. Methodisch umgesetzt wird das zugrunde liegende Trainingsprogramm für die Erzieherinnen nach dem traditionellen Instruktionsansatz: Einem kurzen Erfahrungsbericht folgt eine theoretische Einführung. Dieser folgt die Illustration an Videobeispielen und danach eine Übungsphase des Kennengelernten. Über einen Zeitraum von sechs bis acht Monaten werden die Erzieherinnen mittels aufeinander aufbauenden Fortbildungsmodulen nach dieser Methode trainiert.

Die Wirkung des „Heidelberger Trainingsprogramms" wurde in den Studien von Buschmann et al. (2010; vgl. auch Buschmann & Jooss, 2007; Buschmann, Simon, Jooss & Sachse, 2010) bei sprachentwicklungsverzögerten Kindern im Alter von durchschnittlich 21 Monaten untersucht. Drei Monate nach der Intervention wiesen die Kinder, deren Bezugserzieherinnen an dem Heidelberger Training teilgenommen hatten, einen größeren aktiven Wortschatz auf als die Kinder einer Vergleichsgruppe, deren Bezugserzieherinnen an einer konventionellen Kurzfortbildung teilgenommen hatten.

■ „Erzieherqualifizierung zur Erhöhung des sprachlichen Anregungsniveaus" (Beller, Merkens & Preissing, 2007)

Mit dem Konzept der „Erzieherqualifizierung zur Erhöhung des sprachlichen Anregungsniveaus in Tageseinrichtungen für Kinder" stellen Beller et al. (2007) ein Modell zur Erhöhung der Bildungschancen von Kindern aus sozial schwachen Familien und Migrantenfamilien vor. Das Projekt hat zum Ziel, das sprachliche und kommunikative Anregungsniveau der Erzieherinnen im Alltag zu erhöhen und Sprachförderung in der sensiblen Phase des kindlichen Spracherwerbs (in den ersten drei Lebensjahren) anzubieten (vgl. Beller et al., 2007, S. 4). Zu den Inhalten der Intervention zählen a) das sprachliche Erzieherverhalten (z. B. deutliche und korrekte Artikulation mit angemessenem Sprachtempo), b) das kommunikative Erzieherverhalten (z. B. geduldiges und interessiertes Zuhören), c) die Gestaltung der Gesamtsituation (z. B. entspannte Atmosphäre in der Gruppe) sowie Erzieherverhaltensweisen ausgehend von Erziehungsstilen (z. B. ist bedürfnisorientiert). Diese Inhalte wurden über einen Zeitraum von 20 Wochen mit einer Intervention am Arbeitsplatz (u. a. durch Micro-Teaching) und zwei eintägigen Gruppenqualifizierungen außerhalb des Arbeitsplatzes vermittelt. Die Kontrollgruppe erhielt dagegen eine „Basis-Qualifizierung" zur Auffrischung von Kenntnissen zur Sprachentwicklung und -förderung (vgl. Beller et al., 2007, S. 26 ff.).

Die Evaluation dieses Qualifizierungsansatzes erfolgte anhand der Überprüfung der Sprachkompetenz der Erzieherinnen und der Kinder in den Interventionsgruppen im Vergleich zu derjenigen in den Kontrollgruppen im Pre-Post-Design (vgl. Beller et al., 2007, S. 4). Insgesamt nahmen 31 Erzieherinnen und 155 Kinder teil. Die ein- bis dreijährigen Kinder mit deutscher und nichtdeutscher Herkunftssprache verfügten dabei über einen erhöhten Sprachförderbedarf. In der Interventionsstudie wurden zwei Hypothesen in den Blick genommen: 1) Lässt sich das sprachliche Anregungsniveau von Erzieherinnen durch eine systematische Intervention erhöhen? und 2) Wirkt sich dieses positiv auf die Sprachleistungen der von der Erzieherin betreuten Kinder aus? Die Ergebnisse zeigen, dass die Erzieherinnen der Interventionsgruppe sich bezüglich des sprachlichen Anregungsniveaus und des Erziehungsstils signifikant mehr durch die Intervention veränderten als die der Kontrollgruppe. Zudem zeigt die Intervention einen signifikant positiven Effekt in der sprachlichen und kognitiven Entwicklung der Kinder (vgl. Beller et al., 2007, S. 5).

■ „Learning language and loving it" (Weitzman & Greenberg, 2002)

Auch das Hanen-Programm „Learning language and loving it" von Weitzman und Greenberg (2002) richtet sich an Erzieherinnen und Erzieher und zielt darauf ab, diese für den pädagogischen Alltag in ihren sprachlichen Kompetenzen zu qualifizieren. Das Programm beinhaltet u. a. Interaktionsstrategien, die auf die Förderung sozialer und sprachlicher Fähigkeiten sowie früher Literacyfähigkeiten von Vorschulkindern fokussiert sind. Diese werden unterteilt in sogenannte kindorientierte Verhaltensweisen (z. B. die Gesprächsinitiative des Kindes abwarten), in interaktionsfördernde (z. B. den Dialogwechsel des Kindes unterstützen) sowie sprachmodellierende Strategien (z. B. Erweiterung der kindlichen Äußerungen). Als Adressaten gelten hier neben unauffällig entwickelten und zweisprachig aufwachsenden Kindern auch Risikokinder und Kinder mit Sprachentwicklungsstörungen.

Im Rahmen einer Trainingsstudie von Girolametto, Weitzman und Greenberg (2003) wurden Teile des Konzeptes über einen Zeitraum von 14 Wochen mit Kindern im Alter von durchschnittlich

38 Monaten durchgeführt. Das Training fand sowohl in der Großgruppe als auch in individuellen Einzelsitzungen statt, in welchen mit den teilnehmenden Pädagoginnen Videoaufnahmen von Erzieherin-Kind-Interaktionen analysiert und diskutiert wurden. Nach Durchführung des Trainings wurde u. a. die sprachliche Produktion der Kinder untersucht und festgestellt, dass diejenigen Kinder, deren Erzieherinnen an dem Training teilgenommen hatten, im Vergleich zu den Kindern, deren Erzieherinnen kein Training erhalten hatten, signifikant mehr und längere Äußerungen produzierten. Außerdem kommunizierten die Kinder untereinander mehr.

Alle drei dargestellten Studien geben Hinweise darauf, dass die *inhaltliche Fokussierung der Pädagoginnen auf Sprachförderstrategien* ein viel versprechender Weg der Qualifizierung von pädagogischen Fachkräften ist. Im Folgenden werden diese genauer dargestellt.

1.3 Welche *Strategien* eignen sich zur sprachlichen Bildung?

Auf die große Bedeutung von Sprachförderstrategien für die Sprachbildung verweisen folgende Befunde:

- Bereits Mütter vermitteln Sprache mittels unbewusst eingesetzter Strategien und regen so die sprachliche Entwicklung ihrer Kinder an (u. a. Weinert & Grimm, 2012).
- Lang anhaltende Interaktionen zwischen Erwachsenen und Kindern (auch als „gemeinsam längerfristiges Denken" bezeichnet) stellten sich in der größten Längsschnittstudie Europas (Effective Provision of Preschool Education; EPPE) zur Qualität vorschulischer Betreuung und ihrer Wirkung auf die Entwicklung der Kinder in England als wichtig heraus. Sie waren in exzellenten Einrichtungen (gemessen an den sozialen und kognitiven Entwicklungsfortschritten der Kinder) häufiger als in sehr guten Einrichtungen zu finden (vgl. Sylva, Melhuish, Sammons, Siraj-Blatchford, Taggart & Elliot, 2004).
- Bedenklich ist, dass dieses „gemeinsam längerfristige Denken" sowohl in englischen als auch in deutschen Einrichtungen eher selten vorkommt (vgl. Siraj-Blatchford, Sylva, Muttock, Gilden & Bell, 2002, p. 10; König, 2009).
- Auch eine Arbeitsgruppe um Pianta (z. B. Mashburn & Pianta, 2010; Pianta, Hamre & Downer, 2011) kommt im Anschluss an ihre Studien zur Qualität der Erzieherin-Kind-Interaktion zu dem Ergebnis, dass die Qualifikation der Erzieherinnen den Schlüssel zur Sicherung der Qualität in der Frühpädagogik darstellt. Sie heben ebenfalls die Bedeutung der Erzieherin-Kind-Interaktion hervor und belegen dies mit ihren Studien zum Qualifizierungsprogramm MyTeachingPartner (MTP).

Im Folgenden werden verschiedene Strategien zur Sprachbildung vorgestellt, die sich empirisch in der nationalen und internationalen Forschung bewährt haben. Sie sind in *Modellierungsstrategien*, in *formale* und *inhaltliche* Strategien unterteilt.

1.3.1 Modellierungsstrategien

Unter Modellierungsstrategien werden strategische Vorgehensweisen benannt, mit deren Hilfe Kindern das komplexe System Sprache in vereinfachter Form dargelegt werden kann. Sprache wird auf verschiedene Weise modelliert und nachgebildet, sodass sie für Kinder aufnehmbar und verarbeitbar ist. Der Erwachsene ist für das Kind ein Sprachmodell (vgl. Szagun, 2010; Weinert & Grimm, 2012). Zu den Modellierungsstrategien gehören u. a. Blickkontakt und Pausensetzung (vgl. Tabelle 1).

Modellierungsstrategien
Blickkontakt
Pausensetzung
Gestik/Mimik
Aussprache
Intonation
eigener Wortschatz (und Satzbau)

Tab. 1: Modellierungsstrategien

Ein bewusster Blickkontakt vermittelt dem Kind das Gefühl, dass ihm zugehört und es ernst genommen wird; er kann zudem den Gesprächsablauf steuern. Außerdem signalisiert der Blickkontakt dem Kind Gesprächsbereitschaft und Aufmerksamkeit. Eine angemessene Pausensetzung zwischen einzelnen Wörtern, Wortpaaren und Sätzen ist gerade für Kleinkinder zur Aufnahme und Verarbeitung von Sprachinput sehr bedeutsam.
Auch Gestik und Mimik spielen im Dialog mit dem Kind eine bedeutsame Rolle, denn je jünger das Kind ist, desto stärker ist es, aufgrund seines noch geringen Sprachverständnisses, auf die Gestik und Mimik der erwachsenen Gesprächspartner angewiesen. Beispielsweise machen erwachsene Gesprächspartner durch den Einsatz von Mimik Emotionen deutlich und drücken die innere Haltung aus. Gestik kann das Gesprochene noch einmal unterstreichen und verstärken. Eine deutliche Aussprache von Wörtern, einzelner Silben und Laute ist ebenso wie die bereits erwähnte Pausensetzung zur Spracherkennung wichtig. Spricht eine Erzieherin im Dialekt, hat dies zwar keine negativen Auswirkungen auf die Kommunikation. Sie sollte jedoch, wenn sie ihren Fokus auf sprachliche Aktivitäten legt, versuchen so gut wie es ihr möglich ist, ihr Sprechen an die „Standardsprache" anzunähern. Die Intonation beschreibt die Sprachmelodie und dient als Hilfe zur Sinnerfassung. Kinder lieben es, wenn ihnen Geschichten erzählt werden und die Erzieherin dabei die Personen der Geschichte „lebendig" macht, beispielsweise durch ein Sprechen mit anderer Aussprache. Gerade die Intonation des Erwachsenen trägt dazu bei, dass Kinder bei der Sache bleiben oder vielleicht sogar in Spannung versetzt werden. Ein umfangreicher Wortschatz mit entsprechendem Satzbau des Erwachsenen ist wünschenswert, da nur so die Vielfalt der Sprache dem Kind aufgezeigt werden kann.

Derzeit gibt es noch kaum differenzierte Forschungsbefunde dazu, wie das Sprachmodell professioneller Pädagoginnen das Sprachverhalten von Kleinkindern beeinflusst. Jedoch legen die Ergebnisse aus Beobachtungen von Erwachsenen-Kind-Interaktionen mit ihren Eltern Effekte eines Sprachmodells nahe. So ist inzwischen unbestritten, dass Eltern ihr Sprechen intuitiv auf den kindlichen Entwicklungsstand abstimmen und auf diese Weise das Kind bei seiner Sprachaufbauarbeit unterstützen (vgl. Weinert & Grimm, 2012, S. 454; Tabelle 2).[1]

---

[1] Die Tabelle dient der Darstellung zur bisherigen Forschung auf diesem Gebiet. Da die Untersuchungen vorrangig auf den Ergebnissen von Mutter-Kind-Beobachtungen beruhen, ist im Folgenden die Rede von „Mütterlichen Sprechstilen".

Alter des Kindes	Mütterlicher Sprechstil	Hauptmerkmale	Funktionen für den Spracherwerb
bis ca. 12 Monate	Ammensprache („Baby Talk")	• überzogene Intonationskontur • hoher Tonfall • lange Pausen an Phrasenstrukturgrenzen • einfache Sätze • kindgemäßer Wortschatz	Spracherkennung zentral: Erwerb prosodischer und phonologischer Regelmäßigkeiten
2. Lebensjahr	Stützende Sprache („Scaffolding")	• gemeinsamer Aufmerksamkeitsfokus • Routinen • Formate • Worteinführung	Spracheinführung im Dialog zentral: Wortschatzerwerb
ab 24–27 Monate	Lehrende Sprache („Motherese")	• Modellsprache • modellierende Sprachlehrstrategien • Sprachanregung durch Fragen	sprachanregend und -lehrend zentral: Grammatikerwerb

Tab. 2: Übersicht zu mütterlichen Sprechstilen (vgl. Weinert & Grimm, 2012, S. 454)

Bis zum ca. 12. Lebensmonat begegnet die Mutter ihrem Säugling mit dem sogenannten „Baby Talk", auch Ammensprache genannt. Die Sprache zeichnet sich durch eine hohe Tonlage aus. Zudem übertreibt die Mutter die Satzmelodie stark und lässt zwischen einzelnen Phrasen lange Pausen, um so die Aufmerksamkeit des Säuglings auf wichtige Wörter zu lenken (vgl. Weinert & Grimm, 2012, S. 453f.).

Ab dem zweiten Lebensjahr unterstützt die Mutter die Sprache des Kindes mit einer Art „Gerüst", das Bruner (1987) als „scaffolding" bezeichnet. Die zentrale Funktion des „scaffolding" liegt im Wortschatzerwerb. Indem die Mutter ihrem Kind dieses „Gerüst" zur Verfügung stellt, begrenzt sie die Informationen in dem Maße, dass das kleine Kind mit ihnen umgehen kann. Mittels Routinen, Formate und gemeinsamer Aufmerksamkeitsfokussierung werden Worte im Dialog eingeführt. Die Mutter lenkt die Aufmerksamkeit des Kindes auf einen überschaubaren Ausschnitt der Realität und bietet eine einfache Dialogstruktur mit konstanter Reihenfolge der Äußerungen an (Bruner, 1987, S. 67):

- Aufforderung: „Oh, schau, was da ist!"
- Frage: „Was ist das nun?"
- Benennung: „Ach, das ist ein Hühnchen."
- Bestätigung: „Ja, das stimmt, das ist ein Hühnchen."

Innerhalb dieser Struktur entwickelt sich der Mutter-Kind-Dialog auf drei voneinander abhängigen Stufen. Während der ersten Stufe versteht das Kind wenig. Später reagiert es auf die Fragen der Mutter mit einem Lallen. Ab da führt die Mutter die zweite Stufe ein, indem sie auf eine Antwort des Kindes beharrt. Produziert das Kind dann wortähnliche Vokalisationen, akzeptiert die Mutter keine Lall-Laute mehr. Auf der dritten Stufe weitet die Mutter die Situation der Spracheinführung aus und erwartet vom Kind eine aktivere Teilnahme am Dialog (vgl. Weinert & Grimm, 2012, S. 454).

Der als „motherese" (lehrende Sprache) bekannte Sprechstil beinhaltet eine weitere Unterstützung der komplexen Aufgabe des Spracherwerbs, der vor allem den syntaktischen Aufbau der Sprache anregt. Folgende Strategien sind zentral:

- Anpassung der durchschnittlichen Äußerungslänge,
- Ja/Nein-Fragen,

- W-Fragen,
- teilweise Wiederholungen der kindlichen Äußerungen,
- teilweise Wiederholungen mit oder ohne Modifikationen der eigenen zuvor gemachten Äußerungen und
- Expansionen.

Am **Beispiel** der Expansion nach Weinert und Grimm (2012, S. 455) lässt sich eine gelungene syntaktische Rückmeldung darstellen:

Kind: „Hatter put tetangen."

Mutter: „Ja, das ist kaputtgegangen."

Kind: „Und da kommt des alles ins Lastwagen."

Mutter: „Jetzt kommt das alles in den Lastwagen."

Kind: „Ich bin des, ich Fuß brocht."

Mutter: „Das bist du, als du den Fuß gebrochen hast."

In diesem Dialog bestätigt die Mutter den Inhalt der kindlichen Äußerung und gibt gleichzeitig ein korrigiertes Modell vor. Lerntheoretisch besteht eine wesentliche Voraussetzung darin, dass zwischen dem vom Kind schon Gewussten und dem noch nicht Gewussten keine zu große Distanz besteht. Dem Kind wird die Aufnahme der neuen formalen Information dadurch erleichtert. Im Rahmen des hier dargestellten Qualifizierungskonzeptes zählen die Strategien der lehrenden Sprache (nach Weinert & Grimm, 2012) zu den nachfolgenden formalen Strategien.

Modellierungsstrategien setzen alle Erwachsenen in der Interaktion mit Kindern mehr oder weniger bewusst ein. Ziel ist es, diese Strategien geplant und zielgerichtet im Alltag zu nutzen. Nach den bisherigen Erfahrungen bedürfen Verhaltensänderungen auf der Modellierungsebene gegenüber den anderen Strategieebenen einer größeren Anstrengung. In „Mit Kindern im Gespräch" werden den Leitungen von Qualifizierungsmaßnahmen konkrete methodische Vorschläge gemacht, wie sie in ihren Veranstaltungen pädagogische Fachkräfte anregen können, den Einsatz ihrer Modellierungsstrategien zu analysieren, zu verbessern und diese gezielter im Alltag einzusetzen.

1.3.2 Formale Strategien

Die formalen Strategien können unabhängig von bestimmten Inhalten eingesetzt werden. Sie werden unterschieden in gemeinsamer Aufmerksamkeitsfokus, handlungsbegleitendes Sprechen sowie Rückmelde- und Fragestrategien. Einen Überblick gibt Tabelle 3.

Formale Strategien	Beispiele
a) Gemeinsamer Aufmerksamkeitsfokus	Die Erzieherin betrachtet mit einem Kind ein Buch. Der Blick des Kindes fällt auf eine Giraffe. Die Erzieherin folgt dem Blick des Kindes zu der abgebildeten Giraffe und sagt: „Das ist aber eine große Giraffe." Kind wendet sich der Erzieherin zu und zeigt anschließend mit dem Finger auf die Ohren der Giraffe.
b) Handlungsbegleitendes Sprechen (eigener und fremder Handlungen)	Die Erzieherin steht mit einem Kind an der Garderobe. Während sie das Kind beim Anziehen der Jacke und Schuhe unterstützt, beschreibt sie parallel dazu ihre Handlungen: „So, jetzt ziehen wir dir deine Jacke an und dann die Schuhe. Zuerst kommt der linke Fuß, dann der rechte."
c) Rückmeldestrategien	
Indirekte Korrektur	Kind: „Da Mann tommt." Erzieherin: „Ja, da kommt ein Mann."
Erweiterung	Kind: „Mädchen trinkt." Erzieherin: „Ja, das Mädchen trinkt einen Kakao."
Wiederholung	Kind: „Hund spielt." Erzieherin: „Ja, der Hund spielt."
Verständnissicherung	Kind: „Auto." Erzieherin: „Möchtest du mit dem Auto spielen?"
Inhaltliche Rückmeldung	Kind: „Flugzeug." Erzieherin: „Toll, das Wort Flugzeug kennst du schon."
d) Fragestrategien	
Offene Fragen	„Was passiert denn auf dem Bild?"
Quizfragen	„Wie heißt das Tier?"
Alternativfragen	„Ist der Ball rot oder blau?"
Ja/Nein-Fragen	„Siehst du die Katze?"

Tab. 3: Formale Strategien

Unter a) gemeinsamer Aufmerksamkeitsfokus wird eine Gesprächssituation verstanden, in der beide Gesprächsteilnehmer auf einen Gegenstand, eine Abbildung o. Ä. blicken bzw. einer der Blickrichtung des anderen folgt. Vor allem durch die Ausrichtung eines gemeinsamen Fokus sind länger dauernde Gesprächssequenzen möglich („gemeinsam längerfristiges Denken").

Beim b) handlungsbegleitenden Sprechen kommentiert die erwachsene Person ihre eigenen Handlungen oder die des Kindes und bietet dem Kind so ein sprachliches Modell. Sie unterstützt dessen Wortschatz- und Bedeutungsentwicklung und eröffnet so die Möglichkeit, Wörter und grammatikalische Strukturen in verschiedenen Situationen wahrzunehmen.

Zu den c) Rückmeldestrategien: Durch eine *indirekte Korrektur* macht die Erzieherin/Mutter ein Kind indirekt auf einen Fehler aufmerksam. Dabei ermöglicht sie dem Kind z. B. einen Fehler zu erkennen, ohne dass dieser in den Vordergrund gestellt wird. Sie kann sich auf alle Sprachbereiche beziehen (wie z. B. Wortschatz, Grammatik, Aussprache). Die *Erweiterung* der kindlichen Äußerung fördert u. a. das Erlernen neuer Wörter und Satzstrukturen (insbesondere die Nebensatzbildung). Zudem wird dem Kind meist weiterführendes Wissen angeboten. Wird die kindliche Äußerung *wiederholt*, so erhält das Kind in erster Linie eine Bestätigung, dass das Gesagte bei seinem

Gesprächspartner angekommen ist. Das Selbstbewusstsein des Kindes wird so gestärkt und es traut sich wahrscheinlich sprachlich mehr zu. Der Einsatz einer Wiederholung verschafft dem Kind außerdem Zeit und erleichtert somit das Verarbeiten und Festigen von Inhalten und Sprachstrukturen im Gesprächsverlauf. Durch *Verständnissicherung*, welche signalisiert „Mich interessiert, was du sagst.", wird u. a. die Motivation des Kindes zum Sprechen angeregt. Überdies werden die Fähigkeiten des Kindes zum kommunikativen Austausch geschult und es lernt, bei Unverständnis selbst Rückfragen zu stellen. Gerade die Strategie der Verständnissicherung hat das Potenzial, ein Gespräch am Laufen zu halten, so wie es für das „gemeinsam längerfristige Denken" wünschenswert wäre. Durch die *inhaltliche Rückmeldung* schließlich erfährt ein Kind, dass seine Äußerung wertgeschätzt wird. Zudem lernt es sich zusehends selbst einzuschätzen.

Zu den d) Fragestrategien: Fragen haben grundsätzlich eine dialogfördernde Wirkung. Da eine Frage immer nach einer Antwort verlangt, wird die Aufmerksamkeit des Kindes herausgefordert. Durch die Form des Fragesatzes werden grammatikalische Strukturen deutlich. Insbesondere die offene Frage regt gegenüber der Ja/Nein-Frage bzw. geschlossenen Frage das Kind zum Nachdenken und Erzählen an. Das Kind kann sich die Inhalte selbst auswählen. Jedoch hat auch die Ja/Nein-Frage durchaus ihre Berechtigung. Sie dient nicht selten als Einstieg in das Gespräch. Gerade bei jüngeren Kindern wird ein Gespräch mithilfe von Zeigegesten und geschlossenen Fragen häufig erst ermöglicht. Die Alternativfrage verlangt von dem Kind, sich für eine Antwort zu entscheiden. Diese Fragestrategie hilft dabei herauszufinden, ob ein Kind die Bedeutung eines Wortes bereits kennt. Quizfragen werden häufig in schneller Abfolge gestellt und von dem Kind meist nur mit einem oder zwei Wörtern beantwortet. In der Regel wird hier das Kind ermuntert, u. a. Gegenstände, Personen oder Orte zu benennen. Quiz- und Alternativfragen sollte man jedoch nur dosiert im Alltag anwenden.

Die Effektivität formaler Strategien wird vor allem durch eine Reihe von Studien zum „Dialogischen Lesen" (Valdez-Menchaca & Whitehurst, 1992; Whitehurst, Arnold, Epstein, Angell, Smith & Fischel, 1994; Whitehurst, Falco, Lonigan, Fischel, DeBarsyshe et al., 1988; Whitehurst & Lonigan, 1998) und zur „Entwicklungsproximalen Intervention" von Dannenbauer (1994) belegt.

Bei der besonderen Form des Dialogischen Lesens wirkt sich der gezielte Einsatz von einzelnen Sprachförderstrategien, wie W-Fragen, Erweiterung, Wiederholung und Lob positiv auf die sprachliche Entwicklung von Kindern im Alter von 21 bis 35 Monaten aus (Whitehurst et al., 1988). Diese Ergebnisse konnten in verschiedenen Studien (u. a. Whitehurst et al., 1994; Whitehurst & Lonigan, 1998) bestätigt werden, in denen der Blick auch auf Kindertageseinrichtungen gerichtet wurde.

Dannenbauer (1994, S. 94 f.) unterscheidet im Rahmen seines Entwicklungsproximalen Ansatzes zwischen den Strategien, die der kindlichen Äußerung vorausgehen (wie z. B. Parallelsprechen und Alternativfragen) und denen, die der kindlichen Äußerung folgen, wie Expansion und Extension (im Sinne von Erweiterung einer kindlichen Äußerung), Umformung, korrektives Feedback und modellierte Selbstkorrektur. Die Wirksamkeit dieser Techniken wird in Studien sowohl mit normal entwickelten als auch mit sprachauffälligen Kindern nachgewiesen (vgl. Camarata & Nelson, 1992; Dannenbauer, 1984; Scherer & Olswang, 1984, 1989).

Auch die bereits in Kap. 1.2.4 erwähnten Studien von Girolametto et al. (2003) und Buschmann et al. (2010) bestätigen die positiven Effekte der formalen Sprachförderstrategien.

Die Erkenntnisse aus der internationalen und nationalen empirischen Forschung weisen darüber hinaus darauf hin, dass die formalen Strategien in ihrer Anwendung gut zu schulen sind und Kindern die Aneignung des Sprachsystems erleichtern. Daher spielen in „Mit Kindern im Gespräch" die genannten formalen Strategien eine zentrale Rolle. Im Modul 1 (Strategien & Situationen) werden sie eingeführt und in vielfältiger Weise Vorschläge gemacht, wie Leitungen von Qualifizierungsmaßnahmen in ihren Veranstaltungen pädagogische Fachkräfte anregen können, die Anwendung solcher formaler Strategien zu reflektieren und zu üben, um diese häufiger und gezielter im Alltag einzusetzen. In allen folgenden Modulen werden sie immer wieder aufgegriffen.

1.3.3 Inhaltliche Strategien

Die bewusste Anwendung inhaltlicher Strategien ist äußerst bedeutungsvoll, da pädagogische Fachkräfte so systematisch Inhalte der Kinder, bzw. neue Inhalte in vielfältiger Art und Weise ausgestalten und kommunizieren können. Die inhaltlichen Strategien werden aufgrund didaktischer Überlegungen in *kontextualisierte* (Strategien der Nähe) und in *dekontextualisierte* (Strategien des Abstandes) unterschieden (vgl. hierzu auch das niederländische CITO-Pyramide-Konzept von Kuyk, 2003; Tabelle 4). Die Strategien der Nähe beziehen sich auf das Benennen und Beschreiben von Ort, Zeit, Personen, Gegenstände und Handlungen, z. B. durch Fragestellungen und Aussagen. Die Strategien des Abstandes befassen sich mit den Erfahrungen des Kindes sowie persönlichen Gedankengängen und Emotionen, das Darstellen von Zusammenhängen und das Einbeziehen von fantasievollen Inhalten.

Inhaltliche Strategien	Beispiele
a) Strategien der Nähe	
Ort	„Da an der Haltestelle."
Zeit	„Morgens trinkt sie ihren Kakao."
Personen	„Der Papa geht aus dem Haus."
Gegenstände	„Was steht da für eine Truhe?"
Handlungen	„Die Lisa hüpft gerne auf dem Gehweg."
b) Strategien des Abstandes	
Erfahrungen	„Mein Fahrrad schließe ich immer ab, und du?"
Persönliche Gedankengänge und Emotionen	„Am liebsten gehe ich bei schönem Wetter mit meinem Hund spazieren. Was machst du besonders gerne?"
Zusammenhänge	„Wenn wir Schnee mit in das Haus nehmen, wird er zu Wasser."
Fantasie	„Da oben, die Wolke sieht aus wie eine Zipfelmütze."

Tab. 4: Inhaltliche Strategien der Nähe und des Abstandes

Die Strategien des Abstandes, auch Distanzierungsstrategien genannt, rufen beim Kind Verhaltensweisen hervor, die es kognitiv von der unmittelbaren Verhaltenswelt trennen. Sie fordern es heraus, sich einer Sache zuzuwenden oder auf etwas zu reagieren, was nicht gegenwärtig oder nicht greifbar ist. D.h. Kinder beziehen sich z. B. auf Abwesendes, auf Vergangenes oder Zukünftiges und auf Abstraktes (Sigel, 2000). Strategien der Distanz zielen darauf ab, gedankliche Operationen in Gang zu setzen, zu aktivieren und zu organisieren. Sie sind sowohl für die sprachliche als auch für die kognitive Entwicklung hoch bedeutsam (u. a. Cocking & Copple, 1979; Cocking & McHale, 1980; Copple, Sigel & Saunders, 1979, 1984; Sigel, 1982).

Die Inhalte der Nähe und des Abstandes wurden für das Qualifizierungskonzept u. a. in Anlehnung an das Stufenmodell zur Beurteilung der kognitiven Komplexität von Sprechakten nach Blank und

Franklin (1980, p. 135) aufgenommen und strukturiert. In der Interaktion mit zweijährigen Kindern ist allerdings erwartbar, dass erst vereinzelt Strategien des Abstandes durch den Erwachsenen eingesetzt werden. Sie stellen aber dennoch ein wichtiges Anregungspotenzial im Sinne der „Zone der nächsten Entwicklung" (Vygotsky, 1978) dar.

Ergänzend hierzu sind die Studien von Silverman (2007) interessant, in denen die Wirkungen verschiedener Methoden der dialogischen Bilderbuchbetrachtung auf die Entwicklung des Wortschatzes älterer Kinder untersucht wurden. Im Mittelpunkt standen dabei drei verschiedene Methoden: die Kontextmethode, die analytische Methode und die Ankermethode. Bei der Kontextmethode wurden Bezüge zwischen dem Bilderbuchinhalt und den Erfahrungen der Kinder hergestellt. Bei der analytischen Methode stand die Wortbedeutung (die über das Bilderbuch und die eigenen Erfahrungen hinausgehen) im Vordergrund, welche durch Definitionen, Kontrastierungen und Aufzeigen von Ähnlichkeiten und Unterschieden verdeutlicht wurde. Bei der Ankermethode wurde die Aufmerksamkeit sowohl auf die gesprochene als auch die geschriebene Sprache gerichtet. Die Ergebnisse zeigen, dass die analytische Methode und die Ankermethode signifikant bessere Ergebnisse im Hinblick auf den Wortschatzerwerb erbringen als die vermutlich von den Erzieherinnen vor allem verwendete Kontextmethode. Es ist anzunehmen, dass die Nutzung dieser Strategien auch in der Interaktion mit jüngeren Kindern wichtige Entwicklungsanregungen bergen.

Die Studien von Beck und McKeown (2001) mit ihrem Programm „Text Talk – Robust Vocabulary Instruction for grades K-3" geben Anregungen, wie der Wortschatzerwerb vier- bis 10-jähriger Kinder systematisch und geplant durch Erwachsenen-Kind-Interaktionen intensiviert werden kann. Hierzu wählt die Erzieherin ein Zielwort und überlegt im Anschluss, wie sie dieses Wort kindgemäß erklären und mit welchen Impulsen sie das Kind zum Gespräch über die Bedeutung und aktive Verwendung des Wortes anregen kann. Die Wortschatzarbeit wird in dem vorliegenden Qualifizierungskonzept als Begriffsnetzarbeit didaktisch aufbereitet (vgl. auch Wissenslandkarten nach Fried, 2007; Albers, 2011). In der Begriffsnetzarbeit werden zu Begriffen (z. B. Topf) weitere Begriffe/Wörter gesucht, die das jeweilige Kind noch nicht nutzt (heiß, Herd, Kartoffel).

Die Herausforderung einer jeden pädagogischen Fachkraft liegt darin, Kindern die kognitive Anregung zu geben, die sie auf ihrer jeweiligen Entwicklungsstufe benötigen. Die angeführten Strategien ermöglichen eine Steigerung der an das Kind gerichteten kognitiven Herausforderung. Fachkräfte erhalten so ein Werkzeug an die Hand, die Kinder in der „Zone der nächsten Entwicklung" anzusprechen und zu fordern. Durch das Aufgreifen von persönlich bedeutsamen Themen der Kinder kann ihnen eine bewusst und vielfältig gestaltete Sprachlandschaft angeboten werden.

Die hier beschriebenen Strategien werden *in der Regel kombiniert* angewendet. So kann z. B. eine offene Frage einen Inhalt des Abstandes ansprechen, wie z. B. „Welche Eissorte magst du am liebsten?" oder „Welche Tiere hast du im Zoo gesehen?". Die Modellierungsstrategien können hingegen in keinem Gespräch ausgeblendet werden, sie stellen die Basis für alle bedeutungstragenden sprachlichen Interaktionen dar.

Die dargestellten inhaltlichen Sprachförderstrategien werden im Qualifizierungskonzept „Mit Kindern im Gespräch" besonders thematisiert. Sie werden im Modul 1 (Strategien & Situationen) eingeführt und in den übrigen Modulen immer wieder aufgegriffen. Leitungen von Qualifizierungsmaßnahmen finden vielfältige Möglichkeiten und Materialien, wie sie in ihren Veranstaltungen pädagogische Fachkräfte zur Auseinandersetzung und zum Erwerb bzw. zur Übung inhaltlicher Sprachförderstrategien anregen können.

1.3.4 Überblick über Sprachförderstrategien

Im Folgenden ist ein Überblick über alle Sprachförderstrategien in Form einer umgedrehten Pyramide abgebildet (vgl. Abbildung 2). Die Modellierungsstrategien befinden sich in der Spitze der Pyramide; sie stellen die Basis für sprachliche Bildung dar, auf der formale und inhaltliche Strategien aufbauen.

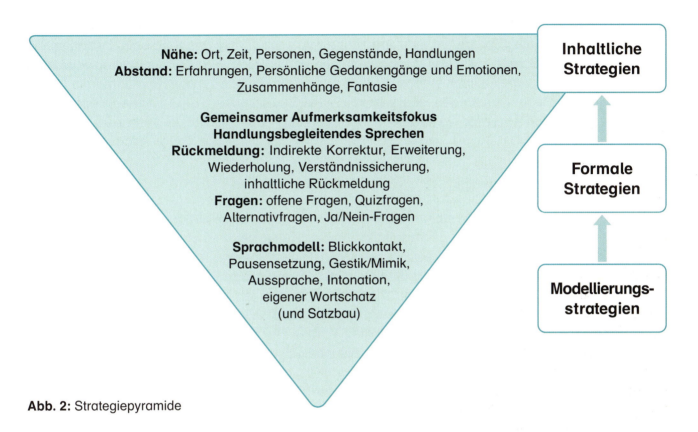

Abb. 2: Strategiepyramide

1.4 Welche *Situationen* eignen sich zur sprachlichen Bildung?

Auch wenn pädagogische Fachkräfte über die notwendigen Kompetenzen verfügen, um die dargestellten Sprachförderstrategien gezielt einzusetzen, bedeutet dies noch nicht, dass diese im Alltag der Kita auch tatsächlich eingesetzt werden. Vielfach wird beklagt, dass es im Alltag kaum geeignete Situationen gibt, in denen dies möglich ist. Aus diesem Grund reicht es nicht aus in Qualifizierungsmaßnahmen den Blick nur auf Sprachförderstrategien zu richten, sondern auch auf Situationen, in denen diese bestmöglich Anwendung finden können.

Im pädagogischen Alltag gibt es tatsächlich viele unterschiedliche Situationen, die sich zur Sprachbildung eignen. Dabei kann man zwischen stark strukturierten und planbaren Situationen und weniger bzw. kaum strukturierten und planbaren Situationen unterscheiden. Eine pädagogische Fachkraft steht vor der Herausforderung, das sprachliche Potenzial einer Situation bzw. von Aktivitäten zu erkennen und bewusst zu nutzen und dabei die kindlichen Bedürfnisse, Interessen und Themen mit einzubeziehen.

1.4.1 Bilderbuchbetrachtung

Die Bilderbuchbetrachtung stellt eine klar strukturierte und planbare Sprachfördersituation dar. Im Rahmen einer Bilderbuchbetrachtungssituation, die Grimm (2003, S. 62) als „Protosituation des Sprachlernprozesses" beschreibt, werden alle Bereiche des Spracherwerbs angesprochen. Ulich (2003) bezeichnet die Bilderbuchbetrachtung sogar als eine der wirksamsten Formen der Sprachförderung, da bei dieser Aktivität Sprache und Kommunikation im Mittelpunkt stehen. Außerdem besteht hier aufgrund der klaren Strukturierung die Möglichkeit, das Tempo der sprachlichen Anregung auf das jeweilige Kind sowie auf dessen Sprachstand und Interessen abzustimmen. Empirisch belegt sind vor allem die spezifischen Förderwirkungen auf den Wortschatzerwerb.

Eine besondere Form der Bilderbuchbetrachtung stellt das Dialogische Lesen dar, welches vor allem von der Forschergruppe um Whitehurst (Whitehurst et al., 1988, 1994; Whitehurst & Lonigan, 1998) untersucht wurde. Gegenüber dem „traditionellen" Vorlesen ist das Kind beim Dialogischen Vorlesen selbst sprachlich aktiv und der Erwachsene schlüpft in die Rolle des aktiven Zuhörers. Das Buch dient vorrangig als Impulsgeber für das Gespräch. Ziel ist es, das Kind durch die eingesetzten Förderstrategien anzuregen, selbst möglichst viel zu sprechen. Die Studien belegen, dass bestimmte dialogische Formen der Bilderbuchbetrachtung zu sprachlichen Verbesserungen bei den Kindern führen.

1.4.2 Spiele und Angebote

Spiel- und Angebotssituationen stellen strukturierte und geplante Situationen im (Kindergarten-) Alltag dar. Bei einem Angebot liegt die Initiative in der Regel bei dem Erwachsenen (Erzieherin, Mutter). Er schafft im Vorfeld die notwendigen Rahmenbedingungen, plant den Angebotsablauf, bereitet den Raum oder den Arbeitsplatz vor und richtet – wenn nötig – die erforderlichen Materialien. Außerdem überlegt er im besten Falle, welches Ziel er mit dem jeweiligen Angebot bei bestimmten Kindern erreichen möchte und plant die Aktivität unter Berücksichtigung der individuellen Fähigkeiten und Bedürfnisse sowie Interessen der beteiligten Kinder. Hierzu gehören u. a. Bewegungsspiele, Finger- und Singspiele, Tischspiele sowie ästhetisches Gestalten (malen, kneten, tonen usw.).

Meist steht im Rahmen der Angebote ein bestimmter Inhalt im Fokus, sodass die pädagogische Fachkraft die Möglichkeit hat, ihren sprachlichen Input dahingehend vorzubereiten. Beispielsweise kann sie vorab Wörter, die das Kind noch nicht kennt, auswählen und diese in der betreffenden Situation bewusst einführen. So kann eine Erzieherin im Rahmen eines Angebots beispielsweise themenspezifische Fachbegriffe einbinden und deren Bedeutung im sprachlichen Kontext erläutern, um so u. a. den Wortschatz der Kinder gezielt zu erweitern.

1.4.3 Symbol- und Rollenspiele

Das Symbol- und Rollenspiel stellt eine weniger strukturierte und planbare Situation dar. Meist haben solche Spiele die alltäglichen Erfahrungen der Kinder zum Inhalt (Zollinger, 2010). Erste Symbolspielhandlungen zeigen Kinder bereits ab dem zweiten Lebensjahr. Sie tun z. B. so als ob sie schlafen oder trinken würden. Nach dem 18. Lebensmonat beginnen Kinder dann auch Personen und Gegenstände in ihr Spiel mit einzubeziehen. Anspruchsvoller und komplexer werden die Spielhandlungen bereits zu Beginn des dritten Lebensjahres. So überträgt ein Kind nun Verhaltensweisen auf Puppen oder Stofftiere und lässt diese im Spiel lebendig werden. Beispielsweise weint der Teddybär, weil er hungrig ist. Benötigen Kinder noch zu Beginn des frühen Symbolspiels realistische Spielmaterialien, sind sie in der weiteren Spielentwicklung nicht mehr auf konkrete Materialien angewiesen. Es ist ihnen nun vielmehr möglich, Gegenstände in ihrer Fantasie umzuwandeln und ihnen eine neue Funktion zu geben (z. B. wird der Holzklotz zum Handy) (Einsiedler, 1999; Hauser, 2013a, 2013b; Kasten, 2007). Bereits im frühen Symbolspiel kann die pädagogische Fachkraft bzw. Mutter als sprachliches Modell fungieren, indem sie Symbolspielhandlungen des Kindes verbalisiert bzw. sprachlich begleitet und Äußerungen des Kindes sprachlich erweitert. Durch das Stellen von Fragen kann sie das Kind anregen, seine Spielhandlungen selbst sprachlich zu kommentieren oder es auch zu neuen Spielhandlungen ermuntern.

Im Symbol- und Rollenspiel werden aber nicht nur die Handlungen von Erwachsenen, sondern auch deren Sprache nachgeahmt. So kann es für die Sprachentwicklung, z. B. durch sprachliche Erweiterungen oder das Sprachvorbild der mitspielenden Erwachsenen bzw. Erzieherin, besonders günstige Lerngelegenheiten bieten. Da ein Symbol- und Rollenspiel nicht automatisch sprachförderlich wirkt, sind kompetente Interaktionspartner notwendig, die die Kinder zu Äußerungen in der „Zone der nächsten Entwicklung" anregen. Die Erzieherin kann durch eine aktive und sensible Beteiligung diese Wirkungen verstärken (Roskos & Christie, 2000). Die Notwendigkeit der Spielförderung ist jedoch in Deutschland nicht unumstritten. Die Orientierung variiert zwischen Nichteingreifen und Anleiten (Einsiedler 1999; Hergenröder 2012).

Wenn Kinder dann in der Lage sind verschiedene Rollen einzunehmen und diese sprachlich darzustellen (Götte, 2002), entwickeln sie u. a. eine komplexere Sprache und erreichen zunehmend die Kompetenz zur Metakommunikation. Dies zeigt sich auch darin, dass sie nun zur Aushandlung von Rollen sowie des Kontextes fähig sind. Darüber hinaus hat das Symbol- und Rollenspiel für die kognitive und sprachliche Entwicklung eine hohe Bedeutung (Andresen, 2002; Oerter, 1999; Smilanski, 1978).

Im Rahmen des Symbol- und Rollenspiels verwenden Kinder sogenannte Skripts. Unter Skripts versteht man Vorstellungen über gut bekannte Handlungsabläufe in häufig wiederkehrenden Situationen (Schank & Abelson, 1977). Jeder Mensch verfügt über die unterschiedlichsten Skripts. So gibt es Skripts für komplexe Aktivitäten (z. B. einen Restaurantbesuch) und für einfache Aktivitäten (z. B. das Zähneputzen). Das Skriptwissen entwickelt sich schon in der frühen Kindheit, sodass Kinder sich im Spiel auf dieses Wissen berufen und es auch anwenden können. Da die Kommunikation so in strukturierten Handlungszusammenhängen stattfindet, bieten sie ein großes Potenzial zur Sprachanregung (Peter, 1998, S. 57). Qualität und Quantität der Kommunikation in Rollenspielen hängen jedoch davon ab, ob die Spielenden über ein „geteiltes Skriptwissen" verfügen (Kammermeyer, 2007).

1.4.4 Spontane Sprechanlässe und Routinen

Spontane Sprechanlässe, wie zum Beispiel die Fliege an der Wand, der plötzliche Schneefall, ein Kind bringt ein Haustier mit, eine Verletzung am Knie, ein Brief ist angekommen usw., sind völlig freie, sich zufällig ergebende Situationen, die sich jedoch für die Sprachbildung auch eignen. Die Erzieherin bzw. der Erwachsene kann diese Situationen nicht planen, sie sind mit Blick auf eine gute sprachliche Nutzung daher besonders anspruchsvolle Situationen.

Im Alltag treten darüber hinaus Routinesituationen auf, wie z. B. die täglich stattfindende Wickelsituation, die Essenszeiten oder die An- und Ausziehsituation, die zwar planbar sind, aber deren Sprachförderpotenzial oftmals vernachlässigt wird, da es häufig darum geht, diese schnell zu erledigen. Jedoch auch diese können für ein gezieltes sprachliches Angebot genutzt werden. So kann eine Erzieherin beispielsweise im Rahmen einer Anziehsituation ihren Fokus auf das Thema Kleidung legen und täglich ein neues Kleidungsstück einführen. Da solche Routinesituationen immer nach dem gleichen Schema ablaufen, bietet es sich hier außerdem an, die eigenen Handlungen und die Handlungen des Kindes sprachlich zu begleiten. Das Kind hört so wiederholt die gleichen Wörter sowie grammatische Strukturen und kann deren Bedeutung so besser verinnerlichen und schließlich selbst richtig produzieren. Alltagsroutinen besitzen ein besonderes sprachförderliches Potenzial, da diese den Kindern bereits vertraut sind und sie sich daher nicht nur aktiv handelnd, sondern auch sprachlich am Geschehen beteiligen können. So können Kinder während solcher Aktivitäten bereits früh eigene Themen und Erfahrungen einbringen und auch die Initiative ergreifen.

Im Qualifizierungskonzept „Mit Kindern im Gespräch" spielen die unterschiedlichen Situationen, die sich zur Sprachbildung eignen, eine zentrale Rolle. Für die vier genannten Situationstypen wird jeweils ein eigenes Modul angeboten. Die Situationen unterscheiden sich im Grad der Strukturierung und ihrer Planbarkeit. Die Bilderbuchbetrachtung ist hoch strukturiert und planbar, weshalb diese auch in der Forschung zu Dialogischem Lesen gut belegt ist. Auf spontan sich ergebende Sprechanlässe einzugehen, kann hingegen nicht geplant werden, es können jedoch Bedingungen geschaffen werden, damit Sprechanlässe zur Sprachbildung genutzt werden können.

1.5 Welche *methodischen Kennzeichen* weisen effektive Qualifizierungskonzepte auf?

Wenn es der Leitung einer Qualifizierungsmaßnahme gelingt, pädagogischen Fachkräften die Kompetenzen zur Anwendung von Sprachfördermaßnahmen in geeigneten Situationen erfolgreich zu vermitteln, bedeutet dies noch nicht, dass der Transfer in die Praxis gelingt (vgl. die oben benannten fehlenden Effekte bisheriger Studien zur Wirkung von Sprachförderprogrammen). Auch bei den Fortbildungen des Programms „Sag' mal was – Sprachförderung für Vorschulkinder", gab trotz positiver Bewertung der Qualifizierungsmaßnahme nur die Hälfte der Befragten an, dass sich ihre praxisbezogenen Kompetenzen durch die Fortbildung verbessert hatten (Neugebauer, 2010, S. 42).

Wie können Erzieherinnen aber am besten dabei unterstützt werden, dass sie solche empirisch bewährten Sprachförderstrategien in ihrem Alltag auch tatsächlich effektiv einsetzen? Hierzu benötigen sie Qualifizierungsmaßnahmen, in denen nicht „träges Wissen", sondern flexibel anwendbares Wissen erzeugt wird, das auf die eigene Praxis übertragen werden kann. Lipowsky (2004, 2010a, 2010b) zeigt differenziert auf, was Fortbildungen für Lehrpersonen erfolgreich macht. Diese Erkenntnisse werden in Fortbildungen nach dem Ansatz des Situierten Lernens berücksichtigt.

Die methodisch-didaktische Gestaltung einer Qualifizierung spielt eine bedeutsame Rolle, da sie darüber entscheidet, wie die Qualifizierungsinhalte von den Teilnehmenden aufgenommen, verarbeitet und in die Praxis transportiert werden.

Eine äußerst erfolgversprechende Methode zur Qualifizierung von pädagogischen Fachkräften ist das Situierte Lernen. Hierbei handelt es sich nach Gruber (2009) um einen methodischen Ansatz, mit dem das Problem des trägen Wissens, das nicht in Problemsituationen angewendet werden kann, gelöst werden soll. Es besagt, dass Wissen durch aktive Konstruktionsprozesse der Lernenden entsteht und dass deshalb die Lernsituation und der Kontext, in dem sich die Lernenden befinden, berücksichtigt werden müssen. Nach Fölling-Albers, Hartinger und Mörtl-Hafizović (2004, S. 727) weisen erfolgreiche situierte Lernbedingungen folgende Merkmale auf: das Bemühen um Authentizität, das Betrachten verschiedener Perspektiven und die Berücksichtigung des Kontextes.

Zudem spielen auch Coaching und die Berücksichtigung der menschlichen Grundbedürfnisse bei der Gestaltung von effektiven Lehr-Lern-Settings eine bedeutende Rolle.

1.5.1 Situiertes Lernen: Bemühen um Authentizität

Das Konzept des Situierten Lernens geht davon aus, dass vorhandenes Wissen dann mit höherer Wahrscheinlichkeit angewandt wird, wenn sich Lern- und Anwendungssituation möglichst nahekommen (Hartinger, Lohrmann, Rank & Fölling-Albers, 2011). Aus diesem Grund ist es sinnvoll, in Qualifizierungsveranstaltungen von den konkreten Erfahrungen der Teilnehmenden auszugehen und diese zu analysieren und auf verschiedene Kontexte zu übertragen. Da Lernsituationen jedoch niemals völlig authentisch sein können und auch nicht alle möglichen Anwendungssituationen berücksichtigt werden können, soll der Lerninhalt nach Fölling-Albers et al. (2004) aus möglichst vielfältigen Perspektiven betrachtet werden und auch verschiedene Kontexte berücksichtigen.

1.5.2 Situiertes Lernen: Betrachten verschiedener Perspektiven

Der Lerngegenstand wird beim Situierten Lernen aus möglichst vielen Perspektiven betrachtet. Das Gespräch mit Kolleginnen im Alltag wird von vielen zu Recht als hilfreich angesehen, bietet es doch eine etwas andere Sichtweise auf das Erlebte. Diese Erfahrung wird beim Situierten Lernen aufgegriffen. Es geht nicht darum Faktenwissen zu vermitteln, sondern systematisch und gezielt eigene Erfahrungen mit Sprachbildung zu analysieren, Neues auszuprobieren und mit anderen zu reflektieren.

1.5.3 Situiertes Lernen: Berücksichtigung des Kontextes

Von der Bearbeitung verschiedener Kontexte wird erwartet, dass damit der Aufbau einer vernetzten Wissensstruktur unterstützt werden kann. Von besonderer Bedeutung ist dabei der Kontext der eigenen Einrichtung, in den der Transfer geleistet werden soll. Eine große Rolle spielen dabei Artikulations- und Reflexionsphasen, in denen die individuellen Lernprozesse, -ergebnisse und Perspektiven der einzelnen Lernenden aufeinander bezogen werden. Sie sind nach Fölling-Albers et al. (2004) erforderlich, weil dadurch die Lernsituation – zumindest gedanklich – auf weitere mögliche Anwendungssituationen bezogen werden kann und weil sie dabei helfen, eigene Erfahrungen bewusster zu machen. Für den Lernprozess wird das soziale Aushandeln von Bedeutungen und das Diskutieren unterschiedlicher Annahmen als sehr förderlich angesehen.
Erste positive Effekte situierter Lernformen bezüglich des Lernerfolgs im anwendungsbezogenen Wissen zeigten die Studien von Fölling-Albers et al. (2004) und Rank, Gebauer, Fölling-Albers und Hartinger (2011). In beiden Studien wurden zwei Varianten von Qualifizierungsveranstaltungen bei Lehramtsstudierenden untersucht: In der einen Variante wurden, wie in vielen Qualifizierungsveranstaltungen üblich, im ersten Schritt theoretische Grundlagen vermittelt, die dann im zweiten Schritt auf die Praxis übertragen wurden. In der Variante „Situiertes Lernen" wurde umgekehrt vorgegangen. Es zeigte sich, dass die Teilnehmenden in situierten Lernsituationen sehr wirksam anwendungsbezogenes, förderdiagnostisches Wissen aufbauen können, wenn die Situation, also das Fallbeispiel, den Ausgangspunkt des Lernens bildet und alle Elemente des Situierten Lernens berücksichtigt werden.

1.5.4 Coaching

Eine besonders geeignete Möglichkeit der Annäherung von Lern- und Anwendungssituation stellt die Methode Coaching mit Videoaufnahmen dar. Reusser (2005) betont vor allem die Bedeutung von Video-Coaching für das Reflektieren und Analysieren von Lernsituationen, das zu einem vertieften Aufbau und zu einer Erweiterung des bisherigen Professionswissens und -handelns führt. Dies wird durch eine authentische Auseinandersetzung mit realen eigenen oder fremden Unterrichtsvideos möglich. Entscheidend ist, dass den Teilnehmenden die Möglichkeit des gemeinsamen Austausches gegeben wird und dass dieser kompetent begleitet wird. Individuelles berufsbegleitendes Coaching kommt auch in der Studie von Beller und Beller (2009) zur Anwendung und wird von den Forschungsbefunden von Girolametto et al. (2003, p. 309) unterstrichen.

Die bereits oben benannte Arbeitsgruppe um Pianta (z. B. Mashburn & Pianta, 2010; Pianta et al., 2011) erwähnt ebenfalls die Bedeutung des Situierten Lernens mit Fokus auf die Erzieherin-Kind-Interaktion und belegt dies mit ihren Studien zum Qualifizierungsprogramm MyTeachingPartner (MTP), in welchem auch Videoanalysen im Mittelpunkt stehen.

1.5.5 Die Berücksichtigung der menschlichen Grundbedürfnisse

Coaching mit Videoanalysen scheint zwar einerseits besonders erfolgversprechend zu sein. Die Ankündigung löst bei den Teilnehmenden an Qualifizierungsveranstaltungen jedoch andererseits häufig Sorge und Skepsis, nicht selten sogar Angst aus. Aus diesem Grund gilt auch hier, dass die erhoffte positive Wirkung nur dann zu erwarten ist, wenn diese äußerst anspruchsvolle Methode mit hoher Sensibilität und Qualität umgesetzt wird. Als hilfreich dabei hat sich die Orientierung an den menschlichen Grundbedürfnissen erwiesen. Die Bedürfnisse nach Kompetenzerleben, Autonomie und sozialem Eingebundensein stellen nach Krapp (2002) die „psychological basic human needs" dar, die auf der Selbstbestimmungstheorie von Deci und Ryan (1993, 2000) aufbauen. Diese Merkmale spielen eine entscheidende Rolle für menschliches Wohlbefinden und erfolgversprechendes Lernen.

Im Qualifizierungskonzept „Mit Kindern im Gespräch" berücksichtigen alle Bausteine neben dem inhaltlichen Fokus auf Sprachförderstrategien und Alltagssituationen sowohl die Merkmale des Situierten Lernens (das Bemühen um Authentizität, das Betrachten verschiedener Perspektiven und die Berücksichtigung des Kontextes) als auch die drei menschlichen Grundbedürfnisse (nach Kompetenzerleben, Autonomie und sozialem Eingebundensein).

Um die *eigene Kompetenz zu erleben*, werden in allen Bausteinen des Qualifizierungskonzeptes die Stärken der Teilnehmenden fokussiert und gelingende Erzieherin-Kind-Interaktionen analysiert. Außerdem werden vielfältige Wahlmöglichkeiten angeboten, um den Teilnehmenden das Empfinden von *Autonomie* zu ermöglichen. Sie entscheiden selbst, welches Angebot an Aufgabenstellung, Sozialform, Material etc. für ihren Lernprozess am besten geeignet ist. *Soziales Eingebundensein* erleben die Teilnehmenden, da sie in allen Bausteinen mit anderen in wechselnden Sozialformen (Partner- und Gruppenarbeit) zusammenarbeiten.

2. Qualifizierungskonzept: Mit Kindern im Gespräch

2.1 Zielgruppe

„Mit Kindern im Gespräch" wurde für Leitungen von Qualifizierungsmaßnahmen konzipiert, die sich an Teilnehmende richten, die Kinder im Alter von zwei bis drei Jahren betreuen.

2.2 Organisatorischer Rahmen

Zur Umsetzung des Qualifizierungskonzeptes ist es ratsam, die Qualifizierung über einen längeren Zeitraum von mindestens einem Jahr anzusetzen, um zwischen den Qualifizierungstreffen genügend Zeit zur Verarbeitung und Erprobung der bearbeiteten Module und Bausteine zur Verfügung zu haben und ggf. Zeit für begleitende Coaching-Besuche einplanen zu können.

2.3 Aufbau der Qualifizierung

Das Qualifizierungskonzept ist stufenartig aufgebaut und geht von sprachförderlichen Situationen aus (wie Bilderbuchbetrachtung, Spiele- und Angebotssituationen etc.; vgl. Abbildung 3). Der Grad an Strukturierung der Situation und damit die Planbarkeit der sprachfördernden Anregungen nimmt von Stufe zu Stufe ab. Die Komplexität der Situation hingegen und damit auch die Anforderungen an die Kompetenz der Pädagogin steigen von Stufe zu Stufe.

Auf der ersten Stufe bei der Bilderbuchbetrachtung hat eine Teilnehmende an der Qualifizierungsmaßnahme die Möglichkeit, sich vorzubereiten und die Situation zu planen. Sie kann sich bei-

Abb. 3: Stufenartiger Aufbau der Qualifizierung

spielsweise zunächst das Bilderbuch, das sie mit einem oder mehreren Kindern betrachten möchte, aussuchen und dann im Vorfeld überlegen, ob und welche Wörter sie auf welche Weise neu einführen möchte. Im Rahmen von sich im Alltag zufällig ergebenden Situationen hingegen bleibt der Erzieherin keine Zeit für die Vorbereitung, sie ist auf ihr spontanes Sprachanregungspotenzial angewiesen, das durch die erlernten Sprachförderstrategien verbessert wird.

Die verschiedenen Sprachförderstrategien (siehe Kap. 1.3) werden im Rahmen dieser Sprachfördersituationen bewusst und zielgerichtet eingesetzt, wobei deren Einsatz je nach Situation variieren kann.

2.4 Methoden der Qualifizierung

Die methodisch-didaktische Gestaltung der Weiterbildung orientiert sich am Situierten Lernen (siehe Kap. 1.5). Das Bemühen um Authentizität, das Betrachten verschiedener Perspektiven und die Berücksichtigung des Kontextes stehen hier im Fokus. Folgende Methoden kommen dabei zum Einsatz:

- **Bemühen um Authentizität:** Filmanalyse (gemeinsames Besprechen von eigenen und fremden Videoaufnahmen), Arbeit an eigenen und fremden Transkripten, Rollenspiel (eigene Erfahrungen), Analyse von Fallbeispielen, Coaching (im eigenen pädagogischen Alltag),
- **Betrachten verschiedener Perspektiven:** Austausch über eigene und fremde Erfahrungen, in andere Rollen schlüpfen (Kind, Erzieherin, Mutter usw.),
- **Berücksichtigung des Kontextes:** Praxisaufgaben zum Übertrag in die eigene Praxis, Coaching.

Informationsphasen, in denen theoretische Inhalte im Rahmen eines Vortrags vermittelt werden, spielen keine Rolle. Es geht stattdessen vor allem darum, die Erfahrungen und subjektiven Theorien der Teilnehmenden aufzugreifen, diese gemeinsam zu reflektieren und im Laufe der Qualifizierung inhaltlich und methodisch zu ergänzen.

Damit die Teilnehmenden die Lerninhalte möglichst authentisch erfahren, wird im Rahmen des Qualifizierungskonzeptes u. a. auf Video- und Transkriptionsbeispiele aus der eigenen Praxis und aus anderen Einrichtungen sowie auf Fallbeispiele zurückgegriffen. Durch deren gemeinsame Reflexion und das Einbeziehen von eigenen Erfahrungen können die vielfältigen Perspektiven der Teilnehmenden während der Qualifizierung allen zugänglich gemacht und ko-konstruktiv geteilt werden. Um den für den Qualifizierungserfolg notwendigen Perspektivenwechsel zu gewährleisten, werden soziale Ko-Konstruktionen während der gesamten Qualifizierungsreihe systematisch unterstützt. So bilden beispielsweise jeweils zwei Erzieherinnen einer Einrichtung während der Qualifizierung eine feste Partnergruppe. Dadurch wird auf Seiten der Teilnehmenden ein besserer Transfer in den Alltag gesichert und beide werden angeregt, sich im Alltag gegenseitig zu beobachten und unterstützend zu beraten. Der Kontext findet Berücksichtigung, indem die Teilnehmenden von der Leitung der Qualifizierung möglichst regelmäßig in der Praxis besucht und im Rahmen dieser Besuche Coaching-Gespräche (siehe Kap. 2.5) geführt werden. Der Kontext findet darüber hinaus Berücksichtigung durch die regelmäßigen Praxisaufgaben. Diese zielen darauf ab, Themen und Inhalte der Weiterbildungstage im Kindergartenalltag mit den eigenen Kindern einzuüben. Beispielweise kann die Aufgabe gestellt werden, gemeinsam mit einem Kind oder zwei Kindern ein Bilderbuch zu betrachten und sich dabei von der Partnerin oder einer Kollegin beobachten zu lassen.

Die Berücksichtigung der drei menschlichen Grundbedürfnisse nach Kompetenzerleben, Autonomie sowie sozialem Eingebundensein, wie bereits in Kap. 1.5 erwähnt, spielt eine entscheidende Rolle für das Lernen. Daher werden sie im Rahmen der Qualifizierungsreihe und im Umgang mit den Teilnehmenden berücksichtigt. Dies passiert durch folgende Aktivitäten: Reflexion besonders gelungener Situationen beim Videocoaching, Fokus auf gelungene Situationen beim Erfahrungsaustausch sowie stärkenorientiertes inhaltliches Feedback der Leitung (= Kompetenzerleben); Wahl der zu analysierenden Videosequenzen, Wahl der Partnerin, Aufgaben zur Auswahl allgemein und zur Auswahl von Reflexionsfragen beim Videocoaching (= Autonomie); Partner- und Gruppenarbeit während der Qualifizierung (= Soziales Eingebundensein).

Um den Teilnehmenden möglichst viel Autonomie und ein Gefühl des sozialen Eingebundenseins zu gewährleisten, werden sie bestmöglichst zu zweit gecoacht. Um den teilnehmenden Personen ein gewisses Maß an Kompetenzerleben zu ermöglichen, kann z. B. bei der Analyse von eigenen Filmaufnahmen deren Blick immer auf besonders gelungene Situationen gelenkt und deren Stärken hervorgehoben werden.

2.5 Videoanalyse und Coaching

Da Videoanalysen und Coaching zentrale Methoden der Qualifizierung sind, wird auf diese im Folgenden noch differenzierter eingegangen. Sowohl die Coachingbesuche als auch die Analyse von eigenen und fremden Videoaufnahmen stellen sehr gewinnbringende und ergiebige Methoden dar. Die Erfahrung der Weiterbildnerinnen im Projekt „Mit Kindern im Gespräch" hat gezeigt, dass es bei der Arbeit mit fremden Videos, aber auch besonders im Umgang mit Videomaterial der Teilnehmenden eines kompetenten und sensitiven Umgangs sowie eines hohen Maßes an Einfühlungsvermögen bedarf. Die regelmäßig stattfindenden Coachingbesuche können auch dem Kennenlernen der Alltagspraxis der Teilnehmenden und deren Zielkinder dienen, was ein präziseres Eingehen auf die jeweiligen Teilnehmenden während der weiteren Qualifizierungstage ermöglicht. Zum anderen haben Leitungspersonen im Rahmen solcher Praxisbesuche die Möglichkeit, Fragen auf Seiten der Teilnehmenden zu den Inhalten des letzten Weiterbildungstages zu beantworten. Außerdem erhalten sie detaillierte Rückmeldungen zu Inhalten, Durchführung und Struktur der letzten Qualifizierung.

Ein Hauptziel der Besuche besteht darin, die Nachhaltigkeit der Inhalte der Qualifizierungsmaßnahme „Mit Kindern im Gespräch" in der jeweiligen Einrichtung zu sichern und die Teilnehmenden dabei zu unterstützen, neue Qualifizierungsinhalte am Beispiel der eigenen Praxis individuenzentriert und fallbezogen zu reflektieren. Das Thema des Qualifikationskonzeptes „Mit Kindern im Gespräch" soll schließlich auch über die zentralen Treffen hinaus Bestandteil der pädagogischen Arbeit werden und noch stärker Besonderheiten der eigenen Praxis mit einbeziehen.

Ein Schwerpunkt bei den Praxisbesuchen stellt die Betrachtung der eigenen Filmaufnahmen dar. Dabei wird der Fokus auf das sprachliche Verhalten der jeweiligen Teilnehmenden und im Besonderen auf deren eingesetzte Sprachförderstrategien gelegt. Aber auch das sprachliche Verhalten der beteiligten Kinder wird in den Blick genommen. Im Rahmen der Weiterbildungen wird zu Beginn noch auf fremde Filmaufnahmen zurückgegriffen. Die eigenen Filmaufnahmen werden zunächst ausschließlich im Rahmen der Praxisbesuche mit der jeweiligen Partnerin und der Weiterbildnerin analysiert. Gegen Ende der Qualifizierungsreihe haben die Teilnehmenden die Möglichkeit, einen eigenen Film ihrer Wahl der Großgruppe vorzustellen und Fragen zu dem ausgewählten Filmausschnitt zu stellen, wie z. B. „Was meint ihr, habe ich in dieser Szene dem Kind Zeit gelassen zu antworten?".

3. Einführung in den Praxisteil

3.1 Module und Bausteine des Qualifizierungskonzeptes (Überblick)

Das Qualifizierungskonzept ist in übergreifende themenbezogene Module gegliedert, die wiederum in mehreren sogenannten Bausteinen im Rahmen einer Qualifizierung bearbeitet werden können. Es handelt sich um sechs Module, aufgeteilt in insgesamt 56 Bausteine. Jedes Modul umfasst mindestens acht und maximal zehn Bausteine. Diese sind im Kern erprobt, wurden aber so weiterbearbeitet, dass sie variabel in unterschiedlichsten Qualifizierungssettings eingesetzt werden können.

Folgende Gesamtübersicht (vgl. Tabelle 5, S. 33) zeigt alle Module und Bausteine des Qualifizierungskonzeptes.

In diesen Bausteinen werden verschiedene Methoden eingesetzt, die in Tabelle 6 vorgestellt werden (vgl. Tabelle 6, S. 35 f.).

3.2 Aufbau und Ablauf der Qualifizierung

Auch wenn die Bausteine flexibel eingesetzt werden können, sind einige Überlegungen zum Aufbau empfehlenswert. Grundlegend für eine Qualifizierung ist das Modul 1 (Strategien & Situationen), welches sich als Einführung eignet. Insofern ist dieses Modul auch als *Basismodul* anzusehen. Alle weiteren Module (2, 3, 4, 5) sind ausgehend von einem hohen Planungs- und Strukturierungsgrad bis hin zu mehr Offenheit in Planung und Struktur ausgerichtet. Das letzte Modul (Markt & Möglichkeiten, Modul 6) umfasst Bausteine zur Vertiefung, Reflexion und zum Transfer. Es ist insofern eher als mögliches *Abschlussmodul* zu sehen, sofern andere Module ebenfalls aufgenommen werden sollen. Diese Bausteine können als Stationen im Rahmen eines Stationenlernens erarbeitet werden.

Empfehlenswert ist es, mit Modul 1 (Strategien & Situationen) zu beginnen und dann die Strategien in ausgewählten Situationen in den Modulen 2 (Bilder & Bilderbücher), 3 (Spiele & Angebote), 4 (Symbol- & Rollenspiele) oder 5 (Spontane Sprechanlässe & Routinen) anzuwenden. Es können sowohl einzelne als auch alle Situationen (Module 2, 3, 4, 5) ausgewählt werden. Wenn die Möglichkeit besteht, alle Module zu bearbeiten, ist die dargestellte Reihenfolge (1 → 2 → 3 → 4 → 5) sinnvoll.

Auch der *Ablauf innerhalb eines Moduls* (z. B. innerhalb des Moduls 2: Bilder & Bilderbücher) ist als *variabel* zu betrachten: Zwar ist die Anordnung in Anlehnung an die erprobte Durchführung teilweise aufeinander aufbauend; die Bausteine wurden jedoch so angepasst, dass diese unter Berücksichtigung der Vorerfahrungen und Interessen der Zielgruppe unabhängig von allen anderen flexibel eingesetzt werden können. Es ist also ohne Weiteres möglich, auch nur einzelne Bausteine zu bestimmten Schwerpunkten auszuwählen bzw. diese aufgrund der zusätzlichen Anregungen, Tipps und Varianten den eigenen Zielen anzupassen.

Zentral für das Qualifizierungskonzept sind sogenannte Praxisaufgaben. Mithilfe von Praxisaufgaben soll der Transfer des Gelernten in die eigene Praxis unterstützt werden. In der Regel handelt es sich dabei um Aufgaben, anhand derer man in der Qualifizierung Gelerntes in der Praxis erproben kann. In der nächsten Veranstaltung ist es dann ergiebig, mit deren Reflexion einzusteigen. D. h. sie können zum einen zur Vorbereitung bzw. zum Einstieg eines nächsten Bausteines eine Rolle spielen oder zum anderen im Sinne einer Nachbereitung zur eigenen Vertiefung genutzt werden.

In vielen Bausteinen kann auch die Strategiepyramide (siehe Kap. 1.3.4) eingesetzt werden. Sie dient als bausteinunabhängige Gedächtnisstütze und Analysewerkzeug und wird deshalb nicht gesondert in den einzelnen Bausteinen aufgeführt. Sie befindet sich im Materialanhang auf DVD. Auch das Reflex-Eck (siehe Materialanhang auf DVD oder einzelne Bausteine) kann als Reflexionsgrundlage für viele Situationen und Strategien in allen Modulen dienen.

Bau- stein	Modul 1: Strategien & Situationen	Modul 2: Bilder & Bilderbücher	Modul 3: Spiele & Angebote	Modul 4: Symbol- & Rollenspiel	Modul 5: Spontane Sprech- anlässe & Routinen	Modul 6: Markt & Möglich- keiten
1	Sprachförder- lichen Situa- tionen auf der Spur	Wie gestalte ich eine Bilderbuch- betrachtung?	Meine Angebote	Meine eigene Rolle im Rollenspiel	Persönlich bedeutsame Situationen	Baby füttern (Station 1)
2	Meine eigenen sprachförder- lichen Situa- tionen	Oh, da sitzt ja ein Affe	Perspektive der Kinder	Meine Puppe hat Hunger	Da is 'ne Snecke!	Neues Ausprobieren (Station 2)
3	Meine sprach- lichen Routi- nen	Die drei ???	Interessante Wörter	Ich habe mit Tom Eisen- bahn gespielt	Highlights im Alltag	Gestaltung einer Rollen- spielecke (Station 3)
4	Formale Sprachförder- strategien im Überblick	An der Kreuzung	Planung & Realität	Was hat das Symbol- und Rollenspiel mit der sprachlichen Entwicklung zu tun?	Szenen des Alltags	In der Küche ist es dunkel (Station 4)
5	Warum forma- le Sprachför- derstrategien verwenden?	Komm, wir betrachten ein Bilderbuch	Duplo®- Bausteine	Mein Handy klingelt	Interessante Routinen	Joghurt- becher (Station 5)
6	Spontane Reaktionen	Neue Wörter	Tonen	Was sind Skripts?	Meine Lieb- lingsroutine	Häschen in der Grube (Station 6)
7	Nähe und Abstand	Worteinfüh- rung in der Bilderbuch- betrachtung	Neues Angebot	Was spielt Kim gerne?	Beim Wickeln	Hitliste (Station 7)
8	Viele Ein- flussfaktoren	Pitschenass wird die Luzie	Ist mein Angebot gelungen?	Das Rollen- spiel unter der Lupe	An der Garderobe	Sag mal aaahh! (Station 8)
9	Ziel erreicht?!	Was braucht denn so'n Arzt alles?	Tempo, kleine Schnecke	Wie bereite ich ein Symbol- und Rollen- spiel vor?		Was der Büchermarkt anbietet (Station 9)
10		Luzie und Lottchen		Lohnt sich die Vorbereitung?		Transfer in den Alltag (Station 10)

Tab. 5: Module und Bausteine des Qualifizierungskonzeptes

Die Bausteine werden alle in der gleichen Struktur dargestellt. In der folgenden Übersicht (vgl. Abbildung 4) werden die Bestandteile der Bausteine erläutert und darauf hingewiesen, welche Funktion sie erfüllen.

Baustein 1: Sprachförderlichen Situationen auf der Spur — Modul 1

Inhalt	Situationen aus dem Kindergartenalltag
Ziel	Die Teilnehmenden erkennen sprachförderliche Situationen im Alltag.
Methode	Sammeln und Sortieren
Sozialform	Einzelaktivität, Partnergruppe, Großgruppe
Zeitbedarf	45 Minuten
Material/Medien	Arbeitsblatt „Sprachförderlichen Situationen auf der Spur", Karteikarten
Vorbereitung	Arbeitsblatt „Sprachförderlichen Situationen auf der Spur" kopieren, Arbeitsmaterialien bereitstellen
Theoriebezug	siehe Abschnitt 1.4

■ Einstieg/Einführung

Es findet ein Erfahrungsaustausch zur folgenden Fragestellung statt: „Welche Situationen im pädagogischen Alltag sind Ihrer Meinung nach besonders sprachförderlich für Kinder?"

■ Erarbeitung I

Aufgabe

„Schreiben Sie verschiedene Situationen, die Sie in Ihrer Praxis als sprachförderlich erlebt haben, auf die Vorderseite einer Karteikarte und ein dazugehöriges Beispiel auf die Rückseite. Denken Sie dabei sowohl an überraschende ungewöhnliche Situationen als auch an alltägliche Routinesituationen. Berichten Sie Ihrer Partnerin von diesen Erfahrungen."

■ Auswertung I

Nach dem Austausch in der Partnergruppe werden die Karteikarten in der Großgruppe an der Pinnwand gesammelt. Die Leitung stellt ggf. Fragen, wie z. B. „Was haben diese Situationen gemeinsam? Wodurch unterscheiden sie sich?" Im Anschluss werden diese dann – wenn möglich – den vier Situationen Bilderbuchbetrachtung, Spiele und Angebote, Symbol- und Rollenspiel sowie spontanen Sprechanlässen und Routinesituationen zugeordnet.

■ Erarbeitung II

Aufgabe

„Welche der beschriebenen Situationen eignen sich Ihrer Meinung nach besonders gut bzw. weniger gut? Begründen Sie Ihre Meinung und notieren Sie Ihre Überlegungen." (vgl. Arbeitsblatt „Sprachförderlichen Situationen auf der Spur")

■ Auswertung II

Die Ergebnisse werden in der Großgruppe zusammengetragen und diskutiert.

■ Varianten/Tipps/Weiterführende Anregungen

Überlegen Sie in der Großgruppe, ob diese Beispiele auch für die Altersgruppe der Drei- bis Sechsjährigen sinnvoll sind und worin die Unterschiede bestehen.

■ Praxisaufgabe

„Notieren Sie eine gelungene sprachförderliche Situation, die Sie in Ihrem Praxisalltag in den nächsten Tagen mit einem oder mehreren Kindern erleben. Welche Kinder sind an dieser Situation beteiligt? Berücksichtigen Sie bei Ihrer Beschreibung die Aspekte Kontext, Ablauf, Materialien, Thema und Äußerungen."

Abb. 4: Baustein mit Erläuterungen

Erläuterung 1: Allgemeiner Teil zu einem Baustein, der auf Titel, die Inhalte, das Ziel, die Methode, die Sozialform, den Zeitbedarf, die notwendigen Materialien und/oder Medien, die notwendigen Vorbereitungsschritte und den Theoriebezug verweist. Auch die Zugehörigkeit zum jeweiligen Modul ist immer ersichtlich. Der Zeitbedarf wurde aufgrund der Erfahrungen in der Erprobung des Konzeptes angegeben, dieser kann jedoch je nach Anzahl und Interessen der Teilnehmenden sowie deren Lernvoraussetzungen durchaus stark variieren.

Erläuterung 2: Alle Arbeitsmaterialien und Arbeitsblätter, deren Nutzung in den einzelnen Bausteinen beschrieben und die im Anschluss an jeden Baustein in Ausschnitten aufgenommen sind, befinden sich vollständig im Anhang (auf der beiliegenden CD) als Kopier- bzw. Druckvorlage.
Es wird empfohlen, den Ablauf während der Qualifizierungsmaßnahmen darüber hinaus nicht von der Abfolge der Bausteine in den Modulen abhängig zu machen, sondern den Fortgang innerhalb der Qualifizierungsmaßnahme einzubeziehen, um ggf. spontan zu entscheiden, ob ein Aspekt noch weiter vertieft werden kann bzw. übersprungen wird.

Erläuterung 3: Vorschlag zum Ablauf der Qualifizierungsphase mit Einstieg/Einführung, Erarbeitung, Auswertung und Abschluss. Auch Praxisaufgaben zur Verarbeitung des Bausteines und zur Vorbereitung auf anschließende Bausteine sind vereinzelt aufgenommen. Um die Aufgabe möglichst prägnant zu formulieren, sind wörtliche Formulierungsvorschläge enthalten, die jeweils in Anführungszeichen gesetzt sind.

Erläuterung 4: Dieser Abschnitt enthält Varianten, Tipps und/oder weitere Anregungen zur Erweiterung, Veränderung oder Modifikation des Bausteines.

Alle Methoden im Überblick

	Sammeln und Sortieren	Präsentation	Bearbeitung von Fallbeispielen	Fantasiereise	Filmanalyse	Bearbeitung eines Fragebogens	Rollenspiel	Transkriptanalyse	Analyse von Beispielen	Planung einer Praxisaufgabe	Reflexion einer Praxisaufgabe
Modul 1											
Sprachförderlichen Situationen auf der Spur	X										
Meine eigenen sprachförderlichen Situationen		X									X
Meine sprachlichen Routinen			X								
Formale Sprachförderstrategien im Überblick	X			X							
Warum formale Sprachförderstrategien verwenden?	X										
Spontane Reaktionen			X								
Nähe und Abstand	X										
Viele Einflussfaktoren	X				X						
Ziel erreicht?!	X				X						
Modul 2											
Wie gestalte ich eine Bilderbuchbetrachtung?	X					X					
Oh, da sitzt ja ein Affe	X						X				
Die drei ???	X					X					
An der Kreuzung								X			

Alle Methoden im Überblick

	Sammeln und Sortieren	Präsentation	Bearbeitung von Fallbeispielen	Fantasiereise	Filmanalyse	Bearbeitung eines Fragebogens	Rollenspiel	Transkriptanalyse	Analyse von Beispielen	Planung einer Praxisaufgabe	Reflexion einer Praxisaufgabe
Komm, wir betrachten ein Bilderbuch					X						
Neue Wörter	X										
Worteinführung in der Bilderbuchbetrachtung	X										
Pitschenass wird die Luzie					X			X			
Was braucht denn so'n Arzt alles?					X			X			
Luzie und Lottchen					X			X			
Modul 3											
Meine Angebote							X				
Perspektive der Kinder									X		
Interessante Wörter										X	
Planung & Realität								X			X
Duplo®-Bausteine					X			X			
Tonen					X			X			
Neues Angebot										X	
Ist mein Angebot gelungen?											X
Tempo, kleine Schnecke®							X	X			

Alle Methoden im Überblick

	Sammeln und Sortieren	Präsentation	Bearbeitung von Fallbeispielen	Fantasiereise	Filmanalyse	Bearbeitung eines Fragebogens	Rollenspiel	Transkriptanalyse	Analyse von Beispielen	Planung einer Praxisaufgabe	Reflexion einer Praxisaufgabe
Modul 4											
Meine eigene Rolle im Rollenspiel											
Meine Puppe hat Hunger	X			X							
Ich habe mit Tom Eisenbahn gespielt											X
Was hat das Symbol- und Rollenspiel mit der sprachlichen Entwicklung zu tun?	X										
Mein Handy klingelt			X								
Was sind Skripts?	X	X									
Was spielt Kim gerne?	X										
Das Rollenspiel unter Lupe								X			
Wie bereite ich eine Symbol- und Rollenspiel vor?										X	
Lohnt sich die Vorbereitung?										X	
Modul 5											
Persönlich bedeutsame Situationen	X										
Da is 'ne Sneckel	X										
Highlights im Alltag									X		

Alle Methoden im Überblick

	Sammeln und Sortieren	Präsentation	Bearbeitung von Fallbeispielen	Fantasiereise	Filmanalyse	Bearbeitung eines Fragebogens	Rollenspiel	Transkriptanalyse	Analyse von Beispielen	Planung einer Praxisaufgabe	Reflexion einer Praxisaufgabe
Szenen des Alltags							X				
Interessante Routinen	X									X	
Meine Lieblingsroutine											X
Beim Wickeln					X			X			
An der Garderobe					X			X			
Modul 6											
Baby füttern	X				X						
Neues Ausprobieren	X										
Gestaltung einer Rollenspielecke	X										
In der Küche ist es dunkel					X		X				
Joghurtbecher											
Häschen in der Grube	X										
Hitliste	X		X								
Sag mal aaahh!			X								
Was der Büchermarkt anbietet	X										
Transfer in den Alltag						X					

Tab. 6: Alle Methoden im Überblick

3.3 Überblick über die Inhalte der DVD

Dem Materialband ist außerdem eine DVD beigefügt. Sie enthält eine Sammlung der in dem Qualifizierungskonzept vorgeschlagenen Videoausschnitte[2], welche ebenfalls alphabetisch auf der DVD angeordnet sind. Es sind insgesamt 13 Videoausschnitte, die in der Praxis entstanden sind, zu folgenden thematischen Inhalten enthalten (vgl. Tabelle 7).

Name des Videoausschnitts	Modul	Name des Moduls	Baustein	Name des Bausteins
An der Garderobe	5	Spontane Sprechanlässe & Routinen	8	An der Garderobe
Aquarium	3	Spiele & Angebote	5	Duplo®-Bausteine
Baby füttern	6	Markt & Möglichkeiten	1	Baby füttern (Station 1)
Beim Wickeln	5	Spontane Sprechanlässe & Routine	7	Beim Wickeln
Der Nulli-Hund	2	Bilder & Bilderbücher	4	An der Kreuzung
Duplo®-Bausteine	3	Spiele & Angebote	5	Duplo®-Bausteine
Im Bauzimmer	3	Spiele & Angebote	5	Duplo®-Bausteine
Joghurtbecher	6	Markt & Möglichkeiten	5	Joghurtbecher (Station 5)
Kuchen backen	4	Symbol- & Rollenspiel	6	Was sind Skripts?
Mein Handy klingelt	4	Symbol- & Rollenspiel	5	Mein Handy klingelt
Pitschenass wird die Luzie	2	Bilder & Bilderbücher	8	Pitschenass wird die Luzie
Tonen	3	Spiele & Angebote	6	Tonen
Was braucht denn so'n Arzt alles?	2	Bilder & Bilderbücher	9	Was braucht denn so'n Arzt alles?

Tab. 7: Videoausschnitte mit dazugehörenden Modulen bzw. Bausteinen

Die Videoaufnahmen erfolgten in Einrichtungen in Baden-Württemberg, demzufolge sind Äußerungen der beteiligten Erzieherinnen und Kinder teilweise durch Dialekt gekennzeichnet. Manche Kinder sind zudem älter als 36 Monate.

Die DVD enthält außerdem Kopier- und Druckvorlagen (Arbeitsblätter und Transkripte) ebenfalls in alphabetischer Anordnung. Aus den Tabellen 8 und 9 ist zu entnehmen, zu welchen Modulen und Bausteinen diese gehören.

[2] Diese Filmausschnitte enthalten Aufnahmen aus den an dem Projekt beteiligten Praxiseinrichtungen. Die beteiligten Erzieherinnen sowie die Eltern der beteiligten Kinder haben den Aufnahmen und ihrer Veröffentlichung im Rahmen dieses Qualifizierungskonzeptes zugestimmt, wofür die Autorinnen ihnen herzlich danken.

Name des Arbeitsblatts	Modul	Baustein	Name des Bausteins
Baby füttern (Station 1)	6	1	Baby füttern (Station 1)
Beim Wickeln	5	7	Beim Wickeln
Da ist 'ne Snecke!	5	8	Da is 'ne Snecke
Das Rollenspiel unter der Lupe	4	8	Das Rollenspiel unter der Lupe
Die drei ???	2	3	Die drei ???
Duplo®-Bausteine	3	5	Duplo®-Bausteine
Fantasiereise – Ein Vormittag in der Kita	1	4	Formale Sprachförderstrategien im Überblick
Fantasiereise – Meine Puppe hat Hunger	4	2	Meine Puppe hat Hunger
Formale Sprachförderstrategien im Überblick	1	4	Formale Sprachförderstrategien im Überblick
Formale Sprachförderstrategien im Überblick (Kärtchen)	1	4	Formale Sprachförderstrategien im Überblick
Gestaltung einer Rollenspielecke (Station 3)	6	3	Gestaltung einer Rollenspielecke (Station 3)
Häschen in der Grube (Station 6)	6	6	Häschen in der Grube (Station 6)
Highlights im Alltag	5	3	Highlights im Alltag
Hitliste (Station 7)	6	7	Hitliste (Station 7)
Ich habe mit Tom Eisenbahn gespielt	4	3	Ich habe mit Tom Eisenbahn gespielt
In der Küche ist es dunkel (Station 4)	6	4	In der Küche ist es dunkel (Station 4)
Interessante Routinen	5	5	Interessante Routinen
Interessante Wörter	3	3	Interessante Wörter
Ist mein Angebot gelungen?	3	8	Ist mein Angebot gelungen?
Joghurtbecher (Station 5)	6	5	Joghurtbecher (Station 5)
Komm, wir betrachten ein Bilderbuch	2	5	Komm, wir betrachten ein Bilderbuch
Laufzettel	6	1–10	Gilt für alle Bausteine/Stationen in Modul 6
Lohnt sich die Vorbereitung?	4	10	Lohnt sich die Vorbereitung?
Luzie und Lottchen	2	10	Luzie und Lottchen
Meine Angebote	3	1	Meine Angebote
Meine eigene Rolle im Rollenspiel	4	1	Meine eigene Rolle im Rollenspiel
Meine eigene Rolle im Rollenspiel (Lösungsblatt)	4	1	Meine eigene Rolle im Rollenspiel
Meine eigenen sprachförderlichen Situationen	1	2	Meine eigenen sprachförderlichen Situationen

Name des Arbeitsblatts	Modul	Baustein	Name des Bausteins
Meine Lieblingsroutine	5	6	Meine Lieblingsroutine
Meine sprachlichen Routinen	1	3	Meine sprachlichen Routinen
Mein Handy klingelt	4	5	Mein Handy klingelt
Nähe und Abstand	1	7	Nähe und Abstand
Neue Wörter	2	6	Neue Wörter
Neues Angebot	3	7	Neues Angebot
Neues Ausprobieren (Station 2)	6	2	Neues Ausprobieren (Station 2)
Oh, da sitzt ja ein Affe	2	2	Oh, da sitzt ja ein Affe
Perspektive der Kinder	3	2	Perspektive der Kinder
Pitschenass wird die Luzie	2	8	Pitschenass wird die Luzie
Pitschenass wird die Luzie – Nähe- und Abstandsfragen/-aussagen	2	8	Pitschenass wird die Luzie
Planung & Realität	3	4	Planung & Realität
Sag mal aaahh! (Station 8)	6	8	Sag mal aaahh! (Station 8)
Situationen im Kindergartenalltag	6	7	Hitliste (Station 7)
Sprachförderlichen Situationen auf der Spur	1	1	Sprachförderlichen Situationen auf der Spur
Sprachförderliche Situationen (Kärtchen)	1	1	Meine eigenen sprachförderlichen Situationen
Sprachliche Entwicklungsstufen des Symbol- und Rollenspiels (Kärtchen)	4	4	Was hat das Symbol- und Rollenspiel mit der sprachlichen Entwicklung zu tun?
Spontane Reaktionen (Kärtchen)	1	6	Spontane Reaktionen
Szenen des Alltags (Kärtchen)	5	4	Szenen des Alltags
Tempo, kleine Schnecke®	3	9	Tempo, kleine Schnecke®
Tonen	3	6	Tonen
Transfer in den Alltag (Station 10)	6	10	Transfer in den Alltag (Station 10)
Unterschiede zwischen Symbol- und Rollenspiel	4	2	Meine Puppe hat Hunger
Viele Einflussfaktoren	1	8	Viele Einflussfaktoren
Vier Ecken-Spiel – Ich spreche …	1	3	Meine sprachlichen Routinen
Warum formale Sprachförderstrategien verwenden?	1	5	Warum formale Sprachförderstrategien verwenden?
Warum formale Sprachförderstrategien verwenden? (Kärtchen)	1	5	Warum formale Sprachförderstrategien verwenden?
Was braucht denn so'n Arzt alles?	2	9	Was braucht denn so'n Arzt alles?

Name des Arbeitsblatts	Modul	Baustein	Name des Bausteins
Was der Büchermarkt anbietet (Station 9)	6	9	Was der Büchermarkt anbietet (Station 9)
Was hat das Symbol- und Rollenspiel mit der sprachlichen Entwicklung zu tun?	4	4	Was hat das Symbol- und Rollenspiel mit der sprachlichen Entwicklung zu tun?
Was sind Skripts?	4	6	Was sind Skripts
Was spielt Kim gerne?	4	7	Was spielt Kim gerne?
Was tun Sie im Rahmen einer Bilderbuchbetrachtung?	2	4	An der Kreuzung
Wie bereite ich ein Symbol- und Rollenspiel vor?	4	9	Wie bereite ich ein Symbol- und Rollenspiel vor?
Wie gestalte ich eine Bilderbuchbetrachtung?	2	1	Wie gestalte ich eine Bilderbuchbetrachtung?
Wörterliste	2	7	Worteinführung in der Bilderbuchbetrachtung
Worteinführung in der Bilderbuchbetrachtung	2	7	Worteinführung in der Bilderbuchbetrachtung
Ziel erreicht?!	1	9	Ziel erreicht?!
Zur Entwicklung des Symbol- und Rollenspiels	4	2	Meine Puppe hat Hunger

Tab. 8: Arbeitsblätter und die dazugehörenden Module und Bausteine

Name des Transkripts	Modul	Baustein	Name des Bausteins
An der Garderobe	5	8	An der Garderobe
An der Kreuzung	2	4	An der Kreuzung
Aquarium	3	5	Duplo®-Bausteine
Beim Arzt	4	8	Das Rollenspiel unter der Lupe
Beim Wickeln	5	7	Beim Wickeln
Der Nulli-Hund	2	4	An der Kreuzung
Duplo®-Bausteine	3	5	Duplo®-Bausteine
Ich will keinen Oktopus essen	5	3	Highlights im Alltag
Im Bauzimmer	3	5	Duplo®-Bausteine
Kochen	4	8	Das Rollenspiel unter der Lupe
Mein Handy klingelt	4	5	Mein Handy klingelt
Pitschenass ist die Luzie	2	8	Pitschenass ist die Luzie
Puppe füttern	4	2	Das Rollenspiel unter der Lupe
Tempo, kleine Schnecke®	3	9	Tempo, kleine Schnecke®
Tiere füttern	4	8	Das Rollenspiel unter der Lupe
Tonen	3	6	Tonen
Was braucht denn so'n Arzt alles?	2	9	Was braucht denn so'n Arzt alles?

Tab. 9: Transkripte und die dazugehörenden Module und Bausteine

4. Module

4.1 Modul 1: Strategien & Situationen

Überblick über Bausteine im Modul 1: Strategien & Situationen

	Name des Bausteins	Inhalt	Methoden	Zeit in Minuten
1	Sprachförderlichen Situationen auf der Spur	Situationen aus dem Kindergartenalltag	Sammeln und Sortieren	45
2	Meine eigenen sprachförderlichen Situationen	Strukturelle, inhaltliche und methodische Merkmale sprachförderlicher Situationen	Reflexion einer Praxisaufgabe, Präsentation	45
3	Meine sprachlichen Routinen	Situationen im Alltag, Fallbeispiele, (formale) Sprachförderstrategien	Bearbeitung von Fallbeispielen	45–50
4	Formale Sprachförderstrategien im Überblick	Formale Sprachförderstrategien, eigene Fallbeispiele	Fantasiereise, Sammeln und Sortieren	45
5	Warum formale Sprachförderstrategien verwenden?	Funktionen und Wirkungen der formalen Sprachförderstrategien	Sammeln und Sortieren	30
6	Spontane Reaktionen	Rückmeldestrategien	Bearbeitung von Fallbeispielen	45
7	Nähe und Abstand	Inhaltliche Sprachförderstrategien	Sammeln und Sortieren	60
8	Viele Einflussfaktoren	Formale und inhaltliche Sprachförderstrategien	Sammeln und Sortieren, Filmanalyse	15–25
9	Ziel erreicht?!	Formale und inhaltliche Sprachförderstrategien, Modellierungsstrategien	Filmanalyse	15–40 pro Film

Ergänzende Bausteine aus anderen Modulen

Ergänzende Bausteine aus anderen Modulen			
Oh, da sitzt ja ein Affe (Modul 2: Bilder & Bilderbücher)	Gemeinsamer Aufmerksamkeitsfokus	Rollenspiel, Sammeln und Sortieren	30
Die drei ??? (Modul 2: Bilder & Bilderbücher)	Fragestrategien	Sammeln und Sortieren	45
An der Kreuzung (Modul 2: Bilder & Bilderbücher)	Formale Sprachförderstrategien	Transkriptanalyse, Bearbeitung eines Fragebogens	30
Komm, wir betrachten ein Bilderbuch (Modul 2: Bilder & Bilderbücher)	Formale und inhaltliche Sprachförderstrategien	Reflexion einer Praxisaufgabe, Filmanalyse	45
Worteinführung in der Bilderbuchbetrachtung (Modul 2: Bilder & Bilderbücher)	Wortschatzerweiterung, inhaltliche Sprachförderstrategien	Sammeln und Sortieren	30
Pitschenass wird die Luzie (Modul 2: Bilder & Bilderbücher)	Themen, Abstandsfragen und -aussagen	Filmanalyse, Transkriptanalyse	45
Was braucht denn so'n Arzt alles? (Modul 2: Bilder & Bilderbücher)	formale Fragestrategien, Nähe- und Abstandsfragen	Filmanalyse, Transkriptanalyse	45
Luzie und Lottchen (Modul 2: Bilder & Bilderbücher)	Formale und inhaltliche Sprachförderstrategien, Themen und Interessen	Filmanalyse, Transkriptanalyse	60
Duplo®-Bausteine (Modul 3: Spiele & Angebote)	Formale und inhaltliche Sprachförderstrategien	Filmanalyse, Transkriptanalyse	45
Tonen (Modul 3: Spiele & Angebote)	Formale Sprachförderstrategien, handlungsbegleitendes Sprechen	Filmanalyse, Transkriptanalyse	45
Ich habe mit Tom Eisenbahn gespielt (Modul 4: Symbol- & Rollenspiel)	Formale und inhaltliche Sprachförderstrategien	Reflexion einer Praxisaufgabe	30
Das Rollenspiel unter der Lupe (Modul 4: Symbol- & Rollenspiel)	Formale und inhaltliche Sprachförderstrategien	Transkriptanalyse	45
Szenen des Alltags (Modul 5: Spontane Sprechanlässe & Routinen)	Handlungsbegleitendes Sprechen	Rollenspiel	30
Meine Lieblingsroutine (Modul 5: Spontane Sprechanlässe & Routinen)	Routinesituationen, formale und inhaltliche Sprachförderstrategien	Reflexion der Praxisaufgabe	30

Ergänzende Bausteine aus anderen Modulen			
Beim Wickeln (Modul 5: Spontane Sprechanlässe & Routinen)	Routinesituation, formale und inhaltliche Sprachförderstrategien	Filmanalyse, Transkriptanalyse	30
In der Küche ist es dunkel (Station 4; Modul 6: Markt & Möglichkeiten)	Gemeinsame Aufmerksamkeit	Rollenspiel	flexibel
Joghurtbecher (Station 5; Modul 6: Markt & Möglichkeiten)	Formale und inhaltliche Sprachförderstrategien, Spiel- und Angebotssituation	Filmanalyse	flexibel
Sag mal aaahh! (Station 8; Modul 6: Markt & Möglichkeiten)	Sprachmodell, Bilderbuchbetrachtung	Erarbeitung von Fallbeispielen	flexibel
Transfer in den Alltag (Station 10; Modul 6: Markt & Möglichkeiten)	Sprachförderliche Situationen, formale und inhaltliche Sprachförderstrategien	Bearbeitung eines Fragebogens	flexibel

Baustein 1: Sprachförderlichen Situationen auf der Spur — Modul 1

Inhalt	Situationen aus dem Kindergartenalltag
Ziel	Die Teilnehmenden erkennen sprachförderliche Situationen im Alltag.
Methode	Sammeln und Sortieren
Sozialform	Einzelaktivität, Partnergruppe, Großgruppe
Zeitbedarf	45 Minuten
Material/Medien	Arbeitsblatt „Sprachförderlichen Situationen auf der Spur", Karteikarten, Stellwand/Tafel
Vorbereitung	Arbeitsblatt „Sprachförderlichen Situationen auf der Spur" kopieren, Arbeitsmaterialien bereitstellen
Theoriebezug	siehe Abschnitt 1.4

■ **Einstieg/Einführung**

Es findet ein Erfahrungsaustausch zur folgenden Fragestellung statt: „Welche Situationen im pädagogischen Alltag sind Ihrer Meinung nach besonders sprachförderlich für Kinder?"

■ **Erarbeitung I**

Aufgabe

„Schreiben Sie verschiedene Situationen, die Sie in Ihrer Praxis als sprachförderlich erlebt haben, auf die Vorderseite einer Karteikarte und ein dazugehöriges Beispiel auf die Rückseite. Denken Sie dabei sowohl an überraschende ungewöhnliche Situationen als auch an alltägliche Routinesituationen. Berichten Sie Ihrer Partnerin von diesen Erfahrungen."

■ **Auswertung I**

Nach dem Austausch in der Partnergruppe werden die Karteikarten in der Großgruppe an der Stellwand gesammelt. Die Leitung stellt ggf. Fragen, wie z. B. „Was haben diese Situationen gemeinsam? Wodurch unterscheiden sie sich?" Im Anschluss werden diese dann – wenn möglich – den vier Situationen Bilderbuchbetrachtung, Spiele & Angebote, Symbol- & Rollenspiel sowie spontanen Sprechanlässen und Routinesituationen zugeordnet.

■ **Erarbeitung II**

Aufgabe

„Welche der beschriebenen Situationen eignen sich Ihrer Meinung nach besonders gut bzw. weniger gut? Begründen Sie Ihre Meinung und notieren Sie Ihre Überlegungen." (vgl. Arbeitsblatt „Sprachförderlichen Situationen auf der Spur")

■ **Auswertung II**

Die Ergebnisse werden in der Großgruppe zusammengetragen und diskutiert.

■ **Varianten/Tipps/Weiterführende Anregungen**

Überlegen Sie in der Großgruppe, ob diese Beispiele auch für die Altersgruppe der Drei- bis Sechsjährigen sinnvoll sind und worin die Unterschiede bestehen.

■ **Praxisaufgabe**

„Notieren Sie eine gelungene sprachförderliche Situation, die Sie in Ihrem Praxisalltag in den nächsten Tagen mit einem oder mehreren Kindern erleben. Welche Kinder sind an dieser Situation beteiligt? Berücksichtigen Sie bei Ihrer Beschreibung die Aspekte Kontext, Ablauf, Materialien, Thema und Äußerungen."

Sprachförderlichen Situationen auf der Spur

Arbeitsblatt

Welche der beschriebenen Situationen eignen sich Ihrer Meinung nach besonders gut bzw. weniger gut? Begründen Sie Ihre Meinung und notieren Sie Ihre Überlegungen.

	Situationsbeschreibung	++	+	−	−−
	„Puzzle": Jakob (2;3) sitzt im Freispiel am Tisch und macht ein Bauernhofpuzzle. Da das Puzzle viele Teile hat und Jakob nicht weiterkommt, bittet er seine Erzieherin, ihm zu helfen. Diese hat wenig Zeit, da sie bald das Mittagessen vorbereiten muss, setzt sich aber trotzdem an den Tisch.				
	„Mittagessen": Es ist 11.30 Uhr und in der Kita Regenbogen ist es Zeit zum Mittagessen. Die acht Kinder der Krippengruppe sitzen bereits am gedeckten Tisch und warten auf ihre Erzieherin. Heute gibt es Reisauflauf. Sabine verteilt das Essen auf die Teller der Kinder und schenkt ihnen Wasser in die Becher ein.				
	„Puppenecke": Die Anerkennungspraktikantin Anja steht mit Jonas (2;3 Jahre) in der Puppenecke. Jonas hält eine Kanne in der Hand und tut so, als ob er etwas in eine Tasse einschenkt. Dann hält er Anja die Tasse hin und fordert sie auf, „Kaffee" zu trinken.				
	„Wickeln": Es ist 11.00 Uhr. Im Waschraum der Kita Sonnenblume ist viel los. Emma (2;1), Luis (1;11) und Ronja (2;2) möchten gewickelt werden. Anna (2;1) liegt bereits auf dem Wickeltisch. Über dem Wickeltisch hängt ein Mobile mit verschiedenfarbigen Flugzeugen, welches Anna ständig versucht, mit den Füßen zu erreichen.				
	„Stuhlkreis": Elena aus der Igel-Gruppe der Kita Pusteblume wird heute drei Jahre alt. Um 10.30 Uhr findet deshalb ein Stuhlkreis mit allen Kindern statt. Ihre Erzieherin Renate hat drei Kerzen mitgebracht, die sie in der Mitte des Kreises platziert. Die Gruppe singt ein Geburtstagslied und Elena bekommt ein kleines Geschenk überreicht. Außerdem darf sie sich ein Finger- oder Kreisspiel aussuchen.				
	„Im Sandkasten": Nach der Mittagsruhe dürfen alle Kinder der Kita Sonnenburg noch einmal nach draußen in den Hof. Franka (2;7) möchte eine Sandburg bauen und bittet ihre Erzieherin Maike, ihr dabei zu helfen. Die beiden setzen sich in den Sandkasten und beginnen zu graben.				
	„Rollenspielecke": Die Erzieherin Barbara spielt mit vier Kindern ihrer Gruppe in der Rollenspielecke. Sie haben vor, gemeinsam ein Mittagessen zu kochen. Barbara gibt jedem Kind einen Auftrag: Onur (2;11) soll den Tisch decken, Philipp (2;8) kocht mit Charlotte (2;5) die Gemüsesuppe und Luise (3;0) wird beauftragt, einen Schokoladenpudding zu kochen.				
	„Freispiel": Während des Freispiels sitzen die Erzieherin Bettina und Amelie (2;6) in der Kuschelecke. Da heute „Mitbringtag" ist, hat Amelie ihre Puppe dabei, die sie nun stolz präsentiert. Leon (1;10) kommt hinzu und versucht, Bettina auf sich aufmerksam zu machen, da er gerne möchte, dass sie ihn in die Bauecke begleitet.				

Baustein 2: Meine eigenen sprachförderlichen Situationen — Modul 1

Inhalt	Strukturelle, inhaltliche und methodische Merkmale sprachförderlicher Situationen
Ziel	Die Teilnehmenden analysieren sprachförderliche Situationen im Alltag in Hinblick auf verschiedene Merkmale und stellen diese in einer Kleingruppe vor. Dabei führen sie sich bestimmte Merkmale, wie z. B. Materialien, Themen, Ablauf, Anzahl der Kinder, mögliche Störquellen, vor Augen.
Methode	Reflexion einer Praxisaufgabe, Präsentation
Sozialform	Kleingruppe, Großgruppe
Zeitbedarf	45 Minuten
Material/Medien	Arbeitsblatt „Meine eigenen sprachförderlichen Situationen"
Vorbereitung	Arbeitsblatt „Meine eigenen sprachförderlichen Situationen" kopieren
Theoriebezug	siehe Abschnitt 1.4

■ Einstieg/Einführung

Die Teilnehmenden tauschen sich über die folgende Frage in der Großgruppe aus: „Welche Erfahrungen haben Sie bei der Bearbeitung der Praxisaufgabe (vgl. „Sprachförderlichen Situationen auf der Spur") gemacht?"

■ Erarbeitung

Aufgabe
„Stellen Sie Ihre beschriebene sprachförderliche Situation anhand der auf dem Arbeitsblatt „Meine eigenen sprachförderlichen Situationen" angegebenen Merkmale in einer Kleingruppe vor. Begründen Sie, warum diese Situation Ihrer Meinung nach besonders gelungen ist."

■ Auswertung

Im Anschluss an die Vorstellung überlegen die Teilnehmenden gemeinsam, welche Anregungen sie aus den Situationen der anderen erhalten haben und welche strukturellen, inhaltlichen und methodischen Unterschiede die verschiedenen Situationen aufweisen.

■ Varianten/Tipps/Weiterführende Anregungen

Variante für Einstieg (diese kann durchgeführt werden, falls die Teilnehmenden die Praxisaufgabe nicht gemacht haben):
Die Teilnehmenden gehen in Vierergruppen zusammen und erhalten Kärtchen mit sprachförderlichen Situationen (vgl. Arbeitsblatt mit Kärtchen „Sprachförderliche Situationen"). Die Kleingruppen beschäftigen sich mit der folgenden Frage: „Wie beurteilen Sie die sprachförderlichen Situationen?"
Anschließend suchen sie sich eine ihrer Meinung nach besonders geeignete heraus.

Die Besprechung in den Kleingruppen kann auch übersprungen und besonders gelungene Sprachfördersituationen direkt in der Großgruppe vorgestellt werden.
Der Umfang der zu beschreibenden Merkmale in der Aufgabe kann auch variieren (z. B. nur eine Situation in der Gruppe besprechen oder weitere hinzufügen).

Meine eigenen sprachförderlichen Situationen — Arbeitsblatt

Stellen Sie Ihre beschriebene sprachförderliche Situation anhand folgender Merkmale in einer Kleingruppe vor. Begründen Sie, warum diese Situation Ihrer Meinung nach besonders gelungen ist.

mit Material	⇨ _____ ⇨	ohne Material
strukturiert	⇨ _____ ⇨	offen
ein Kind	⇨ _____ ⇨	mehrere Kinder
initiiert von der Erzieherin	⇨ _____ ⇨	initiiert vom Kind/ von Kindern
geplante Situation	⇨ _____ ⇨	spontaner Sprechanlass/ Routine

Sprachförderliche Situationen — Kärtchen

Wickeln	Frühstück	Morgenkreis
Turm bauen in der Bauecke	Anziehen	Aufräumen
Mittagessen	Kochen in der Puppenecke	Puzzeln
Spazierengehen	Schlafengehen	Würfelspiel

Baustein 3: Meine sprachlichen Routinen	**Modul 1**

Inhalt	Situationen im Alltag, Fallbeispiele, (formale) Sprachförderstrategien
Ziel	Die Teilnehmenden unterscheiden besonders sprachanregende von weniger sprachanregenden Aussagen.
Methode	Bearbeitung von Fallbeispielen
Sozialform	Einzelaktivität, Partnergruppe, Großgruppe
Zeitbedarf	45 bis 50 Minuten
Material/Medien	Arbeitsblatt „Vier-Ecken-Spiel – Ich spreche …", Arbeitsblatt „Meine sprachlichen Routinen", Karteikarten
Vorbereitung	Arbeitsblatt „Meine sprachlichen Routinen" kopieren, Arbeitsmaterialien bereitstellen
Theoriebezug	siehe Abschnitt 1.3.2

■ **Einstieg/Einführung**

Die Leitung startet mit einem Vier-Ecken-Spiel (vgl. Arbeitsblatt „Vier-Ecken-Spiel – Ich spreche …").

■ **Erarbeitung**

Aufgabe 1
Die Leitung liest ein Fallbeispiel nach dem anderen vor (vgl. Arbeitsblatt „Meine sprachlichen Routinen"). Die Teilnehmenden schreiben spontan ihre konkrete Äußerung auf jeweils eine Karteikarte und notieren auf deren Rückseite die entsprechende Fallnummer.
Im Anschluss sortiert die Leitung die Karteikarten mit den Äußerungen aller Teilnehmenden nach Fallbeispielen. Die Teilnehmenden bilden Partnergruppen. Jede Partnergruppe erhält alle Äußerungen der Teilnehmenden für jeweils ein Fallbeispiel.

Aufgabe 2
Jede Partnergruppe analysiert jeweils ein Fallbeispiel im Hinblick auf die Frage „Wie wurden die Kinder sprachlich angeregt?"

Aufgabe 3
Die Äußerungen aller Teilnehmenden bezogen auf ein Fallbeispiel werden in der Partnergruppe gesichtet: „Wählen Sie besonders sprachanregende Äußerungen aus den Antworten aus und begründen Sie Ihre Auswahl."

■ **Auswertung**

Im Anschluss werden die ausgewählten Äußerungen in der Großgruppe präsentiert und diskutiert.

■ Varianten/Tipps/Weiterführende Anregungen

Die formalen Sprachförderstrategien sind vor diesem Baustein noch nicht eingeführt. Er dient zur Hinführung. Dieser Baustein kann auch ggf. zu einem späteren Zeitpunkt/beim nächsten Treffen eingesetzt werden, wenn die formalen Sprachförderstrategien bereits thematisiert wurden: Jeder Teilnehmende erhält die eigenen Antworten zur genauen Sichtung. Folgende Fragen werden beantwortet:

- „Wo entdecken Sie formale Sprachförderstrategien in Ihren Äußerungen?"
- „Welche der formalen Sprachförderstrategien haben Sie bereits häufiger und welche eher seltener verwendet?"
- „Haben Sie bestimmte Vorlieben?"
- „Erkennen Sie individuelle Stärken oder Schwächen?"

■ Aktive Erweiterung

„Vergleichen Sie im Anschluss daran Ihre Äußerungen mit denen einer Kollegin und überlegen Sie sich gemeinsam eine dritte Variante einer möglichen Äußerung."

Die Fallbeispiele können ggf. auch aufgeteilt werden.

Vier-Ecken-Spiel – Ich spreche … **Arbeitsblatt**

Beim „Vier-Ecken-Spiel" gibt es zu einer Frage oder Meinung vier Antwortmöglichkeiten. Die Teilnehmenden entscheiden sich für eine Antwortmöglichkeit und positionieren sich dementsprechend im Raum.

■ Durchführung

Die Teilnehmenden stehen in der Mitte des Raumes. Die Leitung stellt eine Frage und gibt dazu vier Antwortmöglichkeiten vor, welche jeweils einer Zimmerecke zugeordnet werden.
Die Teilnehmenden entscheiden sich, welche Antwort am ehesten auf sie zutrifft und begeben sich in die jeweilige Ecke. Dort tauschen sie sich kurz mit den Personen aus, die sich ebenfalls für diese Ecke entschieden haben.

■ Beispiel

Wie sprechen Sie am liebsten?

vor vielen Menschen – mit sich selbst – mit der besten Freundin – mit Kindern

Wie geht es Ihnen?

ich bin eine gute Zuhörerin (Freundin weint sich gerne bei mir aus) – ich führe nur kurze Telefonate – ich falle anderen manchmal ins Wort – ich neige zu Monologen

Ich schreibe gerne …

ganz lange Briefe – kurze SMS – gar nicht gerne – Protokolle

Ich lese gerne …

dicke Wälzer – Frauenzeitschriften (die Zeitung) – ich lese gar nicht – nur im Urlaub

Meine sprachlichen Routinen **Arbeitsblatt**

Stellen Sie sich folgende Situationen vor und schreiben Sie Ihre <u>spontane</u> konkrete Äußerung auf!

1. Sie schauen gemeinsam mit Toni (2;1) ein Bilderbuch an. Toni blättert immer weiter, bevor Sie die Bilder auf der Seite mit ihm angesehen haben. *Durch welche Äußerung können Sie versuchen, seine Aufmerksamkeit zu gewinnen?*

2. Sie gehen mit den Kindern Ihrer Gruppe auf den Spielplatz. Dort sehen Sie ein Eichhörnchen am Sandkastenrand sitzen und an einer Nuss knabbern. Als Fabio (2;3) das Eichhörnchen beim Wegflitzen entdeckt, ruft er begeistert: „Maus!" *Was sagen Sie?*

3. Özlem (2;5) holt einen Baustein aus der Baukiste, läuft zu Ihnen und zeigt mit diesem auf Sie. Sie können jedoch nicht verstehen, was Özlem Ihnen damit mitteilen möchte. *Was sagen Sie?*

4. Sie sitzen am Maltisch. Nina (2;2) kommt auf Sie zu, hält Ihnen ein Auto entgegen und sagt „Nina Auto". *Was sagen Sie?*

5. Paul (2;4) schaut mit Ihnen Fotos an. Auf einem Foto hält ein Junge einen Luftballon in der Hand. Paul wendet sich Ihnen zu und fragt: „Paul au Lubadon?" *Was sagen Sie?*

6. Zeynep (2;8) steht in der Puppenecke und rührt mit einem Plastiklöffel in einem Topf, der auf dem Herd steht. *Was sagen Sie?*

7. Sie basteln mit Jacqueline (3;0) einen Papierflieger. Als er fertig ist, lässt Jacqueline ihn durch das Zimmer fliegen. Sie hüpft begeistert auf und ab und ruft: „Hast du das gesehen? Der ist rumgefliegt!" *Was sagen Sie?*

8. Sie sitzen mit Emma (2;7) in der Bauecke. Emma präsentiert Ihnen stolz einen Turm, den sie aus Duplo®-Bausteinen gebaut hat. *Was sagen Sie?*

9. Sie stehen auf dem Außengelände bei den Schaukeln. Katharina (2;2) kommt zu Ihnen gelaufen, zeigt auf den Boden und ruft: „Da Tunkta!". *Was sagen Sie?*

10. Sie sitzen mit Lars (2;7) und Marius (2;11) am Esstisch und frühstücken. Sie möchten gerne mit den Kindern ins Gespräch kommen. *Was sagen Sie?*

11. Sie backen mit den Kindern Ihrer Gruppe Plätzchen. Sie führen einmal vor, wie man den Teig ausrollt und mit den Förmchen ein Plätzchen ausstickt und auf das Backblech legt. *Was sagen Sie?*

12. Bahar (2;5) steht in der Tür und schaut Sie mit großen Augen an. Mesut (5) erklärt: „Meine Schwester kann dich nicht verstehen, sie kann nur türkisch." *Was sagen Sie?*

Baustein 4: Formale Sprachförderstrategien im Überblick — Modul 1

Inhalt	Formale Sprachförderstrategien, eigene Fallbeispiele
Ziel	Die Teilnehmenden erhalten einen Überblick über die formalen Sprachförderstrategien.
Methode	Fantasiereise, Sammeln und Sortieren
Sozialform	Einzelaktivität, Großgruppe
Zeitbedarf	45 Minuten
Material/Medien	Arbeitsblatt „Fantasiereise – Ein Vormittag in der Kita", Kärtchen „Formale Sprachförderstrategien im Überblick", Lösungsblatt „Formale Sprachförderstrategien im Überblick", Umschläge, Karteikarten
Vorbereitung	Einarbeitung in das Thema „Formale Sprachförderstrategien", Kärtchen „Formale Sprachförderstrategien im Überblick" kopieren, ausschneiden und in Umschläge legen, Lösungsblatt „Formale Sprachförderstrategien im Überblick" kopieren, mit Fantasiereise vertraut machen, Arbeitsmaterialien bereitstellen
Theoriebezug	siehe Abschnitt 1.3.2

■ Einstieg/Einführung

Die Teilnehmenden hören zu Beginn eine Fantasiereise (vgl. Arbeitsblatt „Fantasiereise – Ein Vormittag in der Kita").

■ Erarbeitung

Aufgabe

„Sie erhalten nun einen Umschlag mit Kärtchen, auf denen Sie verschiedene Sprachförderstrategien finden, mit denen Sie mit Kindern ins Gespräch kommen und bleiben können. Ordnen Sie die Beschreibung der sprachförderlichen Strategien den Symbolen und Beispielen zu und schreiben Sie, wenn möglich, zu jeder Strategie ggf. aus Ihrer Fantasiereise ein eigenes Beispiel auf jeweils eine Karteikarte."

Auswertung

Die Leitung gibt einen kurzen Überblick über die formalen Sprachförderstrategien. Die Teilnehmenden erhalten das Lösungsblatt „Formale Sprachförderstrategien im Überblick" mit der Zuordnung Strategie – Symbol und vergleichen mit diesem ihre eigenen Zuordnungen. Die eigenen Beispiele werden in der Großgruppe vorgestellt, Fragen dazu werden diskutiert.

■ Varianten/Tipps/Weiterführende Anregungen

Wenn Sie die Fantasiereise vorlesen, sollten Sie darauf achten sehr langsam zu sprechen und auch auf Pausen zu achten. Darüber hinaus ist es empfehlenswert, die Fantasiereise noch weiter auszubauen, um noch mehr Erfahrungen präsent zu machen.

Fantasiereise – Ein Vormittag in der Kita **Arbeitsblatt**

„Sie sprechen den ganzen Tag mit den Kindern. Was und wie Sie mit ihnen sprechen ist im Normalfall flüchtig und deshalb der eigenen Reflexion kaum zugänglich. Schließen Sie nun bitte Ihre Augen, ich lade Sie ein auf eine Reise zum gestrigen Tag. Damit Sie sich erinnern können, entspannen Sie sich und atmen Sie mehrmals gleichmäßig tief ein und aus. (…)

Stellen Sie sich vor, wie Sie gestern in die Einrichtung gekommen sind. (…) Sie stehen vor dem Haus (…), Sie sehen es vor sich (…) und öffnen die Tür. Vielleicht hören Sie schon Kinderstimmen, vielleicht ist es aber auch noch still, weil Sie die Erste sind und Sie hören nur die Geräusche von draußen. (…) Sie gehen zu dem Raum, in dem Sie Ihre Jacke und Ihre Tasche abstellen. Wer begegnet Ihnen dabei? (…) Mit wem sprechen Sie? (…) Werden Sie angesprochen oder sprechen Sie jemanden an? (…) Eine Kollegin – Eltern – ein oder mehrere Kinder? (…) Der erste Kontakt heute mit einem Kind. Wer ist es, ein Junge, ein Mädchen? (…) Wer initiiert die Interaktion, das Kind oder Sie? (…) Worum geht es bei dieser Interaktion? (…)

Stellen Sie sich die Frühstückssituation vor. Sie sehen den Tisch, an dem die Kinder frühstücken. (…) Sie kümmern sich um das Frühstück. Was tun Sie? (…) Sie sehen einige Kinder, die zusammen frühstücken. (…) Mit welchen Kindern sind Sie in Interaktion? (…) Wer initiiert die Interaktion, das Kind oder Sie? (…) Worum geht es bei dieser Interaktion? (…)

Erweiterung der Fantasiereise
Stellen Sie sich folgende Situationen vor:
- Das Mittagessen
- Das Zähneputzen
- Den Mittagsschlaf der Kinder
- Ihre Pause
- Das Erwachen der Kinder nach dem Mittagsschlaf
- Kurzer Imbiss

Der Tag neigt sich langsam dem Ende zu. Langsam kommen die ersten Eltern, um ihre Kinder abzuholen. Nun kommt auch die Mama des letzten Kindes und verabschiedet sich. Sie gehen in den Raum, in dem Ihre Tasche steht, holen Ihre Jacke, ziehen sie an und verlassen die Einrichtung. Sie ziehen die Tür ins Schloss, stehen wieder auf der Straße und öffnen die Augen."

Fragen zur Fantasiereise
- Haben Sie gestern in besonderer Weise mit einem Kind oder mit mehreren Kindern gesprochen?
- Gab es besondere Themen? Gab es besondere Situationen, an die Sie sich noch erinnern können?
- Inwiefern gab es Unterschiede im eigenen Sprechen mit Ihren Kolleginnen und Kindern bzw. zwischen verschiedenen Kindern?

(…) = Pausen lassen

Formale Sprachförderstrategien im Überblick — Kärtchen

Symbole	Erklärungen	Beispiele
(Lupe)	Bei der **gemeinsamen Aufmerksamkeit** richten die Gesprächsteilnehmer ihren Fokus auf einen Gegenstand, indem einer der Blickrichtung des anderen folgt.	Erzieherin: „Schau mal, da ist ein brauner Hund, der bellt." Kind: (zeigt) „Da, Hund bellt."
(zeigende Hand)	Beim **handlungsbegleitenden Sprechen** werden die eigenen Handlungen und/oder die des Kindes während der Handlung beschrieben. Dem Kind wird ein sprachliches Modell angeboten, dadurch wird die Wortschatzentwicklung unterstützt.	Erzieherin: „So, jetzt ziehen wir dir zuerst deine Jacke an und dann die Schuhe. Zuerst kommt der linke Fuß, und nun kommt der rechte Fuß. Wo versteckt er sich denn?"
(Papagei)	Die **Wiederholung** erleichtert dem Kind die Verarbeitung von Informationen. Außerdem stellt sie eine positive Bestätigung für das Kind dar und beeinflusst so die kindliche Sprechfreude.	Kind: „Hund spielt." Erzieherin: „Ja, der Hund spielt."
(Wassertropfen)	Die **Erweiterung** der kindlichen Äußerung bietet dem Kind ein grammatikalisches Modell und erweitert nebenbei auch dessen Wortschatz.	Kind: „Mädchen trinkt." Erzieherin: „Ja, das Mädchen trinkt einen Kakao."
(Verbotsschild)	Durch die **indirekte Korrektur** wird das Kind nicht direkt auf seine Fehler hingewiesen und erhält außerdem ein angemessenes Beispiel.	Kind: „Da Lea esst." Erzieherin: „Ja, die Lea isst."
(Fragezeichen)	Das **Fragenstellen** regt das Kind zum Sprechen an, zeigt das Interesse des Erwachsenen und fördert so den Dialog zwischen Erwachsenem und Kind.	Erzieherin: „Was macht denn der Hund?"
(Schloss)	Durch **Verständnissicherung** wird das Gespräch am Laufen gehalten, das Kind erkennt, dass seine Äußerungen Interesse auslösen. Außerdem erhält das Kind ein Modell, wie bei Unverständnis nachgefragt werden kann.	Kind: „Auto." Erzieherin: „Möchtest du mit dem Auto spielen?"
(Daumen hoch)	Durch die **inhaltliche Rückmeldung** erfährt ein Kind Wertschätzung seiner Äußerung und es wird in seiner Sprechfreude motiviert.	Kind: „Flugzeug." Erzieherin: „Toll, das Wort Flugzeug kennst du schon."

Formale Sprachförderstrategien im Überblick

Lösung

Symbole	Erklärungen	Beispiele
Gemeinsame Aufmerksamkeit	Bei der **gemeinsamen Aufmerksamkeit** richten die Gesprächsteilnehmer ihren Fokus auf einen Gegenstand, indem einer der Blickrichtung des anderen folgt.	Erzieherin: „Schau mal, da ist ein brauner Hund, der bellt." Kind: **(zeigt)** „Da, Hund bellt."
Handlungsbegleitendes Sprechen	Beim **handlungsbegleitenden Sprechen** werden die eigenen Handlungen und/oder die des Kindes während der Handlung beschrieben. Dem Kind wird ein sprachliches Modell angeboten, dadurch wird die Wortschatzentwicklung unterstützt.	Erzieherin: „So, jetzt ziehen wir dir deine Jacke an und dann die Schuhe. Zuerst kommt der linke Fuß, und nun der rechte Fuß. Wo versteckt er sich denn?"
Wiederholung	Die **Wiederholung** erleichtert dem Kind die Verarbeitung von Informationen. Außerdem stellt sie eine positive Bestätigung für das Kind dar und beeinflusst so die kindliche Sprechfreude.	Kind: „Hund spielt." Erzieherin: „Ja, der Hund spielt."
Erweiterung	Die **Erweiterung** der kindlichen Äußerung bietet dem Kind ein grammatikalisches Modell und erweitert nebenbei auch dessen Wortschatz.	Kind: „Mädchen trinkt." Erzieherin: „Ja, das Mädchen trinkt einen Kakao."
Indirekte Korrektur	Durch die **indirekte Korrektur** wird das Kind nicht direkt auf seine Fehler hingewiesen und erhält außerdem ein angemessenes Beispiel.	Kind: „Da Lea esst." Erzieherin: „Ja, die Lea isst."
Fragenstellen	Das **Fragenstellen** regt das Kind zum Sprechen an, zeigt das Interesse des Erwachsenen und fördert so den Dialog zwischen Erwachsenem und Kind	Erzieherin: „Was macht denn der Hund?"
Verständnissicherung	Durch **Verständnissicherung** wird das Gespräch am Laufen gehalten, das Kind erkennt, dass seine Äußerungen Interesse auslösen. Außerdem erhält das Kind ein Modell, wie bei Unverständnis nachgefragt werden kann.	Kind: „Auto." Erzieherin: „Möchtest du mit dem Auto spielen?"
Inhaltliche Rückmeldung	Durch die **inhaltliche Rückmeldung** erfährt ein Kind Wertschätzung seiner Äußerung und es wird in seiner Sprechfreude motiviert.	Kind: „Flugzeug." Erzieherin: „Toll, das Wort Flugzeug kennst du schon."

Literatur

Dannenbauer, F. M. (1994). Zur Praxis der entwicklungsproximalen Intervention. In H. Grimm & S. Weinert (Hrsg.), Intervention bei sprachgestörten Kindern. Voraussetzungen, Möglichkeiten und Grenzen (S. 83–104). Stuttgart: Fischer.

Weinert, S. & Grimm, H. (2012). Sprachentwicklung. In W. Schneider & U. Lindenberger (Hrsg.), Entwicklungspsychologie (S. 433–456). Weinheim: Beltz.

Whitehurst, G. J., Arnold, D. S., Epstein, J. N., Angell, A. L., Smith, M. & Fischel, J. (1994). A picture book reading intervention in day care and home for children from low-income families. Developmental Psychology, 30, 679–689.

| Baustein 5: Warum formale Sprachförderstrategien verwenden? | Modul 1 |

Inhalt	Funktionen und Wirkungen der formalen Sprachförderstrategien
Ziel	Die Teilnehmenden erhalten einen Überblick zu den Funktionen und Wirkungen formaler Sprachförderstrategien auf die kindliche Sprachentwicklung bei angemessenem Einsatz.
Methode	Sammeln und Sortieren
Sozialform	Einzelaktivität, Großgruppe
Zeitbedarf	30 Minuten
Material/Medien	Kärtchen „Warum formale Sprachförderstrategien verwenden?", Lösungsblatt „Warum formale Sprachförderstrategien verwenden?", Karteikarten
Vorbereitung	Kärtchen „Warum formale Sprachförderstrategien verwenden?" kopieren und ausschneiden, Lösungsblatt „Warum formale Sprachförderstrategien verwenden?" kopieren, Arbeitsmaterialien bereitstellen
Theoriebezug	siehe Abschnitt 1.3.2

■ Einstieg/Einführung

Die Leitung fordert die Teilnehmenden auf, das Arbeitsblatt „Warum formale Sprachförderstrategien verwenden?" hervorzuholen und die Sprachförderstrategien ins Gedächtnis zu rufen. Dann stellt sie folgende Frage: „Welche dieser Strategien verwenden Sie häufig, welche weniger häufig?"

■ Erarbeitung

Aufgabe 1
„Welche Wirkungen haben die einzelnen formalen Sprachförderstrategien auf die sprachliche Entwicklung von Kindern? Schreiben Sie mögliche Wirkungen auf jeweils eine Karteikarte und ordnen Sie diese den Strategien zu."

Aufgabe 2
„Ordnen Sie nun die hier vorgegebenen Wirkungen (vgl. Kärtchen „Warum formale Sprachförderstrategien verwenden?") den jeweiligen Strategien zu, die Sie für zutreffend halten."

■ Auswertung

Die Teilnehmenden erhalten das Lösungsblatt „Warum formale Sprachförderstrategien verwenden?" und vergleichen die aufgeführten Wirkungen mit ihren Überlegungen.

■ Varianten/Tipps/Weiterführende Anregungen

Es besteht die Möglichkeit, lediglich Aufgabe 2 durchzuführen und diese mit dem Baustein „Formale Sprachförderstrategien im Überblick" zu verbinden.

Warum formale Sprachförderstrategien verwenden?   Kärtchen

Gemeinsame Aufmerksamkeit	schafft die Voraussetzung für erste dialogische Sprachformen	sichert die Aufmerksamkeit der Beteiligten	
Handlungsbegleitendes Sprechen	bietet dem Kind ein Modell für sprachliches Handeln an	trägt entscheidend zur Bedeutungsentwicklung des Kindes bei	unterstützt das Kind bei der Entwicklung von Problemlösestrategien
Wiederholung	erleichtert das Verarbeiten	bietet die Möglichkeit zur Festigung (z. B. in der Aussprache, im Satzbau)	stärkt das Selbstbewusstsein des Kindes
	gibt dem Kind Zeit zu verstehen		
Erweiterung	ermöglicht das Erlernen neuer Wörter und Satzstrukturen	bietet dem Kind weiterführende Informationen	erweitert bestehendes Wissen
	unterstützt die Nebensatzbildung		
Indirekte Korrektur	bietet dem Kind sprachbezogene Korrekturen an, ohne „Fehler" in den Vordergrund zu rücken	bezieht sich auf alle Sprachbereiche (Wortschatz, Grammatik, Aussprache etc.)	fördert die Sicherheit im kommunikativen Austausch

Warum formale Sprachförderstrategien verwenden? — Kärtchen

Fragenstellen	fördert den Dialog	regt die Aufmerksamkeit des Kindes an	verdeutlicht grammatikalische Strukturen
	regt das Kind zum Nachdenken und Erzählen an	lässt dem Kind freie Wahl des Inhalts	fördert Kreativität und Fantasie
	verdeutlicht Gesprächsregeln (z. B. nicht unterbrechen, Lautstärke)		
Verständnissicherung	hilft dem Kind Rückfragen zu stellen	unterstützt das Kind beim Erwerb differenzierterer Wortbedeutungen	hält das Gespräch am Laufen
Inhaltsbezogene Rückmeldung	fördert die Selbsteinschätzung	motiviert das Kind zum Sprechen	regt den kommunikativen Austausch an
	stärkt das Selbstbewusstsein des Kindes		

Literatur

Ritterfeld, U. (2000). Welchen und wieviel Input braucht das Kind? In H. Grimm, C. F. Graumann & N. Birbaumer (Hrsg.), Enzyklopädie der Psychologie (S. 403–432). Göttingen: Hogrefe.

Rüter, M. (2004). Die Rolle der Elternsprache im frühen Spracherwerb. Sprache, Stimme, Gehör, 28, 29–36.

Weinert, S. & Grimm, H. (2012). Sprachentwicklung. In W. Schneider & U. Lindenberger (Hrsg.), Entwicklungspsychologie (S. 433–456). Weinheim: Beltz.

Warum formale Sprachförderstrategien verwenden?  Lösung

Gemeinsame Aufmerksamkeit	• schafft die Voraussetzung für erste dialogische Sprachformen • sichert die Aufmerksamkeit der Beteiligten
Handlungsbegleitendes Sprechen	• bietet dem Kind ein Modell für sprachliches Handeln an • trägt entscheidend zur Bedeutungsentwicklung des Kindes bei • unterstützt das Kind bei der Entwicklung von Problemlösestrategien
Wiederholung	• gibt dem Kind Zeit zu verstehen • erleichtert das Verarbeiten • bietet die Möglichkeit zur Festigung (z. B. in der Aussprache, im Satzbau) • stärkt das Selbstbewusstsein des Kindes
Erweiterung	• ermöglicht das Erlernen neuer Wörter und Satzstrukturen • bietet dem Kind weiterführende Informationen • erweitert bestehendes Wissen • unterstützt die Nebensatzbildung
Indirekte Korrektur	• bietet dem Kind sprachbezogene Korrekturen an, ohne „Fehler" in den Vordergrund zu rücken • bezieht sich auf alle Sprachbereiche (Wortschatz, Grammatik, Aussprache etc.) • fördert die Sicherheit im kommunikativen Austausch
Fragenstellen	• fördert den Dialog • regt die Aufmerksamkeit des Kindes an • verdeutlicht grammatikalische Strukturen • regt das Kind zum Nachdenken und Erzählen an • lässt dem Kind freie Wahl des Inhalts • fördert Kreativität und Fantasie • verdeutlicht Gesprächsregeln (z. B. nicht unterbrechen, Lautstärke)
Verständnissicherung	• hilft dem Kind Rückfragen zu stellen • unterstützt das Kind beim Erwerb differenzierterer Wortbedeutungen • hält das Gespräch am Laufen
Inhaltsbezogene Rückmeldung	• fördert die Selbsteinschätzung • motiviert das Kind zum Sprechen • regt den kommunikativen Austausch an • stärkt das Selbstbewusstsein des Kindes

Baustein 6: Spontane Reaktionen	Modul 1

Inhalt	Rückmeldestrategien
Ziel	Die Teilnehmenden erkennen Rückmeldestrategien und wenden sie in konkreten Situationen spontan an.
Methode	Bearbeitung von Fallbeispielen
Sozialform	Einzelaktivität, Vierergruppe, Großgruppe
Zeitbedarf	45 Minuten
Material/Medien	Kärtchen „Spontane Reaktionen", Stellwand/Tafel
Vorbereitung	Kärtchen „Spontane Reaktionen" ausdrucken und ausschneiden
Theoriebezug	siehe Abschnitt 1.3.2

■ Einstieg/Einführung

Die Teilnehmenden hören eine Kinderäußerung wie z. B. „Tür auf" und schreiben auf, wie sie auf diese Äußerung konkret verbal reagieren.
Die verschiedenen Antworten der Teilnehmenden werden z. B. an der Tafel gesammelt und im Hinblick auf verwandte Reaktionen klassifiziert.

■ Erarbeitung

Aufgabe
Die Teilnehmenden bilden Vierergruppen und erhalten einen Stapel Kärtchen mit Kinderäußerungen (vgl. Kärtchen „Spontane Reaktionen"). Die Teilnehmenden ziehen abwechselnd ein Kärtchen, lesen den Gesprächsausschnitt laut vor und geben eine spontane verbale Reaktion auf die jeweilige Äußerung des Kindes. Die anderen Teilnehmenden diskutieren, um welche Strategie es sich bei der jeweiligen Reaktion handelt.

■ Auswertung

Die Gruppen reflektieren,
- welche Rückmeldestrategien besonders häufig/selten angewendet wurden,
- welche Rückmeldestrategien besonders schwierig/leicht anzuwenden sind.

■ Varianten/Tipps/Weiterführende Anregungen

Möglicherweise passen einige Antworten der Teilnehmenden nicht in das Strategieraster. In diesem Fall kann nach der Auswertung eine zweite Runde initiiert werden, in welcher die Teilnehmenden besonders auf sprachförderliche Rückmeldungen achten.

■ Praxisaufgabe

„Notieren Sie in Ihrem Alltag einige Kinderäußerungen und wiederholen Sie die Aufgabe ggf. in Ihrem Team oder mit einer Kollegin."

Spontane Reaktionen  Kärtchen

Kind: „Der Wauwau da."	Kind: „Bär." (zu einem Hund)
Kind: „Lea Banane essen."	Kind: „Puppa."
Kind: „Tinderdarten gehen."	Kind: „Oh, da is 'n Segelboot." (zeigt)
Kind: „Ein tleiner Mann."	Kind: „Die (zeigt auf etwas)."
Kind: „Vielleicht ist die Toilette un Pipi macht."	Kind: „Hände wase kann ma da."

Kind: „Kaffee."	Kind: „Ja, das kann man nicht essen."
Kind: „Mama kommt."	Kind: „Saft tinken."
Kind: „Auto putt."	Kind: „Der hat was runterschmeißt."
Kind: „Zu."	Kind: „Kein Aua Puppe mehr hat."
Kind: „Da is ein Eichhörnchen im Garten."	Kind: „Das Kind spielt."

63

Baustein 7: Nähe und Abstand	**Modul 1**

Inhalt	Inhaltliche Sprachförderstrategien
Ziel	Die Teilnehmenden kennen den Unterschied zwischen Nähe- und Abstandsfragen und -aussagen.
Methode	Sammeln und Sortieren
Sozialform	Einzelaktivität, Partnergruppe, Großgruppe
Zeitbedarf	60 Minuten
Material/Medien	Arbeitsblatt „Nähe und Abstand", Bilderbuchseite (siehe Abschnitt 8.2), Laptop/Beamer oder Overheadprojektor, Karteikarten, Stellwand/Tafel, Klebeband/Stecknadeln
Vorbereitung	Einarbeitung in das Thema „Nähe und Abstand", Bilderbuchseite (PowerPoint® oder Folie) vorbereiten/kopieren, Arbeitsblatt „Nähe und Abstand" kopieren, Arbeitsmaterialien bereitstellen
Theoriebezug	siehe Abschnitt 1.3.3

■ **Einstieg/Einführung**

Die Leitung zeigt mit Beamer oder Overheadprojektor die Bilderbuchseite und stellt dazu folgende Frage: „Kennen Sie Bilderbücher, die vergleichbar sind? Wenn ja, welche Erfahrungen haben Sie mit dem Einsatz dieser Art des Bilderbuches gemacht?"

■ **Erarbeitung I**

Aufgabe

„Stellen Sie sich ein bestimmtes Kind Ihrer Einrichtung vor und formulieren Sie für dieses Kind eine passende Frage zu dieser Bilderbuchseite. Notieren Sie Ihre Frage auf eine Karteikarte."

■ **Auswertung I**

Die Teilnehmenden ordnen in der Großgruppe ihre Fragen mit Blick auf den Inhalt in zwei Kategorien an der Stellwand oder Tafel. Ggf. finden die Teilnehmenden auch eine passende Überschrift für die beiden Kategorien (Nähe/Abstand). Im Anschluss erklärt die Leitung den Unterschied zwischen Nähe- und Abstandsfragen und bezieht dabei auch Aussagen mit ein.

■ **Erarbeitung II**

Aufgabe

Die Teilnehmenden erhalten das Arbeitsblatt „Nähe und Abstand" und folgenden Arbeitsauftrag: „Suchen Sie in Partnerarbeit anhand der Kategorien auf dem Arbeitsblatt nach weiteren Nähe- und Abstandsfragen und -aussagen zur Bilderbuchseite und notieren Sie diese."

■ **Auswertung II**

Die Partnergruppen stellen ihre Ergebnisse beispielhaft in der Großgruppe vor.

■ **Varianten/Tipps/Weiterführende Anregungen**

Anstelle der vorgegebenen Bilderbuchseite kann auch eine Seite aus einem beliebigen Bilderbuch verwendet werden.
Bei Erarbeitung I können die Teilnehmenden auch aufgefordert werden, sich ein Kind mit Migrationshintergrund, ein besonders sprachbegabtes oder ein sprachauffälliges Kind etc. vorzustellen.

■ **Praxisaufgabe**

„Betrachten Sie mit einem oder mehreren Kindern ein Bilderbuch und stellen Sie dabei gezielt Nähe- und Abstandsfragen bzw. formulieren Nähe- und Abstandsaussagen."

Nähe und Abstand

Arbeitsblatt

Nähe		
	Fragen	Aussagen
Orte		
Zeit		
Personen		
Gegenstände		
Handlungen		

Abstand		
	Fragen	Aussagen
Erfahrungen		
Persönliche Gedanken und Emotionen		
Zusammenhänge		
Fantasie		

Baustein 8: Viele Einflussfaktoren — Modul 1

Inhalt	Formale und inhaltliche Sprachförderstrategien
Ziel	Die Teilnehmenden analysieren ein fremdes oder eigenes Filmbeispiel anhand verschiedener Einflussfaktoren „Rahmenbedingungen, Kind und Erzieherin".
Methode	Sammeln und Sortieren, Filmanalyse
Sozialform	Kleingruppe (z. B. Partnergruppe), Großgruppe
Zeitbedarf	15 bis 25 Minuten
Material/Medien	Eigene Filmaufnahmen der Teilnehmenden, Laptop/Beamer, Lautsprecher, Arbeitsblatt „Viele Einflussfaktoren", „Reflex-Eck" (siehe Abschnitt 8.2), Tafel
Vorbereitung	Wenn möglich, im Vorhinein Filme der Teilnehmenden sichten und geeignete Szenen auswählen, Arbeitsblatt „Viele Einflussfaktoren" und „Reflex-Eck" kopieren, Laptop/Beamer und Lautsprecher für Kleingruppen bereitstellen
Theoriebezug	siehe Abschnitte 1.3.2, 1.3.3

■ Einstieg/Einführung

Zum Einstieg wird die folgende Frage an die Teilnehmenden gestellt: „Wovon hängt es ab, wie Sie sich sprachlich in der Interaktion mit Kindern verhalten?"
Die Teilnehmenden sammeln mögliche Einflussfaktoren. Diese werden an einer Tafel unter den Überschriften „Kind", „Rahmenbedingungen" und „Erzieherin" sortiert.

■ Erarbeitung

Aufgabe

„Wählen Sie ein Filmbeispiel (Ausschnitt). Sehen Sie sich dieses in Kleingruppen ggf. mehrfach an. Notieren Sie sich getrennt voneinander sprachliche Interaktionen aus dem Film, die Sie anschließend mithilfe des „Reflex-Ecks" in vier Schritten analysieren (vgl. Arbeitsblatt „Viele Einflussfaktoren"). Die Sprachinteraktionen dienen Ihnen dabei als Gesprächsgrundlage."

■ Auswertung

In der Großgruppe werden die daraus ermittelten Erfahrungen und Erkenntnisse beispielhaft zusammengetragen.

■ Varianten/Tipps/Weiterführende Anregungen

Der Baustein „Viele Einflussfaktoren" eignet sich nicht für den Beginn, sondern erst für den Einsatz gegen Ende der Weiterbildung. Die Filmreflexion kann auch in der Großgruppe stattfinden.

Viele Einflussfaktoren

Arbeitsblatt

■ **Aufgabe**

Wählen Sie ein Filmbeispiel (Ausschnitt). Sehen Sie sich dieses in Kleingruppen ggf. mehrfach an. Notieren Sie sich getrennt voneinander sprachliche Interaktionen aus dem Film, die Sie anschließend mithilfe des „Reflex-Ecks" in vier Schritten analysieren. Die Sprachinteraktionen dienen Ihnen dabei als Gesprächsgrundlage.

Schritt 1 – Rahmenbedingungen
Welche Rahmenbedingungen beeinflussen die Situation günstig/ungünstig?

Schritt 2 – Kind
Welche sprachlichen Kompetenzen zeigt das Kind?

Schritt 3 – Erzieherin
Welche Sprachförderstrategien wendet die Erzieherin an?

Schritt 4 – Interaktion
Wie reagiert/reagieren das Kind/die Kinder auf die Sprachförderstrategien?

■ **Reflex-Eck**

Welche Faktoren beeinflussen Sprachfördersituationen?

Erzieherin
- gemeinsame Aufmerksamkeit
- handlungsbegleitendes Sprechen
- Wiederholung/Erweiterung
- indirekte Korrektur
- offene Fragen
- Verständnissicherung
- inhaltliche Rückmeldung
- Nähe- und Abstandsaussagen und -fragen

Rahmenbedingungen
- Räumlichkeiten
- Material
- Zeit
- Anzahl der Kinder
- Organisation der Gruppe

Kind
- nonverbale Reaktion
- Äußerungslänge
- Frageverhalten
- Wortschatz
- Äußerung eigener Ideen & Erfahrungen

Baustein 9: Ziel erreicht?!	**Modul 1**

Inhalt	Formale und inhaltliche Sprachförderstrategien, Modellierungsstrategien
Ziel	Die Teilnehmenden analysieren ein eigenes oder fremdes Filmbeispiel anhand eines selbst gewählten inhaltsbezogenen Strategieschwerpunktes.
Methode	Filmanalyse
Sozialform	Großgruppe (muss professionell begleitet werden)
Zeitbedarf	je nach Filmszene und Größe der Gruppe 15 bis 40 Minuten
Material/Medien	Arbeitsblatt „Ziel erreicht?!", eigene Filmaufnahmen der Teilnehmenden, Laptop/Beamer, Lautsprecher
Vorbereitung	Wenn möglich, im Vorhinein die Filme der Teilnehmenden sichten und geeignete Szenen auswählen, Arbeitsblatt „Ziel erreicht?!" kopieren, Laptop/Beamer und Lautsprecher bereitstellen
Theoriebezug	siehe Abschnitte 1.3.1, 1.3.2, 1.3.3

■ Einstieg/Einführung

Die Teilnehmenden werden gefragt, wer bereit ist, einen eigenen Film zur Analyse in der Großgruppe zur Verfügung zu stellen. Die Teilnehmenden, die bereit sind, einen eigenen Film zu zeigen, suchen sich jeweils eine Fragestellung aus (vgl. Arbeitsblatt „Ziel erreicht?!"), zu der sie Rückmeldung erhalten möchten.

■ Erarbeitung

Aufgabe
„Betrachten Sie den Film im Hinblick auf die Fragestellung, die von dem gefilmten Teilnehmenden ausgewählt wurde und machen Sie sich währenddessen Notizen dazu."

■ Auswertung

Abschließend findet ein angeleiteter Austausch in der Großgruppe statt.

Wichtig
Den gecoachten Teilnehmenden wird zum Abschluss von allen Teilnehmenden ein auf die Sache bezogenes Kompliment gemacht (wie z. B. „Du hast die Äußerungen des Kindes bewusst aufgegriffen und erweitert und dadurch meiner Meinung nach das Wissen des Kindes angereichert.") Anschließend kann ein weiterer Film analysiert werden.

■ Varianten/Tipps/Weiterführende Anregungen

Der Baustein „Ziel erreicht?!" eignet sich nicht für den Beginn, sondern erst für den Einsatz gegen Ende der Weiterbildung und kann auch in Kleingruppen durchgeführt werden.
Er sollte nur dann eingesetzt werden, wenn eine wohlwollende, konstruktive und vertrauensvolle Atmosphäre in der Gruppe herrscht. Die Leitung hat die Aufgabe für einen konstruktiven Umgang mit der gezeigten Sprachfördersituation und mit dem sprachlichen Handeln der pädagogischen Fachkraft zu sorgen. Dies gelingt gut, wenn sie/er von eigenen Erfahrungen (u. a. auch eigenen Ängsten) mit solchen Situationen berichtet.
Als „Faustregel" gilt in folgender Reihenfolge vorzugehen:
1. Blick auf die Rahmenbedingungen/Situation
2. Blick auf das Kind
3. Blick auf die Erzieherin bzw. Blick auf die eingesetzten Sprachförderstrategien (vgl. „Reflex-Eck", siehe Abschnitt 8.2)

Ziel erreicht? — Arbeitsblatt

1. Welche **Fragetechniken** werden eingesetzt? (offene Fragen, Quizfragen usw.)

2. Werden Sprachförderstrategien der **Wiederholung**, **Erweiterung** und **inhaltlichen Rückmeldung** eingesetzt?

3. Werden Sprachförderstrategien der **indirekten Korrektur** und **Verständnissicherung** eingesetzt? Beschreiben Sie sie genauer!

4. Wie wirkt die Erzieherin in ihrem **Sprachmodell** in Bezug auf Aussprache, Wortschatz und Satzbau?

5. Wie wirkt die Erzieherin als **Sprachmodell** in Bezug auf Pausensetzung, Sprechfreude und Sprachmelodie?

6. Welche **Nähefragen oder -aussagen** werden eingesetzt (z. B. zum Ort, Person, Benennung bzw. Beschreibung von Gegenständen usw.)? Wie werden Sie eingesetzt?

7. Welche **Abstandsfragen oder -aussagen** werden eingesetzt (z. B. zu Erfahrungen, persönlichen Gedankengängen)? Wie werden sie eingesetzt?

Für alle
Machen Sie jedem Teilnehmenden ein auf die Sache bezogenes **Kompliment**!

4.2 Modul 2: Bilder & Bilderbücher

Überblick über Bausteine im Modul 2: Bilder & Bilderbücher

	Name	Inhalt	Methoden	Zeit in Minuten
1	Wie gestalte ich eine Bilderbuchbetrachtung?	Gestaltung einer Bilderbuchbetrachtung	Bearbeitung eines Fragebogens, Sammeln und Sortieren	45
2	Oh, da sitzt ja ein Affe	Gemeinsamer Aufmerksamkeitsfokus	Rollenspiel, Sammeln und Sortieren	30
3	Die drei ???	Fragestrategien	Sammeln und Sortieren	45
4	An der Kreuzung	Formale Sprachförderstrategien	Transkriptanalyse, Bearbeitung eines Fragebogens	30
5	Komm, wir betrachten ein Bilderbuch	Formale und inhaltliche Sprachförderstrategien	Reflexion einer Praxisaufgabe, Filmanalyse	45
6	Neue Wörter	Wortschatzerweiterung, Begriffsnetze	Sammeln und Sortieren	30 bis 45
7	Worteinführung in der Bilderbuchbetrachtung	Wortschatzerweiterung, inhaltliche Sprachförderstrategien	Sammeln und Sortieren	30
8	Pitschenass wird die Luzie	Themen, Abstandsfragen und -aussagen	Filmanalyse, Transkriptanalyse	45
9	Was braucht denn so'n Arzt alles?	Formale Fragestrategien, Nähe- und Abstandsfragen	Filmanalyse, Transkriptanalyse	45
10	Luzie und Lottchen	Formale und inhaltliche Sprachförderstrategien, Themen und Interessen	Filmanalyse, Transkriptanalyse	60

Baustein 1: Wie gestalte ich eine Bilderbuchbetrachtung?

Modul 2

Inhalt	Gestaltung einer Bilderbuchbetrachtung
Ziel	Die Teilnehmenden analysieren verschiedene Möglichkeiten der Gestaltung von Bilderbuchbetrachtungssituationen hinsichtlich der Eignung für Gespräche.
Methode	Bearbeitung eines Fragebogens, Sammeln und Sortieren
Sozialform	Einzelaktivität, Partnergruppe, Großgruppe
Zeitbedarf	45 Minuten
Material/Medien	Bilder von Bilderbuchbetrachtungssituationen (siehe Abschnitt 8.2), Arbeitsblatt „Wie gestalte ich eine Bilderbuchbetrachtung?", Laptop/Beamer oder Overheadprojektor
Vorbereitung	Arbeitsblatt „Wie gestalte ich eine Bilderbuchbetrachtung?", Bilder (PowerPoint® oder Folie) vorbereiten/kopieren, Laptop/Beamer oder Overheadprojektor bereitstellen
Theoriebezug	siehe Abschnitt 1.4.1

■ Einstieg/Einführung

Den Teilnehmenden werden Bilder von verschiedenen Bilderbuchbetrachtungssituationen mit dem Beamer oder Overheadprojektor gezeigt, zuerst einzeln, dann im Überblick. Dann werden sie aufgefordert diejenige Situation auszuwählen, die ihrer Alltagspraxis am ehesten entspricht.

■ Erarbeitung

Aufgabe 1
„Füllen Sie den Fragebogen zur Bilderbuchbetrachtung zuerst alleine aus und vergleichen Sie anschließend Ihre Antworten mit denen einer Partnerin."

Aufgabe 2
Die Teilnehmenden bekommen die Bilder der Bilderbuchbetrachtungssituationen ausgeteilt und erhalten folgende Aufgaben:
a) „Bringen Sie die verschiedenen Bilderbuchbetrachtungssituationen hinsichtlich ihrer Eignung für Gespräche in eine Reihenfolge."
b) „Suchen Sie nach Gründen, warum die Erzieherin die Situation in der dargestellten Weise gestaltet haben könnte."

■ Auswertung

Nachdem die Teilnehmenden sich über ihre Überlegungen in ihrer Partnergruppe ausgetauscht haben, werden einzelne Ergebnisse in der Großgruppe vorgestellt.

■ Varianten/Tipps/Weiterführende Anregungen

Die Ergebnisse können auch lediglich in der Partnergruppe besprochen werden.
Wenn kein Laptop, Beamer oder Overheadprojektor zu Verfügung steht, können die Bilder der Bilderbuchbetrachtungssituationen auch bereits beim Einstieg an die Teilnehmenden als (Farb-)Kopie ausgeteilt werden.

Wie gestalte ich eine Bilderbuchbetrachtung? — Arbeitsblatt

Mit wie vielen Kindern betrachten Sie in der Regel in Ihrem Alltag Bilderbücher?

Mit …	nie	selten	oft	sehr oft
einem einzelnen Kind				
2 bis 4 Kindern				
5 bis 10 Kindern				
allen Kindern gemeinsam				

Wo sitzen dabei die Kinder?

Die Kinder sitzen bei meinen Bilderbuchbetrachtungen in der Regel …	nie	selten	oft	sehr oft
im Stuhlkreis				
am Tisch				
in der Kuschelecke				
auf dem Boden				

Wo befinden Sie sich während der Bilderbuchbetrachtung?

Ich …	nie	selten	oft	sehr oft
sitze inmitten der Kinder				
sitze den Kindern gegenüber				
wechsle die Position				

Was ist Ihrer Meinung nach wichtig, damit die Bilderbuchbetrachtung gelingt?

Es ist wichtig, dass …	trifft voll zu	trifft zu	trifft kaum zu	trifft nicht zu
eine angenehme Atmosphäre herrscht				
es wenig Ablenkung gibt				
das Buch geeignet ist				
die Kinder das Buch aussuchen				
das Kind sich aktiv beteiligt				
die Kinder gut zuhören				
nur wenige Kinder beteiligt sind				
die Initiative von den Kindern ausgeht				
es einen festen Rahmen (Zeit, Regeln, Ort) gibt				
die Bilder ansprechend sind				
die Kinder für ihre Fragen und Ideen gelobt werden				

In Anlehnung an:

Kraus, K. (2005). Dialogisches Lesen – Neue Wege der Sprachförderung. In S. Roux (Hrsg.), PISA und die Folgen. Sprache und Sprachförderung im Kindergarten (S. 109–129). Landau: Empirische Pädagogik.

Whitehurst, G. J., Arnold, D. S., Epstein, J. N., Angell, A. L., Smith, M. & Fischel, J. (1994). A picture book reading intervention in day care and home for children from low-income families. Developmental Psychology, 30, 679–689.

Verschiedene Bildersachbetrachtungssituationen

Baustein 2: Oh, da sitzt ja ein Affe

Modul 2

Inhalt	Gemeinsamer Aufmerksamkeitsfokus
Ziel	Die Teilnehmenden erkennen die Bedeutung der Gemeinsamen Aufmerksamkeit für die Bilderbuchbetrachtung und darüber hinaus auch für andere Alltagssituationen.
Methode	Rollenspiel, Sammeln und Sortieren
Sozialform	Einzelaktivität, Vierergruppe, Großgruppe
Zeitbedarf	30 Minuten
Material/Medien	Arbeitsblatt „Oh, da sitzt ja ein Affe", Plakat oder gemaltes Kinderbild, zwei Taschenlampen
Vorbereitung	Einarbeitung in das Thema „Gemeinsamer Aufmerksamkeitsfokus", Arbeitsblatt „Oh, da sitzt ja ein Affe" kopieren, Arbeitsmaterialien bereitstellen, im Vorfeld einen Teilnehmenden ansprechen, mit der Bitte sich am Einstieg zu beteiligen
Theoriebezug	siehe Abschnitt 1.3.2

▪ Einstieg/Einführung

Zu Beginn wird ein Plakat bzw. ein gemaltes Kinderbild an die Wand geheftet und der Raum abgedunkelt. Dann startet ein Rollenspiel. Dabei übernimmt die Leitung die Rolle einer Erzieherin und ein Teilnehmender, der sich vor der Sitzung bereit erklärt hat, die Kinderrolle. Sie betrachten das Bild gemeinsam. Die Leitung lenkt die Aufmerksamkeit des „Kindes" auf die Handlung. Die beiden Taschenlampen dienen dazu, einen gemeinsamen Aufmerksamkeitsfokus mit den Lichtkegeln zu demonstrieren (vgl. Arbeitsblatt „Oh, da sitzt ja ein Affe"). Anschließend gibt die Leitung den Teilnehmenden eine kurze Erklärung zu Begriff und Bedeutung der Gemeinsamen Aufmerksamkeit.

▪ Erarbeitung

Die Teilnehmenden lesen das Arbeitsblatt.

Aufgabe
„Überlegen Sie sich drei passende Beispiele aus Ihrer Praxis in denen Gemeinsame Aufmerksamkeit vorkommt. Denken Sie dabei nicht nur an die Bilderbuchbetrachtungssituation, sondern auch an andere Situationen in Ihrem Alltag."

▪ Auswertung

Die Teilnehmenden gehen anschließend in Vierergruppen zusammen, stellen sich gegenseitig ihre Praxisbeispiele vor und besprechen diese.

▪ Varianten/Tipps/Weiterführende Anregungen

▪ Praxisaufgabe

„Betrachten Sie mit einem Kind ein Bilderbuch und achten Sie darauf, wie groß der Anteil der Gemeinsamen Aufmerksamkeit in der Interaktion ist."

Oh, da sitzt ja ein Affe — Arbeitsblatt

Bei der Gemeinsamen Aufmerksamkeit richten das Kind und die Erzieherin ihre Aufmerksamkeit auf denselben Gegenstand, auf dasselbe Bild oder Geschehen.

Die Gemeinsame Aufmerksamkeit schafft eine gemeinsame Gesprächsgrundlage.
Besonders bei jungen Kindern eignet sich die Bilderbuchbetrachtung gut, die Herstellung eines gemeinsamen Aufmerksamkeitsfokus zu üben. Diese Strategie kann auch in anderen Alltagssituationen eingesetzt werden, beispielsweise beim gemeinsamen Betrachten von Fischen im See, Baufahrzeugen auf der Baustelle usw.

Wichtig bei der Herstellung der Gemeinsamen Aufmerksamkeit ist, dass sich der Erwachsene nach einer ersten Initiierung zurücknimmt und dem Kind die Führung überlässt. Dabei sollte der Erwachsene **beobachten, abwarten** und **zuhören**.

Bei der Bilderbuchbetrachtung beispielsweise wird das Kind beobachtet, damit der Erwachsene herausfindet, wo es hinschaut bzw. worüber es sprechen möchte. Nach dem Umblättern einer Buchseite wird ihm Zeit gegeben und es wird abgewartet, ob es einen Gegenstand oder eine Person benennt oder auf einen Gegenstand oder eine Person zeigt. Dabei hört der Erwachsene dem Kind aufmerksam zu und greift dessen Äußerungen auf, um so das Gespräch in Gang zu bringen und zu halten. Ritterfeld (1999) vergleicht den gemeinsamen Aufmerksamkeitsfokus mit den Lichtkegeln zweier Taschenlampen, die genau übereinanderliegen. Sobald sich ein Lichtkegel weiterbewegt, muss der andere hinterherkommen, damit weiterhin ein gemeinsamer Aufmerksamkeitsfokus besteht.

Tipp: Werden einzelne Inhalte auf einer Buchseite gezielt hervorgehoben, ist es leichter die Gemeinsame Aufmerksamkeit herzustellen. So kann beispielsweise eine beliebige Bilderbuchseite farbig auf eine Folie gedruckt und diese vor einen schwarzen Hintergrund gelegt werden. Details bzw. einzelne Inhalte der Buchseite können durch das Hinterlegen einer Papiertaschenlampe, die einen weißen Lichtkegel wirft, sichtbar gemacht werden (siehe Modul 6 „Markt & Möglichkeiten": In der Küche ist es dunkel – Station 4).

Eine gelungene Umsetzung dieser Art und Weise der Bilderbuchbetrachtung bietet die Sachbilderbuchreihe „Licht an!" aus dem Meyers Lexikonverlag.

Licht an! Tiere im Zoo von Claude Delafosse © S. Fischer Verlag GmbH, Frankfurt am Main, 2014 erstmals erschienen 2003 im Sauerländer Verlag

Literatur

Berufsbildungswerk Leipzig (2011). Arbeitsmaterial zur Sprachförderung in Kindertagesstätten. Miteinander Lesen – Miteinander Sprechen. http://www.bbw-leipzig.de/fileadmin/user_upload/1_Gruppe/Downloads/Handreichung_Miteinander_Lesen_-Miteinander_Sprechen.pdf [06.01.2014].

Buschmann, A. (2009). Heidelberger Elterntraining zur frühen Sprachförderung. Trainermanual. München: Urban & Fischer.

Ritterfeld, U. (1999). Pragmatische Elternpartizipation in der Behandlung dysphasischer Kinder. Sprache Stimme Gehör, 4, 23, 192–197.

Weitzman, E. & Greenberg, J. (2002). Learning language and loving it. Toronto: The Hanen Centre.

Baustein 3: Die drei ???	**Modul 2**

Inhalt	Fragestrategien
Ziel	Die Teilnehmenden lernen verschiedene Frageformen kennen und erkennen das Potenzial der jeweiligen Frageform zur Anregung der Sprachproduktion bzw. des Sprachverstehens.
Methode	Sammeln und Sortieren
Sozialform	Einzelaktivität, Großgruppe
Zeitbedarf	45 Minuten
Material/Medien	Auswahl bekannter Bilderbücher, Karteikarten, Stellwand/Tafel, rote Klebepunkte, Arbeitsblatt „Die drei ???"
Vorbereitung	Arbeitsblatt „Die drei???" kopieren, Arbeitsmaterialien bereitstellen
Theoriebezug	siehe Abschnitt 1.3.2

■ **Einstieg/Einführung**

Die Teilnehmenden wählen ein Bilderbuch aus und berichten, warum sich dieses Buch ihrer Meinung nach besonders eignet, um mit Kindern anregende Gespräche zu führen.

■ **Erarbeitung**

Aufgabe 1
„Suchen Sie sich eine Seite in Ihrem Bilderbuch aus und stellen Sie sich vor, Sie sitzen mit einem Kind in der Kuschel- oder Leseecke und betrachten diese Bilderbuchseite. Welche Fragen würden Sie dem Kind stellen? Formulieren Sie drei Fragen und schreiben Sie jede Frage auf eine Karteikarte."

Aufgabe 2
„Legen Sie die beschriebenen Karteikarten neben Ihr aufgeschlagenes Buch und lesen Sie die Fragen der anderen Teilnehmenden. Welche Fragen sind Ihrer Meinung nach besonders sprachanregend? Markieren Sie diese mit einem roten Klebepunkt."

Aufgabe 3
„Heften Sie Ihre Fragen an die Stellwand, ordnen Sie diese gemeinsam in der Großgruppe und finden Sie geeignete Bezeichnungen für die unterschiedlichen Frageformen."

■ **Auswertung**

Die Teilnehmenden erhalten das Arbeitsblatt „Die drei ???" und vergleichen ihre gefundenen Bezeichnungen für die unterschiedlichen Frageformen mit denen auf dem Arbeitsblatt.

■ **Varianten/Tipps/Weiterführende Anregungen**

Die Teilnehmenden bringen Bilderbücher mit. Teilnehmende, die sich freiwillig bereit erklären, stellen eine Hitliste derjenigen Bücher zusammen, die sich besonders gut für intensive Gespräche mit Kindern eignen. Die Auswertung kann auch in der Großgruppe erfolgen.

Die drei ??? — Arbeitsblatt

Fragen sind Impulse, die das Kind zum Sprechen anregen und ein Gespräch aufrechterhalten.
Man unterscheidet zwischen:

Ja/Nein-Fragen	Ja/Nein-Fragen helfen dem Kind beim Einstieg in den Dialog. Im Anschluss daran lässt sich eine offene Frage oder eine Quizfrage stellen. *Beispiele:* „Gefällt dir das Bild?"; „Siehst du den Hund auf dem Bild?"
Alternativfragen	Alternativfragen verlangen vom Kind, sich für eine von zwei möglichen Antworten zu entscheiden. Mittels dieser Fragetechnik besteht die Möglichkeit herauszufinden, ob ein Kind die Bedeutung eines Wortes bereits kennt. *Beispiele:* „Möchtest du eine Birne oder einen Apfel?"; „Ist das Auto rot oder grün?"
Quizfragen	Quizfragen werden meist nur mit einem oder zwei Wörtern beantwortet. Sie ermuntern das Kind u. a. zum Benennen von Gegenständen oder Personen. Sie werden häufig in schneller Abfolge hintereinander gestellt. *Beispiele:* „Was ist denn das?"; „Wie heißt das Tier?"; „Wo steht das Auto?"; „Wer sitzt denn da?"
Offene Fragen	Offene Fragen fordern das Kind zu einer umfangreichen Antwort heraus und bieten ihm so die Möglichkeit, seine individuellen sprachlichen Fähigkeiten zu nutzen und auszuprobieren. Sie regen das Kind u. a. zum Beschreiben und Erklären an. *Beispiele:* „Was passiert denn auf dem Bild?"; „Warum weint der Junge?"; „Wie sieht der Gegenstand aus?"

Baustein 4: An der Kreuzung — Modul 2

Inhalt	Formale Sprachförderstrategien
Ziel	Die Teilnehmenden lesen das Transkript einer Bilderbuchbetrachtungssituation und analysieren die Äußerungen der Erzieherin im Hinblick auf eingesetzte formale Sprachförderstrategien.
Methode	Transkriptanalyse, Bearbeitung eines Fragebogens
Sozialform	Einzelaktivität, Partnergruppe, Großgruppe
Zeitbedarf	30 Minuten
Material/Medien	Transkript „An der Kreuzung", Arbeitsblatt „Was tun Sie im Rahmen der Bilderbuchbetrachtung?"
Vorbereitung	Transkript „An der Kreuzung" und Arbeitsblatt „Was tun Sie im Rahmen der Bilderbuchbetrachtung?" kopieren
Theoriebezug	siehe Abschnitt 1.3.2

■ Einstieg/Einführung

Die Teilnehmenden beantworten verschiedene Fragen zur Bilderbuchbetrachtung (vgl. Arbeitsblatt „Was tun Sie im Rahmen der Bilderbuchbetrachtung?"). Im Anschluss daran werden die einzelnen Fragen und Antworten der Teilnehmenden in der Großgruppe besprochen.

■ Erarbeitung

Die Teilnehmenden lesen das Transkript.

Aufgabe 1
„Wie regt die Erzieherin während der Bilderbuchbetrachtung die Kinder zum Sprechen und Verstehen an?"

Aufgabe 2
„Markieren Sie im Transkript die verschiedenen eingesetzten formalen Fragestrategien (vgl. Arbeitsblatt „Die drei ???")."

Aufgabe 3
„Wie hätte die Erzieherin die Situation sprachlich anregender gestalten können? Machen Sie konkrete Vorschläge."

■ Auswertung

Die Teilnehmenden tauschen sich über ihre Ergebnisse in einer Partnergruppe aus.

■ Varianten/Tipps/Weiterführende Anregungen

Anstelle des Transkripts „An der Kreuzung" kann auch die Filmsequenz „Der Nulli-Hund" und das dazugehörende Transkript „Der Nulli-Hund" eingesetzt werden.

■ Praxisaufgabe

„Betrachten Sie mit einem oder zwei Kindern Ihrer Einrichtung ein Bilderbuch Ihrer Wahl. Die Bilderbuchbetrachtung soll – wenn möglich – von einer Kollegin beobachtet werden, welche währenddessen die verwendeten Sprachförderstrategien beispielhaft notiert. Analysieren Sie im Anschluss daran mit Ihrer Partnerin die Aufzeichnungen."

Die Praxisaufgabe kann auch lediglich von einer Person durchgeführt werden, indem sie die Bilderbuchbetrachtung mit einer Kamera festhält.

Was tun Sie im Rahmen der Bilderbuchbetrachtung?

 **Arbeitsblatt**

Ich …	nie	selten	oft	sehr oft
stelle den Kindern Fragen (z. B. „Wo ist der Hund?"; „Was macht er?").				
gehe auf Fragen der Kinder ein.				
gebe den Kindern, wenn nötig, Hilfestellung.				
halte das Buch so, dass alle Kinder Einsicht haben.				
suche das Buch zum Vorlesen gezielt aus.				
ermahne die Kinder, wenn sie unruhig werden.				
lobe die sprachlichen Äußerungen der Kinder.				
stelle die kindlichen Äußerungen richtig (z. B. Kind sagt: „Die Katze springen vom Baum."; Erzieherin: Ja, die Katze springt vom Baum.").				
wiederhole die kindlichen Äußerungen (z. B. Kind: „Der Hund spielt."; Erzieherin: „Ja, der Hund spielt.").				
erweitere die kindliche Äußerung (z. B. Kind: „Der Hund spielt."; Erzieherin: „Ja, der Hund spielt mit seinem blauen Ball.").				
stelle Rückfragen auf kindliche Äußerungen (z. B. Kind: „Der Hund ist im Haus."; Erzieherin: „Was macht der Hund im Haus?").				

In Anlehnung an:

Kraus, K. (2005). Dialogisches Lesen – Neue Wege der Sprachförderung. In S. Roux (Hrsg.), PISA und die Folgen. Sprache und Sprachförderung im Kindergarten (S. 109–129). Landau: Empirische Pädagogik.

Whitehurst, G. J., Arnold, D. S., Epstein, J. N., Angell, A. L., Smith, M. & Fischel, J. (1994). A picture book reading intervention in day care and home for children from low-income families. Developmental Psychology, 30, 679–689.

■ Transkriptauszug: An der Kreuzung

Eine Erzieherin betrachtet mit Emma (2;3) und Lea (2;4) die Seite eines Bilderbuchs.

Erzieherin	Was machen denn die Kinder da auf dem Bild?
Lea	Fahad.
Erzieherin	Die fahren mit dem Fahrrad. Genau. Und?
Emma	Zur Mama.
Erzieherin	Ah, des kann sein, dass se zur Mama fahren mit dem Fahrrad. Und?
Emma	Ein Wau Wau.
Erzieherin	Ein Hund ist da noch zu sehen.
Emma	Ein Mond noch.
Erzieherin	Ein Mond oder vielleicht irgendwelche Früchte. Und ich seh auch noch ein Auto. Wer sieht denn des noch?
Lea	Autos.
Erzieherin	Da is es, des Auto. Genau. So, wollen wir mal gucken, was da noch passiert.
Lea	Mann de Autos.
Erzieherin	Uh, was machen se denn da, die Kinder?
Lea	Roller, Autos. Wagen.
Erzieherin	Genau, die waren einkaufen. Und was hat denn der Junge da im Arm? Was isn des?
Emma	Brot.
Erzieherin	Brot. Genau. Und wo is des Motorrad?

Baustein 5: Komm, wir betrachten ein Bilderbuch — Modul 2

Inhalt	Formale und inhaltliche Sprachförderstrategien
Ziel	Die Teilnehmenden analysieren eine selbst durchgeführte Bilderbuchbetrachtung in Hinblick auf den Einsatz von Sprachförderstrategien.
Methode	Reflexion einer Praxisaufgabe, Filmanalyse
Sozialform	Kleingruppe (z. B. Partnergruppe), Großgruppe
Zeitbedarf	45 Minuten
Material/Medien	Arbeitsblatt „Komm wir betrachten ein Bilderbuch", Laptops für die Kleingruppen
Vorbereitung	Arbeitsblatt „Komm wir betrachten ein Bilderbuch" kopieren, Laptops bereitstellen
Theoriebezug	siehe Abschnitte 1.3.2, 1.3.3

■ Einstieg/Einführung

Die Teilnehmenden tauschen sich in der Großgruppe zur Frage aus: „Welche Erfahrungen haben Sie bei der Bearbeitung der Praxisaufgabe (vgl. „An der Kreuzung") gemacht?"

■ Erarbeitung

Aufgabe 1

„Begeben Sie sich in Kleingruppen und analysieren Sie Ihre Bilderbuchbetrachtung im Hinblick auf folgende Fragen:
- Wie haben Sie die Praxisaufgabe durchgeführt?
- Welche formalen Sprachförderstrategien haben Sie angewendet?
- Welche inhaltlichen Sprachförderstrategien haben Sie angewendet?
- Welche der Sprachförderstrategien haben sich bewährt?
- Welche Sprachförderstrategien haben Sie nicht angewendet?
- Wie haben die beteiligten Kinder reagiert?"

Aufgabe 2

„Was würden Sie verändern, wenn Sie das Buch mit einem anderen Kind ansehen würden (z. B. mit einem schüchternen Kind, einem Kind mit geringem Wortschatz)?"

■ Auswertung

Im Anschluss an die Kleingruppenarbeit werden in der Großgruppe die Unterschiede mit verschiedenen Kindern herausgearbeitet, z. B. hinsichtlich des Sprachförderstrategieeinsatzes.

■ Varianten/Tipps/Weiterführende Anregungen

Wenn keine Praxisaufgabe durchgeführt wurde, kann ein Rollenspiel als Ausgangspunkt für die Analyse dienen. Die Teilnehmenden schauen in einer Dreiergruppe eine Buchseite bzw. ein Bilderbuch an. Dabei übernimmt eine Person die Erwachsenen- und eine andere die Kinderrolle. Die Person, die die Erwachsenenrolle einnimmt, versucht die sprachförderlichen Strategien umzusetzen. Die dritte Person ist der Beobachter, der sich Notizen macht. Danach werden die Rollen getauscht.

Komm, wir betrachten ein Bilderbuch — Arbeitsblatt

Aufgabe 1
Analysieren Sie Ihre Bilderbuchbetrachtung im Hinblick auf folgende Fragen.

a) **Wie** haben Sie die **Praxisaufgabe durchgeführt**?
_____
_____

b) Welche **formalen** Sprachförderstrategien haben Sie angewendet?
_____
_____

c) Welche **inhaltlichen** Sprachförderstrategien haben Sie angewendet?
_____
_____

d) Welche der Sprachförderstrategien haben sich **bewährt**?
_____
_____

e) Welche Sprachförderstrategien haben Sie **nicht** angewendet?
_____
_____

f) **Wie** haben die **beteiligten Kinder reagiert**?
_____
_____

Aufgabe 2
Was würden Sie verändern, wenn Sie das Buch mit einem anderen Kind ansehen würden (z. B. mit einem schüchternen Kind, einem Kind mit geringem Wortschatz)?
_____
_____

Baustein 6: Neue Wörter
Modul 2

Inhalt	Wortschatzerweiterung, Begriffsnetze
Ziel	Die Teilnehmenden bilden Begriffsnetze.
Methode	Sammeln und Sortieren
Sozialform	Einzelaktivität, Partnergruppe, Großgruppe
Zeitbedarf	30 bis 45 Minuten
Material/Medien	Bilderbuchseite (siehe Abschnitt 8.2), Arbeitsblatt „Neue Wörter", Laptop/Beamer oder Overheadprojektor, Flipchart/Tafel
Vorbereitung	Arbeitsblatt „Neue Wörter" kopieren, Bilderbuchseite (PowerPoint® oder Folie) vorbereiten/kopieren
Theoriebezug	siehe Abschnitt 1.3.3

▪ Einstieg/Einführung

Den Teilnehmenden wird mit Beamer oder Overheadprojektor eine Seite aus dem Bilderbuch „Kleine Geschichten vom Flo" (bzw. eine Seite aus dem mitgebrachten Bilderbuch) gezeigt. Alternativ kann auch eine Farbkopie des Bildes ausgeteilt werden. Die Teilnehmenden erhalten die Aufgabe, sich ein Kind ihrer Einrichtung vor Augen zu führen und einen Begriff bzw. ein Wort auf der Seite auszusuchen, von dem sie glauben, dass er dem jeweiligen Kind unbekannt ist. Die Begriffe werden auf Flipchart/Tafel gesammelt.

▪ Erarbeitung

Aufgabe 1
„Welche Begriffe bringen Sie selbst mit Ihrem ausgewählten Wort in Verbindung? Schreiben Sie diese auf und vergleichen Sie sie mit denjenigen Ihrer Partnerin."

Aufgabe 2
„Erstellen Sie ein Begriffsnetz mit den Wörtern auf Ihrer Liste."

Aufgabe 3
„Wie könnte das Begriffsnetz von Kindern aussehen? Erstellen Sie die möglichen Begriffsnetze von zwei ausgewählten Kindern."

▪ Auswertung

Die Teilnehmenden werden aufgefordert, sich in Partnergruppen zu begeben und die erstellten Begriffsnetze zu vergleichen.

▪ Varianten/Tipps/Weiterführende Anregungen

Die Leitung sammelt die Wortarten, die von den Teilnehmenden ausgewählt wurden, an der Tafel o. Ä. (vermutlich größtenteils Nomen). Zur Vertiefung werden die Teilnehmenden beauftragt, auch Begriffe aus anderen Wortarten (Adjektive, Verben) mit aufzunehmen.

Neue Wörter — Arbeitsblatt

Aber wie sieht denn Flos schönes rotes Auto aus?
Ganz schmutzig! Das muss erst mal gewaschen werden.

Bildquelle: Katrin Engelking: Kleine Geschichten vom Flo © Verlag Friedrich Oetinger, Hamburg

Aufgabe 1

Welche Begriffe bringen Sie selbst mit Ihrem ausgewählten Wort in Verbindung? Schreiben Sie diese (als Liste) auf.

_____

_____

Aufgabe 2

Erstellen Sie ein Begriffsnetz mit den Wörtern auf Ihrer Liste.

Beispiel **Eigenes Begriffsnetz**

(Begriffsnetz: Tier — Hund — kann bellen, rennen; hat eine Schnauze, einen Schwanz, vier Beine)

Aufgabe 3

Wie könnte das Begriffsnetz von Kindern aussehen? Erstellen Sie die Begriffsnetze von zwei ausgewählten Kindern.

83

Baustein 7: Worteinführung in der Bilderbuchbetrachtung — Modul 2

Inhalt	Wortschatzerweiterung, inhaltliche Sprachförderstrategien
Ziel	Die Teilnehmenden lernen im Rahmen der Bilderbuchbetrachtung systematisch neue Wörter einzuführen und inhaltliche Sprachförderstrategien anzuwenden.
Methode	Sammeln und Sortieren
Sozialform	Einzelaktivität, Partnergruppe
Zeitbedarf	30 Minuten
Material/Medien	Arbeitsblatt „Wörterliste", Arbeitsblatt „Worteinführung in der Bilderbuchbetrachtung"
Vorbereitung	Arbeitsblatt „Wörterliste" und Arbeitsblatt „Worteinführung in der Bilderbuchbetrachtung" kopieren
Theoriebezug	siehe Abschnitt 1.3.3

■ Einstieg/Einführung

Die Teilnehmenden erhalten die beiden Arbeitsblätter und folgende Aufgabe: „Führen Sie sich ein Kind Ihrer Einrichtung vor Augen und wählen Sie ein für dieses Kind besonders herausforderndes Wort aus, welches Sie während der Bilderbuchbetrachtung einführen können. Denken Sie dabei auch an Dinge, die nicht sichtbar sind."

■ Erarbeitung

Aufgabe 1
„Notieren Sie das ausgewählte Wort, welches Sie im Rahmen einer Bilderbuchbetrachtung einführen möchten."

Aufgabe 2
„Überlegen Sie sich verschiedene Möglichkeiten, wie Sie herausfinden können, ob das Kind dieses Wort bereits kennt."

Aufgabe 3
„Schreiben Sie auf, wie Sie dem Kind dieses Wort näherbringen und nehmen Sie dabei Begriffe zu Hilfe, die es bereits kennt."

Aufgabe 4
„Wie könnten Sie sich vergewissern, dass das Kind dieses Wort verstanden hat?"

■ Auswertung

Die Teilnehmenden tauschen sich mit einem Partner über ihre Überlegungen aus. Ggf. kann auch gemeinsam der Strategieeinsatz reflektiert werden: „Habe ich verschiedene Themen der Nähe angesprochen (z. B. Zeit, Ort)?"; „Habe ich verschiedene Themen des Abstandes angesprochen (z. B. eigene Erfahrungen und Emotionen)?"

■ Varianten/Tipps/Weiterführende Anregungen

Die Wörterliste kann auch gemeinsam mit Teilnehmenden erstellt werden. Dabei sollte man jedoch darauf achten, dass alle drei Wortarten (Nomen, Verben, Adjektive) aufgenommen werden. Wenn eine Wörterliste im Rahmen der Weiterbildung erstellt wird, können Teilnehmende auch ein mitgebrachtes Bilderbuch verwenden. Damit die Teilnehmenden nicht zweimal an ein Bilderbuch denken müssen, kann z. B. der Baustein „Worteinführung in der Bilderbuchbetrachtung" am selben Tag wie der Baustein „Die drei ???" durchgeführt werden.
Das Bild von Flo (siehe Abschnitt 8.2) kann auch mit Beamer oder Overheadprojektor präsentiert werden.

Wörterliste — Arbeitsblatt

Flo ist mit Mama in der Stadt und bekommt ein Eis.

Bildquelle: Katrin Engelking: Kleine Geschichten vom Flo © Verlag Friedrich Oetinger, Hamburg

Nomen	Verben	Adjektive
Eiskugel, Bällchen, Eis	verlieren	kalt
Eiswaffel	schlecken	warm
Straßenschild	schmelzen	flüssig
Markise	einwerfen	lecker
Briefkasten	klettern	traurig
Postbote	spazieren gehen	hoch
Brief	weinen	schmutzig
Päckchen	schmecken	glücklich
Baum	vergessen	rot
Blätter, Blatt	wegwerfen	grün
Wand, Mauer	aussuchen	weiß
Mütze	anziehen	geschlossen
Wangen	strahlen	schattig
Turnschuhe, Schuhe	scheinen	sonnig
Eisverkäufer	öffnen	gelb
Mülleimer	tragen	
Müll	hängen	
Tür	wachsen	
Haus		
Hase		
Jacke		
Stufen, Treppe		
Pfosten		
Boden		

Worteinführung in der Bilderbuchbetrachtung — Arbeitsblatt

■ Aufgabe 1

Notieren Sie das ausgewählte Wort, welches Sie im Rahmen einer Bilderbuchbetrachtung einführen möchten.

■ Aufgabe 2

Überlegen Sie sich verschiedene Möglichkeiten, wie Sie herausfinden können, ob das Kind dieses Wort bereits kennt.

_____

_____

_____

_____

■ Aufgabe 3

Schreiben Sie auf, wie Sie dem Kind dieses Wort näherbringen und nehmen Sie dabei Begriffe zu Hilfe, die es bereits kennt.

_____

_____

_____

_____

■ Aufgabe 4

Wie könnten Sie sich vergewissern, dass das Kind dieses Wort verstanden hat?

_____

_____

_____

_____

Baustein 8: Pitschenass wird die Luzie

Modul 2

Inhalt	Themen, Abstandsfragen und -aussagen
Ziel	Die Teilnehmenden wiederholen Fragen und Aussagen zu Nähe und Abstand und analysieren eine Filmsequenz hinsichtlich der angesprochenen Themen sowie der Abstandsfragen und -aussagen.
Methode	Filmanalyse, Transkriptanalyse
Sozialform	Einzelaktivität, Großgruppe
Zeitbedarf	45 Minuten
Material/Medien	Arbeitsblatt „Pitschenass wird die Luzie – Nähe- und Abstandsfragen/-aussagen", Arbeitsblatt „Pitschenass wird die Luzie", Videoausschnitt „Pitschenass wird die Luzie", Transkript „Pitschenass wird die Luzie", Bilderbuchseite (siehe Abschnitt 8.2), Laptop/Beamer oder Overheadprojektor, Lautsprecher
Vorbereitung	Videoausschnitt vorher sichten, Arbeitsblatt „Pitschenass wird die Luzie – Nähe- und Abstandsfragen/-aussagen", Transkript „Pitschenass wird die Luzie" und Arbeitsblatt „Pitschenass wird die Luzie" kopieren, Bilderbuchseite (PowerPoint® oder Folie) vorbereiten/kopieren, Laptop/Beamer und Lautsprecher bereitstellen
Theoriebezug	siehe Abschnitt 1.3.3

■ Einstieg/Einführung

Den Teilnehmenden wird die Bilderbuchseite mit Beamer oder Overheadprojektor präsentiert. Dann erhalten sie eine Liste möglicher Nähe- und Abstandsfragen sowie Nähe- und Abstandsaussagen (vgl. Arbeitsblatt „Pitschenass wird die Luzie – Nähe- und Abstandsfragen/-aussagen") zu diesem Bild. Die Fragen und Aussagen werden nacheinander vorgelesen und die Teilnehmenden drücken nonverbal mit einer Handgeste aus, ob es sich ihrer Meinung nach um eine Nähe- oder Abstandsfrage bzw. -aussage handelt.

■ Erarbeitung

Aufgabe
„Betrachten Sie die Filmsequenz und lesen Sie im Anschluss daran das dazugehörige Transkript. Finden Sie Beispiele, in denen sich die Erzieherin und das Kind sprachlich distanzieren, d. h. Abstandsfragen und -aussagen formulieren und notieren Sie diese."

■ Auswertung

In der Großgruppe wird im Anschluss folgende Frage diskutiert: „Ist es Ihrer Meinung nach der Erzieherin gelungen, sowohl Abstandsfragen als auch Abstandsaussagen zu nutzen?"

■ Varianten/Tipps/Weiterführende Anregungen

Initiieren Sie eine Diskussion zu folgender Frage: „Sind Abstandsfragen für unter Dreijährige noch zu schwer?"

**Pitschenass wird die Luzie
Nähe- und Abstandsfragen/-aussagen**

Arbeitsblatt

Bildquelle: Dagmar Geisler: Luzie und Lottchen ziehen sich an © Verlag Friedrich Oetinger, Hamburg

Wer liegt denn da im Bett?

Wann warst du das letzte Mal krank?

Lottchen hat eine Wärmflasche auf ihren Pranken liegen.

Was meinst du, welche Krankheit das Lottchen hat?

Was hängt da an der Wand?

Schau mal, das Krokodil hat einen Arztkoffer.

Wer gibt dir Medizin, wenn du krank bist?

Ich glaube, das Lottchen hat Bauchschmerzen.

Was hast du gemacht, als du das letzte Mal krank warst?

Letzte Woche hatte Lena aus der Sonnengruppe auch Bauchschmerzen.

Wer wohnt wohl in dem kleinen Haus da?

Bei uns im Zoo gibt es auch Elefanten, aber auch viele andere Tiere.

Pitschenass wird die Luzie

 **Arbeitsblatt**

■ Tipp
Lassen Sie die Teilnehmenden die Filmszene zuerst einmal ohne Arbeitsauftrag anschauen. Das Transkript und die Aufgabenstellung können Sie dann austeilen, bevor die Teilnehmenden den Film ein zweites Mal sehen.

■ Aufgabe
„Betrachten Sie die Filmsequenz und lesen Sie im Anschluss daran das dazugehörende Transkript. Finden Sie Beispiele, in denen sich die Erzieherin und das Kind sprachlich distanzieren, d. h. Abstandsfragen und -aussagen formulieren und notieren Sie diese."

■ Transkriptauszug: Pitschenass wird die Luzie

Die Erzieherin betrachtet mit Ronja (2;4) das Bilderbuch „Luzie und Lottchen ziehen sich an".

Erzieherin	Was macht die Luzie denn hier?
Ronja	Fahren?
Erzieherin	Die fährt?
Ronja	Ja.
Erzieherin	Mit was fährt sie denn?
Ronja	Draußen is die.
Erzieherin	Draußen is se?
Ronja	(*nickt*) Ja.
Erzieherin	Oh und was hat die Luzie nicht angezogen?
Ronja	(xxx)
Erzieherin	Was fehlt denn da?
Ronja	Gummistiefel.
Erzieherin	Die Gummistiefel fehlen. Schau mal, die Füße werden ganz nass. Eieiei! Zieht die Ronja als auch Gummistiefel an, wenn se rausgeht?
Ronja	Ja.
Erzieherin	Ja, schon wenns regnet, gell? Sonst werden die Füße nass.

Baustein 9: Was braucht denn so'n Arzt alles?" — Modul 2

Inhalt	Formale Fragestrategien, Nähe- und Abstandsfragen
Ziel	Die Teilnehmenden analysieren eine Filmsequenz und das dazugehörende Transkript im Hinblick auf die verwendeten Frageformen.
Methode	Filmanalyse, Transkriptanalyse
Sozialform	Vierergruppe, Großgruppe
Zeitbedarf	45 Minuten
Material/Medien	Videoausschnitt „Was braucht denn so'n Arzt alles?", Transkript „Was braucht denn so'n Arzt alles?", Arbeitsblatt „Die drei ???", Laptop/Beamer, Lautsprecher
Vorbereitung	Videoausschnitt vorher sichten, Arbeitsblatt „Was braucht denn so'n Arzt alles?" und Transkript „Was braucht denn so'n Arzt alles?" kopieren, ggf. Arbeitsblatt „Die drei ???" kopieren, Laptop/Beamer und Lautsprecher bereitstellen
Theoriebezug	siehe Abschnitt 1.3.2, 1.3.3

■ Einstieg/Einführung
Die Teilnehmenden bilden Vierergruppen und schauen sich den Videoausschnitt an.

■ Erarbeitung
Aufgabe
„Nehmen Sie das Transkript zur Hand. Legen Sie Ihren Fokus auf die verwendeten Frageformen. Vereinbaren Sie mit den Gruppenmitgliedern, wer z. B. auf geschlossene, offene Fragen, Quizfragen und Alternativfragen achtet (vgl. Arbeitsblatt „Die drei ???").
- Welche formalen und/oder inhaltlichen Fragestrategien setzt die Erzieherin vorwiegend ein?
- Welche Fragen hätte sie noch einsetzen können?"

■ Auswertung
Die Teilnehmenden stellen eine ihrer Meinung nach für das Kind besonders herausfordernde Frage in der Großgruppe vor und überlegen, was die Erzieherin noch hätte tun können, damit das Kind sprachlich aktiver ist.

■ Varianten/Tipps/Weiterführende Anregungen
Die Leitung kann nach der Auswertung auf die Angemessenheit der im Rahmen der Bilderbuchbetrachtung eingesetzten Fragen eingehen.

Was braucht denn so'n Arzt alles?

Arbeitsblatt

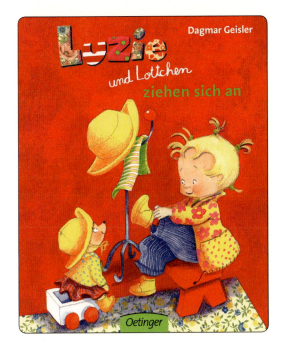

Bildquelle: Dagmar Geisler: Luzie und Lottchen ziehen sich an
© Verlag Friedrich Oetinger, Hamburg

■ Aufgabe

Nehmen Sie das Transkript zur Hand. Legen Sie Ihren Fokus auf die verwendeten Frageformen. Vereinbaren Sie mit den Gruppenmitgliedern, wer z. B. auf geschlossene, offene Fragen, Quizfragen und Alternativfragen achtet. (vgl. Arbeitsblatt „Die drei ???")
Welche formalen und/oder inhaltlichen Fragestrategien setzt die Erzieherin vorwiegend ein?
Welche Fragen hätte sie noch einsetzen können?

■ Transkriptauszug: Was braucht denn so'n Arzt alles?

Die Erzieherin betrachtet mit Anna (3;11) das Bilderbuch „Luzie und Lottchen ziehen sich an".

Erzieherin	(*liest vor*) Was passiert mit der Luzie, wenn die jetzt rausgeht?
Anna	Ähm, die muss was anziehn.
Erzieherin	Ziehst du als auch mal was an, wenn du rausgehsch?
Anna	(*nickt*)
Erzieherin	Und wenn's regnet, was braucht man denn da alles? Was muss man denn da alles anziehen?
Anna	Jacke, Hut, Gummistiefel.
Erzieherin	Jacke (xxx), genau! Jacke, Hut, Gummistiefel isch net schlecht, weil sonsch wird man ja wirklich ganz nass. Hast du sie schon gefunden, die Sachen?
Anna	(*nickt und zeigt*)
Erzieherin	Da hängt die Jacke im, am Garderobenständer. Dann gucken wa mal, ob se wirklich nix anzieht (*blättert weiter*). Und hat sie sich angezogen?
Anna	(*schüttelt den Kopf*)
Erzieherin	(*schüttelt den Kopf*) (*liest vor*) Hattesch du schon maln Schnupfen?

Baustein 10: Luzie und Lottchen — Modul 2

Inhalt	Formale und inhaltliche Sprachförderstrategien, Themen und Interessen
Ziel	Die Teilnehmenden erfassen, wie variabel Strategien eingesetzt werden können, je nachdem, mit welchen Kindern ein Bilderbuch betrachtet wird.
Methode	Filmanalyse, Transkriptanalyse
Sozialform	Partnergruppe, Großgruppe
Zeitbedarf	60 Minuten
Material/Medien	Videoausschnitte „Pitschenass wird die Luzie" und „Was braucht denn so'n Arzt alles?", Arbeitsblatt „Luzie und Lottchen", Transkripte „Pitschenass wird die Luzie" und „Was braucht denn so'n Arzt alles?", Tafel
Vorbereitung	Videoausschnitte vorher sichten, Arbeitsblatt „Luzie und Lottchen" und Transkripte „Pitschnass wird die Luzie" und „Was braucht denn so'n Arzt alles?" kopieren (wenn noch nicht bei Teilnehmenden vorhanden)
Theoriebezug	siehe Abschnitte 1.3.2, 1.3.3

▪ Einstieg/Einführung

Die Teilnehmenden überlegen in der Großgruppe, worin sich der Strategieeinsatz bei jüngeren im Vergleich zu älteren Kindern unterscheidet. Prägnante Beispiele notiert die Leitung an der Tafel.

▪ Erarbeitung

Die Teilnehmenden bilden Partnergruppen. Die Leitung präsentiert die zwei Videoausschnitte und verteilt die dazugehörenden Transkripte an die einzelnen Partnergruppen. Die Filmaufnahmen stammen aus verschiedenen Kindergärten. Es sind jeweils zwei Mädchen unterschiedlichen Alters zu sehen, die das gleiche Buch mit einer Erzieherin betrachten.

Aufgabe 1
„Welche formalen und/oder inhaltlichen Sprachförderstrategien werden eingesetzt?"

Aufgabe 2
„Wie unterscheidet sich der Einsatz der Sprachförderstrategien hinsichtlich des Alters der Kinder? Konzentrieren Sie sich hier besonders auf die Abstandsfragen der jeweiligen Erzieherinnen."

Aufgabe 3
„Inwiefern unterscheiden sich die Themen und Interessen der Kinder?"

▪ Auswertung

Die Ergebnisse der Teilnehmenden werden gesammelt und kommentiert. Dabei wird auch Bezug auf die im Vorfeld gemachten Überlegungen zum Strategieeinsatz genommen (siehe Tafelschrieb).

▪ Varianten/Tipps/Weiterführende Anregungen

Die Transkripte müssen nicht unbedingt hinzugezogen werden.

Luzie und Lottchen

Arbeitsblatt

■ Aufgabe 1
Welche formalen und/oder inhaltlichen Sprachförderstrategien werden eingesetzt?

_____
_____
_____
_____
_____

■ Aufgabe 2
Wie unterscheidet sich der Einsatz der Sprachförderstrategien hinsichtlich des Alters der Kinder? Konzentrieren Sie sich hier besonders auf die Abstandsfragen der jeweiligen Erzieherinnen.

_____
_____
_____
_____
_____

■ Aufgabe 3
Inwiefern unterscheiden sich die Themen und Interessen der Kinder?

_____
_____
_____
_____
_____

4.3 Modul 3: Spiele & Angebote

Überblick über Bausteine im Modul 3: Spiele & Angebote

	Name	Inhalt	Methode	Zeit in Minuten
1	Meine Angebote	Vergleich von Spiel- und Angebotssituationen, Interessen des Kindes	Rollenspiel	45
2	Perspektive der Kinder	Bedeutungsvolle Angebote	Analyse von Beispielen	30
3	Interessante Wörter	Wortschatzerweiterung, Interessen des Kindes	Planung einer Praxisaufgabe	45
4	Planung & Realität	Wortschatzerweiterung, Interessen des Kindes	Reflexion einer Praxisaufgabe	30
5	Duplo®-Bausteine	Formale und inhaltliche Sprachförderstrategien	Filmanalyse, Transkriptanalyse	45
6	Tonen	Formale Sprachförderstrategien, handlungsbegleitendes Sprechen	Filmanalyse, Transkriptanalyse	45
7	Neues Angebot	Wortschatzerweiterung, Begriffsnetze	Planung einer Praxisaufgabe	75
8	Ist mein Angebot gelungen?	Wortschatzerweiterung, Begriffsnetze	Reflexion einer Praxisaufgabe	30
9	Tempo, kleine Schnecke®	Vergleich von Spiel- und Angebotssituationen	Rollenspiel, Transkriptanalyse	45

Baustein 1: Meine Angebote
Modul 3

Inhalt	Vergleich von Spiel- und Angebotssituationen, Interessen des Kindes
Ziel	Die Teilnehmenden unterscheiden Angebotssituationen im Hinblick auf ihr Potenzial für Sprachbildung und erkennen, welche Angebotssituationen besonders geeignet sind.
Methode	Rollenspiel
Sozialform	Partnergruppe, Großgruppe
Zeitbedarf	45 Minuten
Material/Medien	Arbeitsblatt „Meine Angebote", Spiele bzw. Materialien (z. B. Steckspiel, Memory, Puzzle, Bausteine, Perlen fädeln, Stifte und Blätter, Knete)
Vorbereitung	Arbeitsblatt „Meine Angebote" kopieren, Spiele bzw. Materialien zusammenstellen (s. o.)
Theoriebezug	siehe Abschnitt 1.4.2

■ Einstieg/Einführung

Nach einem kurzen offenen Austausch über die bisherigen Erfahrungen, die die Teilnehmenden mit der Nutzung der vorgestellten Spiele und Materialien im Zusammenhang mit Sprachbildung gemacht haben, wird das Ziel dieses Bausteins genannt.

■ Erarbeitung

Aufgabe 1
„Planen Sie für eines Ihrer Kinder ein kurzes Angebot mit einem Spielmaterial Ihrer Wahl so, dass das Kind zum Sprechen herausgefordert wird.
- Wie steigen Sie in das Angebot ein?
- Wie berücksichtigen Sie dabei die Interessen des Kindes?
- Wie gehen Sie im weiteren Verlauf konkret vor? Überlegen Sie sich mehrere Möglichkeiten.
- Welche Gesprächsinhalte können thematisiert werden?"

Aufgabe 2
„Führen Sie das geplante Angebot im Rollenspiel mit einer Partnerin durch."

Aufgabe 3
„Reflektieren Sie mit Ihrer Partnerin Ihre Erfahrungen, die Sie im Rollenspiel gemacht haben.
Folgende Fragen können zur Reflexion hilfreich sein:
- Wie sind Sie mit dem „Kind" ins Gespräch gekommen?
- Welche Vorgehensweise nutzten Sie, um das Gespräch aufrechtzuerhalten?
- Welche Sprachförderstrategien haben Sie eingesetzt?
- Wie geeignet ist das Angebot, um Kinder sprachlich zu aktivieren?"

■ Auswertung

Die Teilnehmenden stellen ihre Angebote und ihre Erfahrungen in der Großgruppe vor, ggf. werden zur Illustration einzelne Rollenspiele kurz angespielt.

■ Varianten/Tipps/Weiterführende Anregungen

Die zu planenden Angebote können auf einen Themenbereich eingegrenzt werden (Basteln, Tischspiel usw.).
In der Großgruppe werden nur zwei bis drei Beispiele vorgestellt.

Meine Angebote — Arbeitsblatt

■ Aufgabe 1

Planen Sie für eines Ihrer Kinder ein kurzes Angebot mit einem Spielmaterial Ihrer Wahl so, dass das Kind zum Spielen herausgefordert wird.

- Wie steigen Sie in das Angebot ein?

- Wie berücksichtigen Sie dabei die Interessen des Kindes?

- Wie gehen Sie im weiteren Verlauf konkret vor? Überlegen Sie sich mehrere Möglichkeiten.

- Welche Gesprächsinhalte können thematisiert werden?

■ Aufgabe 2

Führen Sie das geplante Angebot im Rollenspiel mit einer Partnerin durch.

■ Aufgabe 3

Reflektieren Sie mit Ihrer Partnerin Ihre Erfahrungen, die Sie im Rollenspiel gemacht haben. Folgende Fragen können zur Reflexion hilfreich sein:

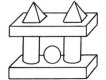

- Wie sind Sie mit dem „Kind" ins Gespräch gekommen?

- Welche Vorgehensweise nutzten Sie, um das Gespräch aufrechtzuerhalten?

- Welche Sprachförderstrategien haben Sie eingesetzt?

- Wie geeignet ist das Angebot, um Kinder sprachlich zu aktivieren?

Baustein 2: Perspektive der Kinder — Modul 3

Inhalt	**Bedeutungsvolle Angebote**
Ziel	Die Teilnehmenden vergleichen verschiedene Angebotssituationen im Hinblick auf ihre Bedeutung für Kinder.
Methode	Analyse von Beispielen
Sozialform	Einzelaktivität, Großgruppe
Zeitbedarf	30 Minuten
Material/Medien	Arbeitsblatt „Perspektive der Kinder", Karteikarten, Tafel/Stellwand
Vorbereitung	ggf. Arbeitsblatt „Perspektive der Kinder" kopieren, Arbeitsmaterialien bereitstellen
Theoriebezug	siehe Abschnitt 1.4

■ Einstieg/Einführung

Variante 1
Die Teilnehmenden notieren Angebote auf Karteikarten (z. B. Wir stempeln mit Korken und Wasserfarben), die sie gerne durchführen. Die Vorschläge werden gesammelt und an einer Tafel für alle sichtbar befestigt.

Variante 2
Die Teilnehmenden erhalten zu Beginn das Arbeitsblatt „Perspektive der Kinder".

■ Erarbeitung

Aufgabe
„Vergleichen Sie die Angebotssituationen im Hinblick auf folgende Aspekte:

a) … ihre Eignung für die Anregung sprachlicher Äußerungen und
b) … ihre Bedeutung für die teilnehmenden Kinder."

■ Auswertung

Die Teilnehmenden stellen ihre Erkenntnisse in der Großgruppe vor und tauschen sich aus.

■ Varianten/Tipps/Weiterführende Anregungen

Die Auswertung kann auch in einer Partnergruppe durchgeführt werden.
Die gesammelten Angebote (siehe Variante 1) können gemeinsam gruppiert werden in Angebote, die die kindlichen Interessen ggf. stärker in den Blick nehmen und solche, die ggf. weiter entfernt sind. Dabei gibt es kein Richtig oder Falsch, es kommt hier besonders auf die Begründungen der Teilnehmenden an.

Perspektive der Kinder — Arbeitsblatt

	Ist das Angebot geeignet für die Anregung sprachlicher Äußerungen?	Welche Bedeutung hat das Angebot für die teilnehmenden Kinder?
Sinneswahrnehmung (z. B. Fühlmemory®, Barfußpfad)		
Bilder malen mit Wasserfarben		
Kneten oder Tonen		
Experimentieren mit Materialien (z. B. Rasierschaum, Kreppband)		
Basteln mit Naturmaterialien (z. B. Steinen, Muscheln, Blättern)		
Parkgarage spielen		
Bauen mit Duplo®-Steinen		
Liedeinführung		
Ballspiel in der Turnhalle		
Neues Fingerspiel einführen		
Naturwissenschaftliches Angebot durchführen (z. B. Kresse säen)		
Tischspiel spielen (z. B. Memory® oder Farbspiele)		
Verschiedene Instrumente ausprobieren („Klangbaustelle")		
Naturbeobachtungen (z. B. Tulpenzwiebeln)		
Kochen oder Backen mit Kindern		
Ausflüge unternehmen (z. B. Besuch beim Bäcker)		
Regelspiel im Hof/im Garten durchführen		

Baustein 3: Interessante Wörter — Modul 3

Inhalt	Wortschatzerweiterung, Interessen des Kindes
Ziel	Die Teilnehmenden planen eine Angebotssituation, in der neue Begriffe eingeführt werden.
Methode	Planung einer Praxisaufgabe
Sozialform	Einzelaktivität, Großgruppe
Zeitbedarf	45 Minuten
Material/Medien	Arbeitsblatt „Interessante Wörter", Arbeitsblatt „Neue Wörter" und Arbeitsblatt „Worteinführung in der Bilderbuchbetrachtung" (siehe Modul 2: Bilder & Bilderbücher)
Vorbereitung	Arbeitsblatt „Interessante Wörter" kopieren, Arbeitsblatt „Neue Wörter" und Arbeitsblatt „Worteinführung in der Bilderbuchbetrachtung" aus Modul 2 kopieren (wenn noch nicht bei Teilnehmenden vorhanden)
Theoriebezug	siehe Abschnitt 1.3.3

■ Einstieg/Einführung

Nach einem Austausch in der Großgruppe zur Frage, ob und welche geplanten Angebote die Teilnehmenden in ihrer bisherigen Praxis besonders häufig durchführen, wird deren Potenzial für die Einführung von neuen Begriffen kurz angesprochen und andiskutiert. Anschließend wird das Ziel des Bausteins vorgestellt.

■ Erarbeitung

Aufgabe

„Planen Sie ein Angebot für zweijährige Kinder und führen Sie dabei drei neue Begriffe ein, die die ausgewählten Kinder noch nicht kennen. Verwenden Sie dazu die Arbeitsblätter zur Wortschatzerweiterung (vgl. Arbeitsblatt „Neue Wörter" und Arbeitsblatt „Worteinführung in der Bilderbuchbetrachtung")."

■ Auswertung

Zum Abschluss beschäftigen sich die Teilnehmenden mit der folgenden Frage: „Wie könnten Sie sich vergewissern, dass das Kind dieses Wort verstanden hat?"

■ Varianten/Tipps/Weiterführende Anregungen

■ Praxisaufgabe

„Führen Sie in Ihrer Praxis ein Angebot mit Kindern durch und nehmen Sie dieses Angebot mit der Videokamera auf."
Die Videoaufnahmen können ggf. während eines anderen Treffens in Kleingruppen oder in der Großgruppe präsentiert und analysiert werden (vgl. Modul 1: Strategien & Situationen, Baustein 9: Ziel erreicht?!).

Interessante Wörter — Arbeitsblatt

■ Aufgabe

Planen Sie ein Angebot für zweijährige Kinder und führen Sie dabei drei neue Begriffe ein, die die ausgewählten Kinder noch nicht kennen. Verwenden Sie dazu die Arbeitsblätter zur Wortschatzerweiterung.

Baustein 4: Planung & Realität — Modul 3

Inhalt	Wortschatzerweiterung, Interessen des Kindes
Ziel	Die Teilnehmenden reflektieren und analysieren ihre durchgeführte Praxisaufgabe im Hinblick auf ihr Potenzial für Sprachbildung.
Methode	Reflexion einer Praxisaufgabe
Sozialform	Vierergruppe, Großgruppe
Zeitbedarf	30 Minuten
Material/Medien	Arbeitsblatt „Planung & Realität"
Vorbereitung	Arbeitsblatt „Planung & Realität" kopieren
Theoriebezug	siehe Abschnitt 1.3.3

■ Einstieg/Einführung

Die Teilnehmenden berichten kurz in der Großgruppe, welche Angebote sie durchgeführt haben und wie sie auf die Idee gekommen sind.

■ Erarbeitung

Aufgabe

Die Teilnehmenden gehen in Vierergruppen zusammen und beschäftigen sich mit den folgenden Fragestellungen:

„Welche Begriffe planten Sie einzuführen? Welche haben Sie tatsächlich eingeführt?"

„Wie haben Sie die Begriffe eingeführt?"

„Welche Begriffe verwenden die einzelnen Kinder nun aktiv?"

■ Auswertung

Die Leitung stellt nach der Gruppenarbeit folgende Frage in der Großgruppe: „Wie können Sie sich vergewissern, dass das Kind das Wort gelernt hat?"

■ Varianten/Tipps/Weiterführende Anregungen

Wenn sich einzelne Teilnehmende dazu bereit erklären, können auch eigene Filmsequenzen zur Umsetzung der geplanten Aktivität beispielhaft in der Großgruppe gezeigt werden.

Planung & Realität — Arbeitsblatt

■ **Aufgabe:**

Welche Begriffe planten Sie einzuführen? Welche haben Sie tatsächlich eingeführt?

_____
_____
_____
_____

Wie haben Sie die Begriffe eingeführt?

_____
_____
_____
_____

Welche Begriffe verwenden die einzelnen Kinder nun aktiv?

_____
_____
_____
_____

Baustein 5: Duplo®-Bausteine

Modul 3

Inhalt	**Formale und inhaltliche Sprachförderstrategien**
Ziel	Die Teilnehmenden analysieren eine Angebotssituation im Hinblick auf die eingesetzten formalen und inhaltlichen Sprachförderstrategien.
Methode	Filmanalyse, Transkriptanalyse
Sozialform	Einzelaktivität, Partnergruppe, Großgruppe
Zeitbedarf	45 Minuten
Material/Medien	Arbeitsblatt „Duplo®-Bausteine", Transkript „Duplo®-Bausteine", Videoausschnitt „Duplo®-Bausteine", Laptop/Beamer und Lautsprecher
Vorbereitung	Videoausschnitt vorab sichten, Arbeitsblatt „Duplo®-Bausteine" und Transkript „Duplo®-Bausteine" kopieren, Laptop/Beamer und Lautsprecher bereitstellen
Theoriebezug	siehe Abschnitt 1.3.2, 1.3.3

■ Einstieg/Einführung

Die Teilnehmenden starten mit einer Erinnerungsaufforderung: „Erinnern Sie sich zurück, wann Sie das letzte Mal mit einem Kind mit Duplo®-Bausteinen gespielt haben. Tauschen Sie sich im Anschluss daran mit einer Partnerin aus: Was haben Sie gebaut? Worüber haben Sie in dieser Situation gesprochen?"

■ Erarbeitung

Die Teilnehmenden sichten den Videoausschnitt und das dazugehörende Transkript „Duplo®-Bausteine".

Aufgabe 1
„Welche formalen und inhaltlichen Sprachförderstrategien entdecken Sie?"

Aufgabe 2
„Welche Strategien könnten Sie noch einsetzen?"

■ Auswertung

Die Teilnehmenden tauschen sich anschließend mit ihrer Partnerin aus und stellen ein ihrer Meinung nach besonders gutes Beispiel in der Großgruppe vor.

■ Varianten/Tipps/Weiterführende Anregungen

Die Teilnehmenden bilden Gruppen: eine Teilgruppe beschäftigt sich mit den formalen Strategien, die andere Teilgruppe mit den inhaltlichen Strategien.
Bezüge zum Modul 2: Bilder & Bilderbücher herstellen: „Welche Gemeinsamkeiten und Unterschiede gibt es beim Einsatz formaler und inhaltlicher Strategien zwischen einer Angebotssituation und einer Bilderbuchbetrachtung?"
Anstelle des Videoausschnitts „Duplo®-Bausteine" kann hier auch der Videoausschnitt „Aquarium" und das dazugehörende Transkript „Aquarium" oder der Videoausschnitt „Im Bauzimmer" und das dazugehörende Transkript „Im Bauzimmer" eingesetzt werden.

Duplo®-Bausteine — Arbeitsblatt

Aufgabe 1
Welche formalen und inhaltlichen Sprachförderstrategien entdecken Sie?

Aufgabe 2
Welche Strategien könnten Sie noch einsetzen?

Transkriptauszug: Duplo®-Bausteine

Die Erzieherin und Christian (2;7) und Simon (2;4) spielen auf dem Bauteppich mit Duplo®-Bausteinen und -Fahrzeugen.

Christian	(*hält Pferd in der Hand und betrachtet es*) Pferd.
Erzieherin	Da können wir ja da unsere Bahn (xxx).
Christian	Pferd
Erzieherin	Ein Pferd (/)
Christian	Da.
Erzieherin	Was ischn da im Pferd drin? (*zeigt darauf*) Was ischn das?
Christian	(xxx)
Erzieherin	Ein Loch.
Christian	Loch.
Erzieherin	Ein Loch.
Christian	Loch. (*steckt den Finger hinein*)
Erzieherin	Da kann man bestimmt ein Männchen reinsetzen, einen Reiter, der mit dem Pferd dann reitet.
Christian	Mi.
Erzieherin	Der mit dem Pferd dann reitet, genau. (*baut die Schienen zusammen*) Jetzt brauchen wir Fahrzeuge. Achtung Simon, guck mal. Jetzt ist unsere Zugstrecke fertig, unsere Strecke zum Fahrn. Jetzt brauchen wir Fahrzeuge.
Christian	(*nimmt sich ein rotes Fahrzeug*) Des da fahrn.

Baustein 6: Tonen

Modul 3

Inhalt	Formale Sprachförderstrategien, handlungsbegleitendes Sprechen
Ziel	Die Teilnehmenden analysieren eine Angebotssituation im Hinblick auf die eingesetzten formalen Sprachförderstrategien und legen ihren Fokus besonders auf die Strategie des handlungsbegleitenden Sprechens.
Methode	Filmanalyse, Transkriptanalyse
Sozialform	Einzelaktivität, Partner- bzw. Großgruppe
Zeitbedarf	45 Minuten
Material/Medien	Videoausschnitt „Tonen", Laptop/Beamer und Lautsprecher, Arbeitsblatt „Tonen", Transkript „Tonen", Knete
Vorbereitung	Videoausschnitt vorab sichten, Arbeitsblatt „Tonen" und Transkript „Tonen" kopieren, Knete bereitlegen, Laptop/Beamer und Lautsprecher bereitstellen
Theoriebezug	siehe Abschnitt 1.3.2

■ Einstieg/Einführung

Jeder Teilnehmende erhält ein Stück Knete sowie die offene Aufgabe, ein Tier für eine Partnerin zu kneten, die dabei zuschaut. Im Anschluss daran stellen sie an die „beschenkte Person" die Frage, was für diese daran interessant war.

■ Erarbeitung

Die Teilnehmenden sichten den Videoausschnitt „Tonen".

Aufgabe 1:
„Notieren Sie, wie die Erzieherin die Kinder sprachlich anregt."
Die Teilnehmer lesen das Transkript „Tonen" und sehen sich den Videoausschnitt ein zweites Mal an.

Aufgabe 2:
„Markieren Sie im Transkript, an welchen Stellen
a) die Strategie des handlungsbegleitenden Sprechens und
b) weitere formale Strategien sichtbar werden."

Aufgabe 3:
„Überlegen Sie mit Ihrer Partnerin, wie gut diese Strategien im Filmbeispiel zur sprachlichen Anregung dienten."

■ Auswertung

Die Teilnehmenden tauschen ihre Ergebnisse in der Großgruppe aus. Dabei stellen Sie das handlungsbegleitende Sprechen in den Fokus der Diskussion, u. a. auch im Rückblick auf das eigene Kneten (vgl. Einstieg). Welche handlungsbegleitenden Äußerungen waren dabei hilfreich? Welche Bedeutung haben Quantität und Qualität? Ist wortreiches Sprechen immer hilfreich?

■ Varianten/Tipps/Weiterführende Anregungen

Die Teilnehmenden bilden Gruppen: eine Teilgruppe beschäftigt sich mit den formalen Strategien, die andere Teilgruppe mit dem handlungsbegleitenden Sprechen.

Tonen — Arbeitsblatt

Aufgabe 1

Sehen Sie sich den Videoausschnitt „Tonen" an und notieren Sie, wie die Erzieherin die Kinder sprachlich anregt.

Aufgabe 2

Lesen Sie das Transkript „Tonen" und sehen Sie sich den Film ein zweites Mal an.

Markieren Sie im Transkript, an welchen Stellen

a) die Strategie des handlungsbegleitenden Sprechens und
b) weitere formale Strategien sichtbar werden.

Aufgabe 3

Überlegen Sie mit Ihrer Partnerin, wie gut diese Strategien im Filmbeispiel zur sprachlichen Anregung dienen.

Transkriptauszug: Tonen

Die Erzieherin, Felix (2;3), Ronja (2;4) und Julius (3;1) tonen in der Küche ihrer Einrichtung.

Erzieherin	Und was brauchen wir jetzt noch?
Felix	Wasser.
Erzieherin	Wasser, genau. Wo machen wir des Wasser rein?
Ronja	Hier.
Erzieherin	(*nimmt einen Becher in die Hand*) Was sind des?
Kinder	Becher.
Erzieherin	Die Becher, genau. Jeder bekommt einen Becher.
Ronja	Ich will ein Becher.
Erzieherin	Mit Wasser.
Ronja	Mit Wasser.
Julius	Ich will, das sind nich für die Händen (xxx).
Erzieherin	Genau, der Julius kennt sich da schon aus, gell?

Baustein 7: Neues Angebot
Modul 3

Inhalt	Wortschatzerweiterung, Begriffsnetze
Ziel	Die Teilnehmenden planen und erproben eine bisher eher ungewohnte Angebotssituation und führen neue Begriffe ein.
Methode	Planung einer Praxisaufgabe
Sozialform	Einzelaktivität, Partnerarbeit, Großgruppe
Material/Medien	Arbeitsblatt „Neues Angebot", Bildungsprogramm des eigenen Bundeslandes
Vorbereitung	Arbeitsblatt „Neues Angebot" kopieren, ggf. Auszug aus Bildungsprogramm kopieren
Zeitbedarf	75 Minuten (falls Bildungsprogrammatik vorliegend)
Theoriebezug	siehe Abschnitt 1.3.3

■ Einstieg/Einführung
Die Teilnehmenden sichten die Bildungsprogrammatik ihres Bundeslandes (z. B. Orientierungsplan in Baden-Württemberg) und beantworten folgende Fragen: „Welche Bildungsbereiche werden benannt? Zu welchen Bereichen passen Ihre Angebote, die Sie in Ihrer Praxis durchführen? Welche Bereiche berücksichtigen Sie selten?"

■ Erarbeitung
Aufgabe 1
„Wählen Sie einen Bildungsbereich (z. B. Musik, Bewegung, Gesundheit), den Sie bisher selten oder noch gar nicht bearbeitet haben. Planen Sie ein konkretes Angebot aus diesem Bereich, indem Sie neue Begriffe einführen (wählen Sie zwei Begriffe mit Blick auf die Kinder aus)."
Beispiel: Sie backen mit wenigen Kindern Ihrer Gruppe einen Kuchen und wählen hier z. B. die Begriffe „Schürze", „Topf" und/oder „Rührgerät".

Aufgabe 2
„Erstellen Sie für die gewählten Begriffe mögliche Begriffsnetze Ihrer Kinder."

■ Auswertung
Die Teilnehmenden gehen in Partnergruppen und stellen sich gegenseitig ihre Begriffsnetze vor. Dabei können sie ihren Partner bitten, das Begriffsnetz zu überprüfen bzw. sie können ihn um neue Ideen oder Änderungsvorschläge bitten usw.

■ Varianten/Tipps/Weiterführende Anregungen
Es können auch Bildungsprogrammatiken aus anderen Bundesländern gesichtet werden.

■ Praxisaufgabe
„Führen Sie dieses Angebot in der Praxis mit einem bzw. mehreren Kindern durch und erstellen Sie die tatsächlichen Begriffsnetze Ihrer Kinder. Das Angebot kann auch mit Videokamera aufgenommen werden (als Gesprächsgrundlage mit Kollegin, in Großgruppe usw.)."

Neues Angebot — Arbeitsblatt

■ **Aufgabe 1**

Wählen Sie einen Bildungsbereich (z. B. Musik, Bewegung, Gesundheit), den Sie bisher selten oder noch gar nicht bearbeitet haben. Planen Sie ein konkretes Angebot aus diesem Bereich, in dem Sie neue Begriffe einführen (wählen Sie zwei Begriffe mit Blick auf die Kinder aus).

Beispiele

Musik: Tamburin, Glockenspiel, trommeln, schlagen usw.

Bewegung: Hüpfen, Trampolin, balancieren usw.

Gesundheit: Kochen, Herd, Topf, Schürze, umrühren usw.

■ **Aufgabe 2**

Erstellen Sie für die gewählten Begriffe mögliche Begriffsnetze Ihrer Kinder.

Baustein 8: Ist mein Angebot gelungen? — Modul 3

Inhalt	**Wortschatzerweiterung, Begriffsnetze**
Ziel	Die Teilnehmenden tauschen ihre Erkenntnisse zur Praxisaufgabe aus und reflektieren sie.
Methode	Reflexion einer Praxisaufgabe
Sozialform	Partnergruppe, Vierergruppe, Großgruppe
Zeitbedarf	30 Minuten
Material/Medien	Arbeitsblatt „Ist mein Angebot gelungen?"
Vorbereitung	Arbeitsblatt „Ist mein Angebot gelungen?" kopieren
Theoriebezug	siehe Abschnitt 1.3.3

■ Einstieg/Einführung
Die Teilnehmenden bilden Vierergruppen und tauschen sich über ihre Erfahrungen zur Praxisaufgabe „Neues Angebot" aus.

■ Erarbeitung
Die Teilnehmenden bearbeiten in Einzelarbeit die folgenden Aufgaben.

Aufgabe 1
„Vergleichen Sie Ihre vermuteten Begriffsnetze mit den tatsächlichen Begriffsnetzen der Kinder."

Aufgabe 2
„Welche Vorbereitung ist Ihrer Meinung nach notwendig?"

Aufgabe 3
„Schreiben Sie konkrete weitere Situationen auf, in denen Sie diesen Begriff wieder aufgreifen können."

■ Auswertung
Die Teilnehmenden diskutieren in der Großgruppe Aufwand und Ertrag der Planung.

■ Varianten/Tipps/Weiterführende Anregungen
Die Teilnehmenden entwickeln aus dem ermittelten Begriffsnetz eine kurze Zusammenfassung und tragen diese einem Partner frei vor. Hierbei stellt sich der Teilnehmende vor, er würde seine Geschichte einem Kleinkind vortragen. Insbesondere ist dabei auf die Körpersprache wie Mimik und Gestik, auf den Blickkontakt, auf eine angemessene Pausensetzung und auf die Sprachmelodie zu achten. Im Anschluss an die Zusammenfassung findet eine Reflexion des eigenen Sprachmodells mit dem Partner statt.
Je nach Adressat werden „leichtere" bzw. „schwierigere" Begriffe aus einem Begriffsnetz ins Zentrum gestellt. Beispiel zum Begriffsnetz „Topf" (vgl. Arbeitsblatt „Ist mein Angebot gelungen?"): „Kannst du dich noch erinnern, heute haben wir Nudeln gekocht. Zuerst haben wir Wasser in den Topf laufen lassen. Dann haben wir den Topf auf den Herd gestellt und die Kochplatte aufgedreht (usw.)".

Ist mein Angebot gelungen? — Arbeitsblatt

Herd · Wasser · Deckel · Küche · **Topf** · Topflappen · umrühren · heiß · groß

■ Aufgabe 1
Vergleichen Sie Ihre vermuteten Begriffsnetze mit den tatsächlichen Begriffsnetzen der Kinder.

■ Aufgabe 2
Welche Vorbereitung ist Ihrer Meinung nach notwendig?

■ Aufgabe 3
Schreiben Sie konkrete weitere Situationen auf, in denen Sie diesen Begriff wieder aufgreifen können.

Baustein 9: Tempo, kleine Schnecke® — Modul 3

Inhalt	Vergleich von Spiel- und Angebotssituationen
Ziel	Die Teilnehmenden finden Möglichkeiten, wie man Angebotssituationen sprachlich anregender gestalten könnte.
Methode	Rollenspiel, Transkriptanalyse
Sozialform	Einzelaktivität, Partner- und/oder Großgruppe
Zeitbedarf	45 Minuten
Material/Medien	Transkript „Tempo, kleine Schnecke®", Spiel „Tempo, kleine Schnecke®, Ravensburger"
Vorbereitung	Transkript „Tempo, kleine Schnecke®" kopieren, Spiel „Tempo, kleine Schnecke®, Ravensburger" besorgen
Theoriebezug	siehe Abschnitt 1.4.2

■ Einstieg/Einführung

Zu Beginn werden zwei Teilnehmende aufgefordert, das Spiel „Tempo, kleine Schnecke®" in der Kinder- bzw. Erzieherrolle zu spielen. Die übrigen Teilnehmenden beobachten das Spiel. Eine Teilgruppe sieht zu, wie die Erzieherin sprachlich agiert, die andere beobachtet, wie und wann das „Kind" sprachlich aktiv ist.

■ Erarbeitung

Aufgabe

„Lesen Sie das Transkript „Tempo, kleine Schnecke®". Vergleichen Sie das Rollenspiel mit dem Ablauf im Transkript. Wie hätte die Situation sprachlich anregender gestaltet werden können?
Machen sie konkrete Vorschläge."

■ Auswertung

Diskutieren Sie die Ergebnisse in der Gesamtgruppe. „Unter welchen Bedingungen ist eine Angebotssituation Ihrer Meinung nach sprachanregend? Unter welchen ist sie weniger sprachanregend?"

■ Varianten/Tipps/Weiterführende Anregungen

Folgende Fragen könnten außerdem interessant sein: „Welche Interessen zeigt das Kind während des Spiels? Wie werden diese von der Erzieherin berücksichtigt?"

Tempo, kleine Schnecke® — Arbeitsblatt

■ Aufgabe

Lesen Sie das Transkript „Tempo, kleine Schnecke®". Vergleichen Sie das Rollenspiel mit dem Ablauf im Transkript. Wie hätte die Situation sprachlich anregender gestaltet werden können? Machen Sie konkrete Vorschläge.

_____

_____

_____

_____

Im Projekt „Mit Kindern im Gespräch" setzen wir das Spiel „Tempo, kleine Schnecke"® aus dem Ravensburger Verlag ein.

■ Transkriptauszug: Tempo, kleine Schnecke®

Eine Erzieherin und Jonas (2;8) sitzen an einem Tisch im Gruppenraum, das Spiel „Tempo, kleine Schnecke®" ist bereits aufgebaut.

Jonas	Ein ein Würfel. (*zeigt auf den Würfel, der auf dem Spielbrett liegt*)
Erzieherin	Das ist ein Würfel, da hast du recht. So. Guck mal, das ist das Spielbrett. Welche Farbe möchtest du denn haben?
Jonas	Blau.
Erzieherin	Da. Richtig. Meine steht nebendran. (*stellt die rosafarbene Schnecke daneben*)
Jonas	Und gelb?
Erzieherin	Und gelb? Wo kommt denn die gelbe Schnecke hin?
Jonas	(*setzt die gelbe Schnecke verkehrt herum auf das Startfeld*)
Erzieherin	Oh, andersrum. (*dreht die Schnecke in die richtige Richtung*) Und die grüne? Schau mal, wo die grüne hinkommt. Wo kommt die grüne hin?
Jonas	(*stellt die grüne Schnecke neben das Spielbrett*)
Erzieherin	Ne, schau mal. Schau mal. Dahin. (*zeigt auf das grüne Startfeld*)
Jonas	(*setzt die Schnecke auf das Startfeld*)
Erzieherin	Ja, richtig. Und dann ham wir nur noch die rote.

4.4 Modul 4: Symbol- & Rollenspiel

Überblick über Bausteine im Modul 4: Symbol- & Rollenspiel

	Name	Inhalt	Methode	Zeit in Minuten
1	Meine eigene Rolle im Rollenspiel	Eigene Orientierungen reflektieren	Bearbeitung eines Fragebogens	45
2	Meine Puppe hat Hunger	Unterschiede zwischen Symbol- und Rollenspiel, Entwicklungsstufen des Symbol- und Rollenspiels	Fantasiereise, Sammeln und Sortieren	45
3	Ich habe mit Tom Eisenbahn gespielt	Formale und inhaltliche Sprachförderstrategien	Reflexion einer Praxisaufgabe	30
4	Was hat das Symbol- und Rollenspiel mit der sprachlichen Entwicklung zu tun?	Entwicklungsstufen des Symbol- und Rollenspiels im Zusammenhang mit der sprachlichen Entwicklung	Sammeln und Sortieren	30
5	Mein Handy klingelt	Sprachförderliche und wenig sprachförderliche Symbol- und Rollenspiele	Be- und Erarbeitung eines Fallbeispiels	45
6	Was sind Skripts?	Themen der Kinder, zusammenhängende Handlungen (Skripts)	Sammeln und Sortieren, Präsentation	15
7	Was spielt Kim gerne?	Zusammenhängende Spielhandlungen (Skripts)	Sammeln und Sortieren	30
8	Das Rollenspiel unter der Lupe	Formale und inhaltliche Sprachförderstrategien	Transkriptanalyse	45
9	Wie bereite ich ein Symbol- und Rollenspiel vor?	Elemente der Vorbereitung	Planung einer Praxisaufgabe	45
10	Lohnt sich die Vorbereitung?	Planung und Realisierung eines Symbol- und Rollenspiels	Reflexion einer Praxisaufgabe, Filmanalyse	30 bis 60

Baustein 1: Meine eigene Rolle im Rollenspiel	**Modul 4**

Inhalt	Eigene Orientierungen reflektieren
Ziel	Die Teilnehmenden erkennen ihre eigene Rolle im Rollenspiel und begründen diese.
Methode	Bearbeitung eines Fragebogen
Sozialform	Einzelaktivität, Partnergruppe, Großgruppe
Zeitbedarf	45 Minuten
Material/Medien	Arbeitsblatt „Meine eigene Rolle im Rollenspiel", Arbeitsblatt „Meine eigene Rolle im Rollenspiel" (Lösungsblatt), Tafel oder Plakat, Kreide, Stifte
Vorbereitung	Arbeitsblatt „Meine eigene Rolle im Rollenspiel" und Arbeitsblatt „Meine eigene Rolle im Rollenspiel" (Lösungsblatt) kopieren, Arbeitsmaterial bereitstellen
Theoriebezug	siehe Abschnitt 1.4.3

■ Einstieg/Einführung

Die Leitung zeichnet auf eine Tafel oder ein Plakat eine Linie. Sie schreibt an den Anfang der Linie „mittendrin" und an das Ende der Linie „eher am Rande dabei".
Dann stellt sie folgende Frage an die Teilnehmenden: „Sind Sie beim Symbol- und Rollenspiel der Kinder mittendrin oder eher am Rande dabei?" Die Teilnehmenden werden gebeten, sich mit einem Zeichen (z. B. Punkt oder Kreuz) auf der Linie zu positionieren.

■ Erarbeitung

Aufgabe 1

„Bearbeiten Sie zur genaueren Reflexion der eigenen Rolle den Fragebogen „Meine eigene Rolle im Rollenspiel" und tauschen Sie sich mit einer Partnerin über die Aspekte aus, in denen Sie sich am meisten unterscheiden."

Aufgabe 2

„Werten Sie Ihren eigenen Fragebogen aus. Nehmen Sie dabei das Lösungsblatt zu Hilfe."

Aufgabe 3

In jeder Ecke wird ein Schild angebracht mit einem der vier Spieltypen (Spielleiter, Mitspieler, Spielbeobachter, Nichteingreifer). Die Teilnehmenden werden gebeten, sich in die jeweilige Ecke zu begeben und sich dann eine Partnerin aus einer anderen Ecke zu suchen und die eigene bevorzugte Rolle im Spiel zu begründen.

■ Auswertung

Zum Abschluss werden in der Großgruppe Begründungen ausgetauscht und Vor- und Nachteile der einzelnen Rollen diskutiert.

■ Varianten/Tipps/Weiterführende Anregungen

Um einzelne Aussagen in der Großgruppe zu diskutieren, können **JA-ja-nein-NEIN Kärtchen** (siehe Abschnitt 8.2) eingesetzt werden. Dafür erhalten die Teilnehmenden die JA-ja-nein-NEIN-Kärtchen auf einem DIN-A4-Blatt. Sie werden aufgefordert, nach dem Vorlesen einer Aussage ihre Einstellung zu zeigen. Hierzu falten sie das DIN-A4-Blatt so, dass die Antwort ersichtlich ist und halten sie nach Aufforderung gemeinsam in die Höhe. Die Leitung kann auf diese Art und Weise die Meinung der einzelnen Teilnehmenden schnell erkennen und der Gruppe widerspiegeln. Sie kann einzelne Teilnehmende bitten, ihre Meinung zu begründen, um so in eine Diskussion einzusteigen.

Meine eigene Rolle im Rollenspiel

Arbeitsblatt

Ich ...		stimme voll zu 4	stimme zu 3	stimme nicht zu 2	stimme gar nicht zu 1
1.	übernehme im Spiel der Kinder eine lenkende Rolle.				
2.	übernehme im Spiel der Kinder die Rolle des aktiven Spielpartners.				
3.	übernehme eine aktive Rolle, wenn ich bemerke, dass im Spiel der Kinder Probleme auftreten.				
4.	übernehme eine zurückhaltende Rolle im Spiel der Kinder.				
5.	bestimme das gesamte Spiel der Kinder.				
6.	gestalte das Spiel gemeinsam mit den Kindern.				
7.	beobachte das Spiel der Kinder, sodass ich weiß, wo/was/wie die Kinder spielen.				
8.	gestalte vor allem die Spielumgebung der Kinder anregungsreich und kindgerecht.				
9.	leite die Kinder im Spiel an.				
10.	spiele gemeinsam mit den Kindern.				
11.	unterstütze die Kinder dort, wo sie im Spiel Hilfe benötigen.				
12.	lasse die Kinder in Ruhe spielen.				
13.	gebe den Kindern im Spiel direkte Handlungsanweisungen.				
14.	handle in meiner Rolle spielbezogen.				
15.	mache den Kindern bestimmte Spielhandlungen vor, um sie in ihrem Spiel weiterzubringen.				
16.	halte mich im Spiel der Kinder mit Kommentaren und Handlungen zurück.				
17.	liefere den Kindern Spielideen.				
18.	richte mich nach den Spielideen der Kinder.				
19.	gebe den Spielideen der Kinder hin und wieder kleine Impulse.				
20.	lasse den Kindern Freiraum, um ihre eigenen Spielideen zu entwickeln und auszuleben.				
21.	lege Wert darauf, dass die Kinder im Spiel ihre Fähigkeiten üben und Neues lernen.				
22.	finde es wichtig, dass die Kinder und ich gemeinsam Spaß am Spiel haben.				
23.	finde es wichtig, dass die Kinder Schritt für Schritt lernen, allein oder gemeinsam mit anderen Kindern zu spielen.				
24.	finde es wichtig, dass sich die Kinder im Spiel frei entfalten können.				

Literatur
Hergenröder, M. (2012). Das Spiel des Kleinkindes in der Familie – Sind Eltern mittendrin oder doch „nur" dabei? Unveröffentlichte Diplomarbeit. Landau: Universität.

Meine eigene Rolle im Rollenspiel (Lösungsblatt)  Lösung

Wenn Sie wissen möchten, zu welchen Rollenspieltypen Sie gehören, addieren Sie jeweils Ihre Antworten mit „stimme voll zu" und „stimme zu".

Beispiel: Haben Sie die Aussagen 1, 5, 9, 13, 17, 21 vorwiegend mit „stimme voll zu" und „stimme zu" beantwortet, sind Sie der Typ 1 „Spielleiter".

■ Typ 1: SPIELLEITER

Aussagen: 1, 5, 9, 13, 17, 21

Beispielaussage 5: „Ich bestimme das gesamte Spiel der Kinder."

■ Typ 2: MITSPIELER

Aussagen: 2, 6, 10, 14, 18, 22

Beispielaussage 18: „Ich richte mich nach den Spielideen der Kinder."

■ Typ 3: SPIELBEOBACHTER

Aussagen: 3, 7, 11, 15, 19, 23

Beispielaussage 11: „Ich unterstütze die Kinder dort, wo sie im Spiel Hilfe benötigen."

■ Typ 4: NICHTEINGREIFER

Aussagen: 4, 8, 12, 16, 20, 24

Beispielaussage: „Ich halte mich im Spiel der Kinder mit Kommentaren und Handlungen zurück."

Literatur

Hergenröder, M. (2012). Das Spiel des Kleinkindes in der Familie – Sind Eltern mittendrin oder doch „nur" dabei? Unveröffentlichte Diplomarbeit. Landau: Universität.

Baustein 2: Meine Puppe hat Hunger — Modul 4

Inhalt	Unterschiede zwischen Symbol- und Rollenspiel, Entwicklungsstufen des Symbol- und Rollenspiels
Ziel	Die Teilnehmenden reflektieren ihre Erfahrungen in Symbol- und Rollenspielen und analysieren diese im Hinblick auf Unterschiede zwischen Symbol- und Rollenspielen.
Methode	Fantasiereise, Sammeln und Sortieren
Sozialform	Einzelaktivität, Partnergruppe, Großgruppe
Zeitbedarf	45 Minuten
Material/Medien	Arbeitsblatt „Fantasiereise: Meine Puppe hat Hunger", Arbeitsblatt „Unterschiede zwischen Symbol- und Rollenspiel", Arbeitsblatt „Zur Entwicklung des Symbol- und Rollenspiel"
Vorbereitung	Arbeitsblatt „Unterschiede zwischen Symbol- und Rollenspiel" und ggf. Arbeitsblatt „Zur Entwicklung des Symbol- und Rollenspiel" kopieren, mit Fantasiereise vertraut machen
Theoriebezug	siehe Abschnitt 1.4.3

■ Einstieg/Einführung
Zu Beginn wird eine Fantasiereise durchgeführt (vgl. Arbeitsblatt „Fantasiereise: Meine Puppe hat Hunger").

■ Erarbeitung
Die Teilnehmenden gehen in Partnergruppen.

Aufgabe 1
„Erzählen Sie Ihrer Partnerin, was Sie bei der Fantasiereise erlebt haben."

Aufgabe 2
„Analysieren Sie die Spielaktivtäten der beobachteten Kinder.
- Haben sich die Kinder vor allem mit einem Spielobjekt beschäftigt?
- Stand eher die Spielidee im Mittelpunkt?
- Wurde das Spielgeschehen vor allem durch die Spielhandlung bestimmt?
- Ließ sich bereits ein gemeinsames Thema im Spiel erkennen?
- Fand ein kommunikativer Austausch der Kinder untereinander statt?"

Aufgabe 3
„Welche Gemeinsamkeiten und Unterschiede gibt es zwischen den während der Fantasiereise beobachteten Symbol- und Rollenspielen?"

■ Auswertung
Die Unterscheidung zwischen Symbol- und Rollenspiel wird anhand der Tabelle (vgl. Arbeitsblatt „Unterschiede zwischen Symbol- und Rollenspiel") herausgearbeitet und anhand der eigenen Beispiele konkretisiert.

■ Varianten/Tipps/Weiterführende Anregungen
Verteilen Sie im Anschluss an die Auswertung das Arbeitsblatt „Entwicklung des Symbol- und Rollenspiels" und bitten Sie die Teilnehmenden, ihr Beispiel zuzuordnen. Im Folgenden sammeln die Teilnehmenden in Partnergruppen Vorschläge, wie Kinder auf dieser Stufe sprachlich unterstützt werden können.

■ Praxisaufgabe
„Spielen Sie mit Ihren Kindern ein Symbol- bzw. ein Rollenspiel (z. B. auf dem Bauteppich, in der Puppenecke oder im Kaufladen)."

Fantasiereise – Meine Puppe hat Hunger **Arbeitsblatt**

„Viele Kinder spielen Symbol- und Rollenspiele, und das nahezu jeden Tag. Was machen die Kinder? Was tun Sie, wenn die Kinder spielen? Was Sie in dieser Zeit tun, wie Sie sich beteiligen oder auch nicht und wie Sie mit den Kindern sprechen ist im Normalfall flüchtig und deshalb der eigenen Reflexion kaum zugänglich.

Stellen Sie sich vor, Sie haben von Ihrer Leitung die Aufgabe bekommen, einzelne Kinder Ihrer Einrichtung beim Symbol- und Rollenspiel zu beobachten. Sie sitzen in einer Ecke Ihres Gruppenraumes auf einem Stuhl. Damit die Kinder wissen, dass Sie nicht angesprochen werden dürfen, tragen Sie eine „Beobachtermütze".

Ich lade Sie ein auf eine Reise zu einem Symbol- und Rollenspiel in Ihrer Kita. (…)

Nehmen Sie eine bequeme Haltung ein und schließen Sie Ihre Augen. Damit Sie sich erinnern können, entspannen Sie sich und atmen Sie mehrmals gleichmäßig tief ein und aus. (…)

Nun schauen Sie sich im Raum um. (…) Einige Kinder bauen in der Bauecke, andere Kinder sitzen noch beim Frühstück. (…) Dann sehen Sie auch Kinder, die in ein Symbol- und Rollenspiel vertieft sind. (…) Wo findet dieses Spiel statt? (…) Wie viele Kinder beteiligen sich an diesem Spiel? (…) Welche Kinder sind es? (…) Wie alt sind die Kinder? (…) Welche Materialien verwenden sie? (…) Was sprechen die Kinder? (…) Wie verständigen sie sich nonverbal? (…) Welche Fantasiehandlungen führen die Kinder durch? *(zwei Minuten Pause)*

Nun wenden Sie sich Ihrer Kollegin zu, die für die Kinder verantwortlich ist. Befindet sie sich in der Nähe? (…) Was macht sie? (…) Nimmt sie Blickkontakt mit den Kindern auf? (…) Beobachtet sie die Kinder? (…) Beteiligt sie sich am Spiel? (…) Was tut sie? (…) Spricht Sie mit den Kindern? (…) Was sagt sie? (…) Wie reagieren die Kinder? (…) Wie geht es weiter? *(zwei Minuten Pause).*

Nun sehen und hören Sie, dass die Freispielzeit zu Ende ist. Die Kollegin gibt den Kindern vielleicht ein Zeichen. (…) Sie sehen, wie die Kinder das Spiel beenden. (…) Sie sehen, wie die Kinder den Gruppenraum langsam verlassen. (…) Ihre Kollegin verlässt auch den Gruppenraum. (…) Nun ziehen Sie sich langsam die „Beobachtermütze" vom Kopf, legen sie ins Regal und öffnen Ihre Augen.

Unterschiede zwischen Symbol- und Rollenspiel **Arbeitsblatt**

Symbolspiel	Rollenspiel
Die Kinder beschäftigen sich vor allem mit **bestimmten Spielobjekten** (z. B. Teddybär, Kamm, Spiellöffel).	Die Kinder beschäftigen sich vor allem mit einer **bestimmten Spielidee**.
Das Spielgeschehen wird durch die **Handlung bestimmt** (z. B. Puppe füttern).	Das Spielgeschehen wird durch ein **gemeinsames Thema bestimmt** (z. B. Restaurant oder Schule spielen).
Die **nonverbale Kommunikation** steht im Vordergrund.	Die **verbale Kommunikation** steht im Vordergrund. Aufgrund einer gemeinsamen Spielidee treten zwei oder mehrere Kinder miteinander **sprachlich-handelnd** in Kontakt und sprechen auch darüber, wie gespielt werden soll **(Metakommunikation)**.

Literatur

Bürki, D. (1998). Vom Symbol- zum Rollenspiel. In B. Zollinger (Hrsg.), Kinder im Vorschulalter. Erkenntnisse, Beobachtungen und Ideen zur Welt der Drei- bis Siebenjährigen (2. Aufl.) (S. 11–47). Bern: Haupt.

Einsiedler, W. (1999). Das Spiel der Kinder. Bad Heilbrunn: Klinkhardt.

Zur Entwicklung des Symbol- und Rollenspiels

Arbeitsblatt

Das Symbolspiel beginnt bei Kindern ab dem zweiten Lebensjahr. Die ersten Symbolspielhandlungen beziehen sich meist auf die eigene Person und den eigenen Körper (*selbstbezogene Handlungen*). Das Kind stellt sich z. B. schlafend oder tut so, als würde es sich kämmen oder etwas trinken.

Vom 19. Lebensmonat an werden immer häufiger Objekte und Personen in die Spielhandlungen miteinbezogen (*fremdbezogene Handlungen*). Zu Beginn handelt es sich hierbei um ganz einfache Spielaktivitäten, z. B. die Puppe kämmen oder dem kranken Teddy eine Spritze geben.

Etwa zu Beginn des dritten Lebensjahres werden die *Spielhandlungen anspruchsvoller und komplexer*. Das Kind überträgt beispielsweise eigene Verhaltensweisen auf Puppen oder Stofftiere, so werden diese im Spiel lebendig.
Der Teddy schreit, weil er Hunger hat oder die Puppe weint, weil sie einen Hund sieht.

Zu Beginn der frühen Symbolspiele benötigen Kinder noch realistische Spielmaterialien.
In der weiteren Spielentwicklung sind Kinder nicht mehr auf konkrete Materialien angewiesen. Kinder sind nun zunehmend in der Lage, *Gegenstände in ihrer Fantasie zu verwandeln und diesen eine andere Funktion zu geben*. Beispielsweise wird die Schaufel zum Reitpferdchen, das Thermometer aus dem Arztkoffer zum Rührlöffel oder ein Bauklotz zum Telefon.

Literatur

Einsiedler, W. (1999). Das Spiel der Kinder. Bad Heilbrunn: Klinkhardt.

Kasten, H. (2007). 0–3 Jahre. Entwicklungspsychologische Grundlagen. Berlin: Cornelsen Scriptor.

Peter, U. (1998). Entwicklung sozial-kommunikativer Kompetenzen. In B. Zollinger (Hrsg.), Kinder im Vorschulalter (S. 49–82). Bern: Haupt.

Baustein 3: Ich habe mit Tom Eisenbahn gespielt — Modul 4

Inhalt	Formale und inhaltliche Sprachförderstrategien
Ziel	Die Teilnehmenden reflektieren ihr durchgeführtes Symbol- und Rollenspiel und entwickeln Möglichkeiten der sprachlichen Anreicherung.
Methode	Reflexion einer Praxisaufgabe
Sozialform	Partnergruppe, Großgruppe
Zeitbedarf	30 Minuten
Material/Medien	Arbeitsblatt „Ich habe mit Tom Eisenbahn gespielt", „Reflex-Eck" (siehe Anhang 8.2)
Vorbereitung	Arbeitsblatt „Ich habe mit Tom Eisenbahn gespielt" und „Reflex-Eck" kopieren
Theoriebezug	siehe Abschnitte 1.3.2, 1.3.3

■ Einstieg/Einführung

Variante 1
Die Teilnehmenden gehen in Partnergruppen und erzählen sich gegenseitig, welche Erfahrungen sie mit der Praxisaufgabe aus dem vorausgegangenen Baustein „Meine Puppe hat Hunger" gemacht haben. Dabei orientieren sie sich am „Reflex-Eck".

Variante 2
Falls die Teilnehmenden keine Praxisaufgabe durchgeführt haben, führen sie sich eine erlebte Symbol- und Rollenspielsituation mit einem Kind vor Augen und beschreiben diese Situation der Partnerin. Auch hier nehmen die Teilnehmenden das „Reflex-Eck" zu Hilfe.

■ Erarbeitung

Aufgabe 1
„Welche Möglichkeiten gibt es, nach diesem Rollenspiel mit dem Kind/den Kindern ins Gespräch zu kommen? Schreiben Sie dies beispielhaft auf."

Aufgabe 2
„Wie können Sie dieses Rollenspiel mit verschiedenen formalen und inhaltlichen Sprachförderstrategien anreichern? Geben Sie Beispiele."

■ Auswertung

Nach der Bearbeitung der Aufgaben folgt eine kurze Blitzlichtrunde in der Großgruppe zur Frage: „Was nehme ich mit nach Hause?"

■ Varianten/Tipps/Weiterführende Anregungen

Leiten Sie eine Diskussion in der Großgruppe ein über folgende Fragestellung: „Unter welchen Bedingungen klappt das Symbol- und Rollenspiel sehr gut? Unter welchen Bedingungen klappt es weniger gut?".

Ich habe mit Tom Eisenbahn gespielt

Arbeitsblatt

■ Aufgabe 1

Welche Möglichkeiten gibt es, nach diesem Rollenspiel mit dem Kind/den Kindern ins Gespräch zu kommen? Schreiben Sie dies beispielhaft auf.

_____

_____

_____

_____

■ Aufgabe 2

Wie können Sie dieses Rollenspiel mit verschiedenen formalen und inhaltlichen Sprachförderstrategien anreichern? Geben Sie Beispiele.

_____

_____

_____

_____

_____

■ Reflex-Eck

Durch welche Faktoren wird die Sprachfördersituation beeinflusst?

Erzieherin
- gemeinsame Aufmerksamkeit
- handlungsbegleitendes Sprechen
- Wiederholung/Erweiterung
- indirekte Korrektur
- offene Fragen
- Verständnissicherung
- inhaltliche Rückmeldung
- Nähe- und Abstandsaussagen und -fragen

Rahmenbedingungen
- Räumlichkeiten
- Material
- Zeit
- Anzahl der Kinder
- Organisation der Gruppe

Kind
- nonverbale Reaktion
- Äußerungslänge
- Frageverhalten
- Wortschatz
- Äußerung eigener Ideen & Erfahrungen

Baustein 4: Was hat das Symbol- und Rollenspiel mit der sprachlichen Entwicklung zu tun?

Modul 4

Inhalt	Entwicklungsstufen des Symbol- und Rollenspiels im Zusammenhang mit der sprachlichen Entwicklung
Ziel	Mit den Teilnehmenden wird Wissen zur Entwicklung des Symbol- und Rollenspiels erarbeitet. Es erfolgt zudem eine Wiederholung zur Unterscheidung von Symbol- und Rollenspielen.
Methode	Sammeln und Sortieren
Sozialform	Einzelaktivität, Partnergruppe, Großgruppe
Zeitbedarf	30 Minuten
Material/Medien	Kärtchen „Sprachliche Entwicklungsstufen des Symbol- und Rollenspiels", Arbeitsblatt „Was hat das Symbol- und Rollenspiel mit der sprachlichen Entwicklung zu tun?"
Vorbereitung	Einarbeitung in das Thema, Kärtchen „Sprachliche Entwicklungsstufen des Symbol- und Rollenspiels" kopieren und ausschneiden, Arbeitsblatt „Was hat das Symbol- und Rollenspiel mit der sprachlichen Entwicklung zu tun?" kopieren
Theoriebezug	siehe Abschnitt 1.4.3

■ Einstieg/Einführung

Die Teilnehmenden bringen die Beschreibungen der sprachlichen Entwicklungsstufen des Symbol- und Rollenspiels (vgl. Kärtchen „Sprachliche Entwicklungsstufen des Symbol- und Rollenspiels") in eine ihrer Meinung nach chronologische Reihenfolge. Im Anschluss vergleichen sie ihre Überlegungen mit denen einer Partnerin.

■ Erarbeitung

Die Teilnehmenden erhalten das Arbeitsblatt („Was hat das Symbol- und Rollenspiel mit der sprachlichen Entwicklung zu tun?") und vergleichen es mit ihren Vorüberlegungen.

Aufgabe

„Überlegen Sie, bei welchen Ihrer Kinder Sie sich das beschriebene Verhalten und die sprachlichen Äußerungen vorstellen können. Notieren Sie die Namen der Kinder auf das Arbeitsblatt."

■ Auswertung

Zum Abschluss stellt die Leitung folgende Frage: „Inwiefern hilft Ihnen dieses Wissen, Symbol- und Rollenspiele mit den Kindern künftig spracheanregender zu gestalten?"

■ Varianten/Tipps/Weiterführende Anregungen

Ggf. können die Teilnehmenden ihre Überlegungen auf die Altersgruppe der Drei- bis Sechsjährigen erweitern.

Was hat das Symbol- und Rollenspiel mit der sprachlichen Entwicklung zu tun?

 Arbeitsblatt

Formen	Aspekte des Symbol- und Rollenspiel	Sprachentwicklung	Beispiele	Namen der Kinder
Einfaches Symbolspiel	• Parallelspiel • Kinder spielen alltägliche Begebenheiten nach • Kinder erkunden Gegenstände	• Kinder sind häufig stumm • einfache Handlungen werden mit wenigen Worten begleitet • einfache Handlungen werden mit Lautmalereien (z. B. „brumm brumm") begleitet	• Kind zieht eine Puppe aus und an und sagt „aus", „an" • Auto fährt mit Gebrumm hin und her • Kind bellt wie ein Hund	
Erweitertes Symbolspiel	• einfaches Sozialspiel • spielerische Handlungen sind auf andere bezogen • Kinder beginnen so zu tun „als ob" • Kinder ersetzen einen Gegenstand durch einen anderen	• Kinder sprechen miteinander • Kinder bieten sich Gegenstände an • Handlungen werden mit sprachlichen Äußerungen begleitet	• Kind misst der Puppe Fieber mit einem Löffel • Kind verkauft im Kaufladen Essen an seine Kunden • Kind telefoniert mit einem Baustein	
(kooperatives) Rollenspiel	• Kinder spielen wechselseitige Rollen	• das Spiel wird durch das Verbalisieren von Handlungen zunehmend unabhängig vom Kontext und dem Material • Kinder vereinbaren sprachlich, was gespielt wird	• Kinder spielen Restaurant, ein Kind nimmt die Rolle des Kellners, das andere die Rolle des Gastes ein • Kinder spielen Eisenbahn, dabei übernimmt ein Kind die Rolle des Schaffners, die anderen sind die Passagiere	

Literatur:

Stich, M. & Ptok, M. (2009). Symbolspielkompetenz bei Vorschulkindern. HNO, 57, 1163–1166.

Götte, R. (2002). Sprache und Spiel im Kindergarten. Weinheim: Beltz.

Oerter, R. (2002). Kindheit (Kap. 6). In R. Oerter & L. Montada (Hrsg.), Entwicklungspsychologie (S. 209–257). Weinheim: Beltz.

Sprachliche Entwicklungsstufen des Symbol- und Rollenspiels — Kärtchen

Einfache Handlungen werden mit wenigen Worten begleitet.	Einfache Handlungen werden mit Lautmalereien (wie z. B. „brumm brumm") begleitet.
Kinder sprechen miteinander.	Handlungen werden mit sprachlichen Äußerungen begleitet.
Kinder bieten sich Gegenstände an.	Das Spiel wird durch das Verbalisieren von Handlungen zunehmend unabhängig vom Kontext und dem Material.
Kinder vereinbaren sprachlich, was gespielt wird.	Kinder sind häufig stumm.

Baustein 5: Mein Handy klingelt

Modul 4

Inhalt	Sprachförderliche und wenig sprachförderliche Symbol- und Rollenspiele
Ziel	Die Teilnehmenden überlegen sich sprachförderliche bzw. weniger sprachförderliche Varianten im Spielverlauf und reflektieren den Einfluss der Erzieherin.
Methode	Be- und Erarbeitung eines Fallbeispiels
Sozialform	Kleingruppe, Großgruppe
Zeitbedarf	45 Minuten
Material/Medien	Videoausschnitt „Mein Handy klingelt", Laptop/Beamer und Lautsprecher, Transkript „Mein Handy klingelt", Arbeitsblatt „Mein Handy klingelt", Plakate
Vorbereitung	Videoausschnitt vorab sichten, Transkript „Mein Handy klingelt" und Arbeitsblatt „Mein Handy klingelt" kopieren, Laptop/Beamer und Lautsprecher bereitstellen, Arbeitsmaterialien bereitstellen
Theoriebezug	siehe Abschnitt 1.4.3

■ Einstieg/Einführung

Die Teilnehmenden schauen sich den Filmausschnitt „Mein Handy klingelt" an. Danach werden sie aufgefordert, zwei Gruppen zu bilden, bestehend aus maximal sechs Teilnehmenden.

■ Erarbeitung

Aufgabe für Gruppe A
„Überlegen Sie sich, wie das Rollenspiel weitergehen könnte, welches **weniger sprachförderlich** ist. Durch welches Verhalten der Erzieherin kann das Spiel gestört werden?"

Aufgabe für Gruppe B
„Überlegen Sie sich, wie das Rollenspiel weitergehen könnte, welches **besonders sprachförderlich** ist. Durch welches Verhalten der Erzieherin kann das Spiel positiv beeinflusst werden?"
Die Teilnehmenden halten ihre Überlegungen auf einem Plakat fest.

■ Auswertung

Die Plakate werden an einer Wand befestigt und die Teilnehmenden haben die Möglichkeit, sich diese anzuschauen.

■ Varianten/Tipps/Weiterführende Anregungen

Die einzelnen Gruppen spielen ihre ausgedachten Rollenspiele in der Großgruppe vor.

Mein Handy klingelt — Arbeitsblatt

■ Aufgabe für Gruppe A

„Überlegen Sie sich, wie das Rollenspiel weitergehen könnte, welches **weniger sprachförderlich** ist. Durch welches Verhalten der Erzieherin kann das Spiel gestört werden?"

■ Aufgabe für Gruppe B

„Überlegen Sie sich, wie das Rollenspiel weitergehen könnte, welches **besonders sprachförderlich** ist. Durch welches Verhalten der Erzieherin kann das Spiel positiv beeinflusst werden."

Halten Sie Ihre Ideen auf einem Plakat fest.

■ Transkriptauszug: Mein Handy klingelt

Die Erzieherin, Anna (3;11), Gregor (3;8) und Simon (3;9) spielen in der Puppenecke.

Gregor	Hallo, hallo?
Erzieherin	Mein Handy klingelt.
Anna	*(reicht der Erzieherin das Handy und setzt sich daneben)* Da isch deine. Ich habs gefunden.
Erzieherin	Hallo (/). Oh, jetzt hat er wieder aufgelegt. Der Gregor wars. *(wählt)* Ruf ihn noch mal kurz an.
Gregor	Hallo, hallo?
Erzieherin	Hallo Gregor?
Gregor	Hallo, hallo?
Erzieherin	Hallo Gregor.
Gregor	Hallo?
Erzieherin	Hallo, verstehscht du mich?

Baustein 6: Was sind Skripts? — Modul 4

Inhalt	Themen der Kinder, zusammenhängende Handlungen (Skripts)
Ziel	Die Teilnehmenden erhalten Anregungen, wie Symbol- und Rollenspiele in der Praxis angereichert werden können.
Methode	Sammeln und Sortieren, Präsentation
Sozialform	Einzelaktivität, Großgruppe
Zeitbedarf	15 Minuten
Material/Medien	Arbeitsblatt „Was sind Skripts", Fotoserie (siehe Anhang 8.2), Tafel/Flipchart, farbige Kreide/Stifte, Laptop/Beamer oder Overheadprojektor
Vorbereitung	Einarbeitung in das Thema „Skripts", Arbeitsblatt „Was sind Skripts?" kopieren, Fotoserie (PowerPoint® oder Folie) vorbereiten/kopieren, Arbeitsmaterialien bereitstellen
Theoriebezug	Siehe Abschnitt 1.4.3

■ Einstieg/Einführung

Die Leitung startet mit dem Thema Skripts: „Wir widmen uns heute dem Thema Skripts und nähern uns diesem exemplarisch über unsere Erfahrungen beim Aufstehen. Wie war das heute nach dem Aufwachen? Was haben Sie gemacht?". Die Leitung notiert die Vorschläge der Teilnehmenden an einer Tafel oder einem Flipchart und fordert diese dann auf, zu überlegen, was einem Kind zu dieser Frage wohl einfallen könnte. Die Kindhandlungen werden farbig markiert.

■ Erarbeitung

Aufgabe 1
„Beschreiben Sie eine zusammenhängende Handlung, die in einem Symbolspiel eines zweijährigen Kindes vorkommen könnte und eine zusammenhängende Handlung, die im Rollenspiel eines fünfjährigen Kindes vorkommen könnte."

Aufgabe 2
Die Leitung präsentiert die Fotoserie.
„Analysieren Sie das Beispiel der Fotoserie im Hinblick auf den Skripteinsatz."

Aufgabe 3
„Wie können Sie diese zusammenhängenden Handlungen sprachlich anreichern?"

■ Auswertung

Am Ende werden die wichtigsten Punkte zu Skripts (vgl. Arbeitsblatt „Was sind Skripts?") und deren Entwicklung sowie deren Anreicherung zusammengefasst.

■ Varianten/Tipps/Weiterführende Anregungen

Die Teilnehmenden betrachten im Rahmen der Auswertung den Videoausschnitt „Kuchen backen" und überlegen, welche Handlungen das Skript „Kuchen backen" umfasst.

Was sind Skripts? — Arbeitsblatt

Skripts sind Vorstellungen von Handlungsabläufen des Alltags bzw. Routineereignisse. Jeder besitzt Skripts für große Aktivitäten, wie z. B. einen Restaurantbesuch oder für einfache und kleine Aktivitäten, z. B. für das Lesen einer Zeitung oder das Einparken in eine Garage.

> Die Vorstellung eines Erwachsenen, wie ein Restaurantbesuch abläuft, könnte beispielsweise folgendermaßen aussehen: Man betritt das Restaurant, der Kellner weist den Tisch zu, man setzt sich und liest die Speisekarte. Im Folgenden werden Getränke und Essen bestellt, man wartet, bekommt sein Essen, isst und bestellt die Rechnung. Nach dem Bezahlen verlässt man das Restaurant.

Solch ein Handlungswissen erleichtert es, sich ein Ereignis als Ganzes vorzustellen und Handlungen anderer besser zu verstehen. Bei Kindern ist das Skriptwissen bzw. das Wissen über zusammenhängende Handlungen zunächst sehr einfach.

> So könnte das kindliche Skript eines Restaurantbesuchs folgendermaßen aussehen: Man betritt das Restaurant, setzt sich an einen Tisch, bekommt etwas zu essen, isst und verlässt das Restaurant.

Kinder bauen mit der Zeit ihre Skripts immer weiter aus, indem sie mehr Details und Einzelheiten hinzufügen.

Die Fähigkeit, in der Vorstellung Handlungen miteinander zu verknüpfen und diese auch auszuführen, beeinflusst das kindliche Symbolspiel entscheidend und ist ein wichtiger kognitiver Entwicklungsschritt.

Literatur:

Einsiedler, W. (1999). Das Spiel der Kinder. Bad Heilbrunn: Klinkhardt.

Oerter, R. (1999). Psychologie des Spiels. Weinheim: Beltz.

Schank, R. & Abelson, R. (1977). Scripts, plans, goals and understanding. An inquiry into human knowledge structures. New Jersey: Lawrence Erlbaum.

Baustein 7: Was spielt Kim gerne?   Modul 4

Inhalt	Zusammenhängende Spielhandlungen (Skripts)
Ziel	Die Teilnehmenden werden für das Erkennen von zusammenhängenden Handlungen in den kindlichen Symbol- und Rollenspielaktivitäten sensibilisiert.
Methode	Sammeln und Sortieren
Sozialform	Einzelaktivität, Großgruppe
Zeitbedarf	30 Minuten
Material/Medien	Arbeitsblatt „Was spielt Kim gerne?"
Vorbereitung	Einarbeitung in das Thema „Skripts", Arbeitsblatt „Was spielt Kim gerne?" kopieren
Theoriebezug	siehe Abschnitt 1.4.3

■ Einstieg/Einführung

Die Teilnehmenden werden gebeten, sich an die Symbol- und Rollenspiel**themen** von vier Kindern ihrer Einrichtung zu erinnern (vgl. Arbeitsblatt „Was spielt Kim gerne?").

■ Erarbeitung

Aufgabe 1
„Welche zusammenhängenden Spielhandlungen (Skripts) kennen Ihre Kinder?"

Aufgabe 2
„Welche Erweiterungsmöglichkeit wäre bei einem dieser vorhandenen Skripts denkbar?"

■ Auswertung

Abschließend findet ein Austausch in der Großgruppe statt. Den Teilnehmenden wird im Rahmen dieses Austausches verdeutlicht, dass das Einbringen neuer Handlungen auch die Beschäftigung mit neuen Begriffen und Sätzen bedeutet.

■ Varianten/Tipps/Weiterführende Anregungen

■ Praxisaufgabe

„Beobachten Sie die Kinder, die Sie auf dem Arbeitsblatt „Was spielt Kim gerne?" nicht aufgeführt haben. Finden Sie heraus, welche Symbol- und Rollenspielthemen diese bevorzugen und welche zusammenhängenden Handlungen sie bereits durchführen."

Was spielt Kim gerne?   Arbeitsblatt

Erinnern Sie sich an die Symbol- und Rollenspiel**themen** von vier Kindern Ihrer Einrichtung und notieren Sie diese.

■ Aufgabe 1

Welche zusammenhängenden Spielhandlungen kennen Ihre Kinder?

Name des Kindes	Themen (z. B. Kaufladen, Puppe versorgen)	Zusammenhängende Spielhandlungen
Kim	Bär füttern	holt einen Teller und Besteck – setzt Bär auf einen Stuhl – legt ihm ein Lätzchen um – füttert Bär – wischt ihm anschließend die Schnauze mit dem Lätzchen ab

■ Aufgabe 2

Welche Erweiterungsmöglichkeit wäre bei einem dieser vorhandenen Skripts denkbar?

Baustein 8: Das Rollenspiel unter der Lupe — Modul 4

Inhalt	Formale und inhaltliche Sprachförderstrategien
Ziel	Die Teilnehmenden analysieren ein Transkript zum Rollenspiel und entwickeln Alternativen im Hinblick auf das sprachförderliche Potenzial.
Methode	Transkriptanalyse
Sozialform	Partnergruppe, Großgruppe
Zeitbedarf	45 Minuten
Material/Medien	Transkript „Kochen", „Beim Arzt", „Baby füttern" und „Tiere füttern", Arbeitsblatt „Das Rollenspiel unter der Lupe"
Vorbereitung	Transkripte „Kochen", „Beim Arzt", „Baby füttern" und „Tiere füttern" sowie Arbeitsblatt „Das Rollenspiel unter der Lupe" kopieren
Theoriebezug	siehe Abschnitte 1.3.2, 1.3.3

■ Einstieg/Einführung

Die Leitung stellt die einzelnen Themen der Rollenspiele vor (Kochen, Beim Arzt, Baby füttern, Tiere füttern), die im Mittelpunkt dieses Bausteins stehen. Sie regt die Teilnehmenden an, zu überlegen, welche Bedeutung diese Rollenspiele in ihrer Kita haben.

■ Erarbeitung

Die Teilnehmenden lesen arbeitsteilig Transkripte (je vier Teilnehmende erhalten das gleiche Transkript) und bearbeiten zu zweit die folgenden Aufgaben (vgl. Arbeitsblatt „Das Rollenspiel unter der Lupe").

Aufgabe 1
„Was war in dieser Spielsituation Ihrer Meinung nach besonders sprachförderlich?"

Aufgabe 2
„Welche formalen und inhaltlichen Sprachförderstrategien hat die Erzieherin eingesetzt? Führen Sie zwei Beispiele auf."

Aufgabe 3
„War das Kind/waren die Kinder sprachlich aktiv?"

Aufgabe 4
„Wie hätte das Kind/ hätten die Kinder besser zum Sprechen angeregt werden können?"

■ Auswertung

Abschließend werden die Erkenntnisse und Erfahrungen in der Großgruppe gesammelt und über alle vier Beispiele in den Transkripten zusammengefasst.

■ Varianten/Tipps/Weiterführende Anregungen

Die Teilnehmenden werden dazu angeregt, ein Symbol- und Rollenspiel, an dem sie beteiligt sind, mit der Videokamera oder mit einem Aufnahmegerät aufzunehmen und dann einzelne Sequenzen zu transkribieren. Das Transkript kann dann im Team oder mit einer Partnerin mit Bezug auf die oben aufgeführten Fragen analysiert werden.

Das Rollenspiel unter der Lupe — Arbeitsblatt

Kochen

Beim Arzt

Baby füttern

Tiere füttern

Lesen Sie das Transkript.

Aufgabe 1

Was war in dieser Spielsituation Ihrer Meinung nach besonders sprachförderlich?

Aufgabe 2

Welche formalen und inhaltlichen Sprachförderstrategien hat die Erzieherin eingesetzt? Führen Sie zwei Beispiele auf.

Aufgabe 3

War das Kind/waren die Kinder sprachlich aktiv?

1 gar nicht aktiv — 2 — 3 — 4 — 5 sehr aktiv

Aufgabe 4

Wie hätte das Kind/hätten die Kinder besser zum Sprechen angeregt werden können?

Transkriptauszug: Kochen      **Arbeitsblatt**

Eine Erzieherin und Leon (2;6) stehen in der Spielküche und kochen gemeinsam Gemüse.

Erzieherin	Ha, eine (/)
Leon	Gur.
Erzieherin	Genau. Eine Gurke. Magst du die in den Topf machen? Machen wer noch ne Paprika rein, Leon?
Leon	Ja.
Erzieherin	Legst die auch mal noch in den Topf?
Leon	Ja.
Erzieherin	Und jetzt?
Leon	Des meins.
Erzieherin	Des ist dein Topf? Solln wir den mal noch heiß machen?
Leon	Ja.
Erzieherin	Ja, wo muss der Topf dann hin?
Leon	Auf die Plätte.
Erzieherin	Auf die Herdplatte, genau.
Leon	Drauf.
Erzieherin	Da stells mal drauf, genau. So, guck mal. Hoo, zum Umrühren?
Leon	Ja, nich, nich anbrennen.
Erzieherin	Ja, da musst du gut umrühren, damits nicht anbrennt, genau. Brennt der Mama als was an auf dem Herd, mmh? Ist der Mama schon mal was angebrannt?

Transkriptauszug: Baby füttern

Eine Erzieherin und Eva (2;10) füttern zusammen eine Puppe und legen sie danach schlafen.

Eva	Baby Hunger.
Erzieherin	Hat das Baby Hunger?
Eva	Ja.
Erzieherin	Kannst dus mal füttern?
Eva	Ja.
Erzieherin	Hast du einen Brei gekocht?
Eva	Ja.
Erzieherin	Oh, des is aber viel Brei. So viel Brei hast du gekocht?
Eva	Ja.
Erzieherin	Musst du aber vorher pusten, dass es nicht so heiß ist für das Baby, gell?
Eva	(*pustet*)
Erzieherin	Guck mal, da kannst du den Brei vielleicht auf den Teller machen.
Eva	Ja, mach ich hier auch.
Erzieherin	Vorsicht, dass es nicht alles runterfällt.
Eva	Für Baby.
Erzieherin	Möchtest du das Baby mal füttern? Mit dem Löffel?
Eva	Ja, ja.
Erzieherin	Ja? Guck mal, ich halt den Teller. Kannst es füttern. Schön in den Mund, gell? Hm.

Transkriptauszug: Beim Arzt

Eine Erzieherin und Michelle (2;11) spielen einen Besuch beim Arzt.

Erzieherin	(*sitzt vor der Puppenecke und tippt eine Nummer ins Spielzeugtelefon und hält sich dann den Hörer ans Ohr*) Klingelingeling, klingelingeling.
Michelle	(*nimmt den Hörer des zweiten Telefons in der Puppenecke ab*)
Erzieherin	Ja. Guten Morgen, Frau Doktor Michelle. Wie gehts Ihnen?
Michelle	Gut.
Erzieherin	Oh, Frau Doktor, mir geht es so schlecht. Ich hab so Kopfschmerzen und Halsschmerzen. Und ich hab ganz viel Schnupfen. Was soll ich machen?
Michelle	Hä.
Erzieherin	Darf ich bei Ihnen vorbeikommen, dass sie mich untersuchen können?
Michelle	Ja.
Erzieherin	Okay, dann bis gleich. Tschüss. (*steht auf und geht in die Puppenecke*) So jetzt komm ich bei dir vorbei. Guten Morgen, Frau Doktor Michelle.
Michelle	Guten Morgen.
Erzieherin	Also mein Kopf tut mir ganz arg weh. Bekomm ich jetzt eine Spritze?
Michelle	Ja. (*nimmt die Spritze und hält sie an den Arm der Erzieherin*)
Erzieherin	Aua, aua. (*verzieht ihr Gesicht*)
Michelle	Weh getan?
Erzieherin	Nein, hat nur ein bisschen gepickt. Aber mein Kopf tut mir immer noch ganz arg weh. Und Schnupfen und Husten hab ich auch noch.

Transkriptauszug: Tiere füttern

Eine Erzieherin, Tabea (2;2) und Tom (2;5) spielen mit Tieren und füttern sie.

Erzieherin	Tuut, tutut. Einsteigen, bitte alle einsteigen. Der Zug fährt gleich ab.
Tom	Giraffe.
Erzieherin	Soll die Giraffe auch mitfahren?
Tom	Ja, Giraffe mit. (*setzt die Giraffe auf den Zug und ein Nashorn daneben*)
Erzieherin	Und das Nashorn muss auch noch mit, okay, Aber jetzt kanns losgehen. Tschtschtsch, tuut, tuut. (*lässt die Eisenbahn einmal im Kreis fahren*) So, Bahnhof Zoo. Guten Tag, bitte alle aussteigen. (*nimmt das Nashorn, stellt es auf den Boden und gähnt*) Ahhhh. Das ist müde, das Nashorn. War so eine weite Reise. Ich glaub, des muss jetzt mal was fressen.
Tom	Ja, müde.
Erzieherin	Ich glaub, des muss jetzt mal was fressen.
Tom	(*kramt in der Baukiste und hält einen Baustein in die Höhe auf dem ein Bund Karotten abgebildet ist*) Karotte.
Erzieherin	Eine Karotte für des Nil… für des Nashorn?
Tom	Nilpferd.
Erzieherin	Des Nilpferd? Wir ham nur ein Nashorn. Wo ham wirs? Da ham wirs hingesetzt in unseren Zoo. Aber da gibt's noch ein weiteres Tier.
Tom	Eisbär.
Erzieherin	Ein Eisbär, genau.
Tom	Setz.
Erzieherin	Dann setz es mal dazu.

Baustein 9: Wie bereite ich ein Symbol- und Rollenspiel vor?

Modul 4

Inhalt	Elemente der Vorbereitung
Ziel	Die Teilnehmenden bereiten ein Symbol- und Rollenspiel vor und wiederholen dabei zentrale Inhalte (z. B. Skripts).
Methode	Planung einer Praxisaufgabe
Sozialform	Partnergruppen, Großgruppe
Zeitbedarf	45 Minuten
Material/Medien	Arbeitsblatt „Wie bereite ich ein Symbol- und Rollenspiel vor?"
Vorbereitung	Arbeitsblatt „Wie bereite ich ein Symbol- und Rollenspiel vor?" kopieren
Theoriebezug	siehe Abschnitt 1.4.4

■ Einstieg/Einführung

Folgende Frage wird zum Einstieg gestellt: „Wie bereiten Sie in der Regel ein Symbol- und Rollenspiel vor?"

■ Erarbeitung

Die Teilnehmenden begeben sich in Partnergruppen.

Aufgabe

„Planen Sie ein Symbol- bzw. Rollenspiel, welches Sie in der Praxis mit einem oder mehreren Kindern durchführen werden und das als Praxisaufgabe gefilmt werden soll.

1. Welches Thema wählen Sie?
2. Welche Materialien setzen Sie ein?
3. Welche Skripts kommen zum Einsatz?
4. Welche formalen und inhaltlichen Sprachförderstrategien setzen Sie ein?"

■ Auswertung

Nach der Planung tauschen verschiedene Partnergruppen ihre Erwartungen darüber aus, wie die Kinder reagieren könnten.

■ Varianten/Tipps/Weiterführende Anregungen

■ Praxisaufgabe

„Führen Sie das geplante Symbol- bzw. Rollenspiel in der Praxis durch und filmen Sie diese Spielsituation."

Wie bereite ich ein Symbol- und Rollenspiel vor?

Arbeitsblatt

■ Aufgabe

Planen Sie ein Symbol- bzw. Rollenspiel, welches Sie in der Praxis mit einem oder mehreren Kindern durchführen werden und das als Praxisaufgabe gefilmt werden soll.

1. Welches Thema wählen Sie?

   _____

   _____

2. Welche Materialien setzen Sie ein?

   _____

   _____

3. Welche Skripts kommen zum Einsatz?

   _____

   _____

4. Welche formalen und inhaltlichen Sprachförderstrategien setzen Sie ein?

   _____

   _____

Baustein 10: Lohnt sich die Vorbereitung?   Modul 4

Inhalt	Planung und Realisierung eines Symbol- und Rollenspiels
Ziel	Die Teilnehmenden analysieren eigene und fremde Filme.
Methode	Reflexion einer Praxisaufgabe, Filmanalyse
Sozialform	Einzelaktivität, Großgruppe
Zeitbedarf	30 bis 60 Minuten (je nach Anzahl der Filme und Reflexionsinteresse der Gefilmten)
Material/Medien	Arbeitsblatt „Lohnt sich die Vorbereitung", Laptop/Beamer und Lautsprecher, eigene Filmaufnahmen der Teilnehmer
Vorbereitung	Wenn möglich im Vorhinein Filme der Teilnehmenden sichten und geeignete Szenen auswählen, Laptop/Beamer und Lautsprecher bereitstellen, Arbeitsblatt „Lohnt sich die Vorbereitung?" kopieren
Theoriebezug	siehe Abschnitt 1.4.3

■ Einstieg/Einführung

Zum Einstieg stellt die Leitung folgende Fragen: „Gab es Unterschiede zwischen Ihrer Vorstellung und Erwartung und dem tatsächlichen Ablauf Ihrer geplanten Praxisaufgabe? Was war anders? Was ist eingetroffen?" (vgl. Baustein 9: „Wie bereite ich ein Symbol- und Rollenspiel vor?")

■ Erarbeitung

Aufgabe 1
Füllen Sie das Arbeitsblatt „Lohnt sich die Vorbereitung?" aus, indem Sie sich an Ihre Planung sowie anschließende Realisierung erinnern. Zu welchem Ergebnis, zu welcher Erkenntnis kommen Sie?

Aufgabe 2
Freiwillige präsentieren ihren Film (Ausschnitt) in der Großgruppe. Der Teilnehmende, der seinen Film vorstellt, führt ein, indem er von seinen ursprünglichen Erwartungen berichtet. Nach Beendigung des Films erläutert der Teilnehmende, inwieweit die Erwartungen eingetroffen sind. Er erläutert Abweichungen bzw. Veränderungen.

■ Auswertung

Die Leitung stellt zum Abschluss die Frage: „Wie notwendig ist Ihrer Meinung nach die Vorbereitung des Symbol- und Rollenspiels?"

■ Varianten/Tipps/Weiterführende Anregungen

Das Filmmaterial kann für evtl. stattfindende Coachingbesuche zur Reflexion des sprachlichen Handelns der Erzieherin verwendet werden.
Dieser Baustein eignet sich vor allem dann, wenn sich die Teilnehmenden bereits gut kennen und eine offene Gesprächsatmosphäre herrscht. Es werden nur Filme gezeigt von Teilnehmenden, die ihre Filme freiwillig zur Verfügung stellen bzw. die Analyse ihrer Filme wünschen. Die Filme können auch in Kleingruppen betrachtet werden. Hierzu werden dann jedoch weitere Laptops benötigt.

Lohnt sich die Vorbereitung?

Arbeitsblatt

	Planung	Realisierung	Vergleich/Erkenntnis
Kinder			
Thema			
Ort			
Zeit			
Material			
Skripts			
Sprachförderstrategien			

4.5 Modul 5: Spontane Sprechanlässe & Routinen

Überblick über Bausteine im Modul 5: Spontane Sprechanlässe & Routinen

	Name	Inhalt	Methode	Zeit in Minuten
1	Persönlich bedeutsame Situationen	Spontane Sprechanlässe	Sammeln und Sortieren	45
2	Da is 'ne Snecke!	Äußerungen in spontanen Sprechanlässen Wortschatzarbeit	Sammeln und Sortieren	30
3	Highlights im Alltag	Spontane Sprechanlässe nutzen	Analyse eines Fallbeispiels	30
4	Szenen des Alltags	Handlungsbegleitendes Sprechen	Rollenspiel	30
5	Interessante Routinen	Routinesituationen	Sammeln und Sortieren, Planung einer Praxisaufgabe	30
6	Meine Lieblingsroutine	Routinesituationen, formale und inhaltliche Sprachförderstrategien	Reflexion einer Praxisaufgabe	30 (pro Film)
7	Beim Wickeln	Routinesituation, formale und inhaltliche Sprachförderstrategien	Filmanalyse, Transkriptanalyse	30
8	An der Garderobe	Routinesituation	Filmanalyse, Transkriptanalyse	30

Baustein 1: Persönlich bedeutsame Situationen — Modul 5

Inhalt	Spontane Sprechanlässe
Ziel	Die Teilnehmenden identifizieren spontane Sprechanlässe für die Sprachförderarbeit.
Methode	Sammeln und Sortieren
Sozialform	Partnergruppe, Großgruppe
Zeitbedarf	45 Minuten
Material/Medien	Karteikarten, Stellwand/Tafel
Vorbereitung	Arbeitsmaterialien bereitstellen
Theoriebezug	siehe Abschnitt 1.4.5

■ Einstieg/Einführung

Die Teilnehmenden sammeln mit einer Partnerin drei spontane Sprechanlässe aus ihrem Alltag und schreiben diese auf Karteikarten. Die Teilnehmenden sortieren die spontanen Sprechanlässe an einer Stellwand oder Tafel. Die Leitung moderiert ein Gespräch darüber, welche Situationen benannt wurden und welche fehlen.

■ Erarbeitung

Aufgabe 1
„Überlegen Sie mit Ihrer Partnerin, welche Situationen für Sie im Vordergrund stehen."

Aufgabe 2
„Wie lassen sich diese spontanen Sprechanlässe begleiten bzw. fördern? Schreiben Sie mit Ihrer Partnerin zu einem Beispiel auf, wie dieser spontane Sprechanlass genutzt werden kann."

■ Auswertung

Nach der Erarbeitungsphase tauschen sich jeweils zwei Partnergruppen über ihre Überlegungen aus. Im Anschluss daran können Beispiele in der Großgruppe vorgestellt werden.

■ Varianten/Tipps/Weiterführende Anregungen

Die Leitung stellt folgende Frage zur Diskussion: „Welche spontanen Sprechanlässe sind besonders geeignet, um Kinder sprachlich anzuregen?"
Die Leitung kann ggf. nach der Durchführung dieses Bausteins eine Liste erstellen, die die vorgeschlagenen spontanen Sprechanlässe der Teilnehmenden beinhaltet. Diese Liste kann in Baustein 2 „Da is 'ne Snecke!" zum Einstieg verwendet werden.

Baustein 2: Da is 'ne Snecke! — Modul 5

Inhalt	Äußerungen in spontanen Sprechanlässen, Wortschatzarbeit
Ziel	Die Teilnehmenden reflektieren die spontanen Äußerungen einer Erzieherin in einer Situation und bewerten diese.
Methode	Sammeln und Sortieren
Sozialform	Einzelarbeit, Partnergruppe, Großgruppe
Zeitbedarf	30 Minuten
Material/Medien	Arbeitsblatt „Da is 'ne Snecke!", ggf. Auflistung spontaner Sprechanlässe (vgl. Baustein 1 „Persönlich bedeutsame Situationen"; siehe Varianten/Tipps/Weiterführende Anregungen)
Vorbereitung	Arbeitsblatt „Da is 'ne Snecke!" und ggf. Auflistung spontaner Sprechanlässe kopieren
Theoriebezug	siehe Abschnitt 1.4.5

■ Einstieg/Einführung

Die Teilnehmenden erhalten eine Auflistung spontaner Sprechanlässe (vgl. Baustein 1: „Persönlich bedeutsame Situationen", siehe Varianten/Tipps/Weiterführende Anregungen) oder erstellen gemeinsam mit der Leitung eine Liste spontaner Sprechanlässe.

■ Erarbeitung

Die Teilnehmenden lesen das Fallbeispiel und die darauf folgenden verschiedenen Äußerungen einer Erzieherin in dieser Situation.

Aufgabe 1
„Identifizieren Sie aus den beiliegenden Äußerungen drei für das beteiligte Kind besonders hilfreiche Äußerungen."

Aufgabe 2
„Vergleichen Sie Ihre Überlegungen mit denen einer Partnerin. Wie kann man auch vermeintlich weniger hilfreiche Äußerungen noch nutzen?"

Aufgabe 3
„Bitte holen Sie die Liste spontaner Sprechanlässe hervor und notieren Sie zu drei ausgewählten Sprechanlässen drei Begriffe, die hier thematisiert werden könnten (z. B. Da is 'ne Snecke: Fühler, glitschig, kriechen)."

■ Auswertung

Im Anschluss findet eine Gesamtreflexion in der Großgruppe statt.

■ Varianten/Tipps/Weiterführende Anregungen

Die Leitung diskutiert die folgenden Fragen in der Großgruppe: „Unter welchen Rahmenbedingungen können diese spontanen Sprechanlässe ihre Wirkung entfalten? Wie können wir diese ermöglichen?"

Da is 'ne Snecke!

Arbeitsblatt

Eine Erzieherin sitzt am Basteltisch ihres Gruppenraums. Da kommt Mandy (2;7) und streckt ihr eine Schnecke entgegen und sagt: „Da is 'ne Snecke!"

 „Ihh, die ist ja ekelig."

 „Wo hast du die denn her?"

 „Hast du eine Schnecke gefunden?"

 „Ja genau, dass ist eine Weinbergschnecke."

 „Zeig des mal Janni."

 „Zeig mal her!"

 „Was ist das für eine?"

 „Was frisst denn so eine Schnecke?"

 „Ja, das ist eine Schnecke."

 „Die hat ja ein Schneckenhaus."

 „Die gehört in den Garten und nicht in den Kindergarten."

 „Du meinst, das ist eine **Sch**necke. Sag mal **Sch**necke."

Baustein 3: Highlights im Alltag — Modul 5

Inhalt	Spontane Sprechanlässe nutzen
Ziel	Die Teilnehmenden führen sich eine Alltagssituation vor Augen, in der sie mit einem Kind überraschend ins Gespräch gekommen sind und analysieren diese Situation.
Methode	Analyse eines Fallbeispiels
Sozialform	Einzelaktivität, Partnergruppe, Großgruppe
Zeitbedarf	30 Minuten
Material/Medien	Arbeitsblatt „Highlights im Alltag"
Vorbereitung	Arbeitsblatt „Highlights im Alltag" kopieren
Theoriebezug	siehe Abschnitt 1.4.5

■ Einstieg/Einführung

Die Teilnehmenden erhalten zum Einstieg einen Auftrag: „Telefonieren Sie mit Ihrer Kollegin und berichten Sie Ihr begeistert von einem Highlight, das Sie im Kindergarten erlebt haben. (z. B. Sie haben mit einem Kind oder mehreren Kindern ein tolles Gespräch über das Sommerfest geführt)."

■ Erarbeitung

Die Teilnehmenden analysieren ihr „Highlight" anhand des Arbeitsblatts „Highlights im Alltag".

Aufgabe 1
„Beschreiben Sie Ihr eigenes „Highlight" stichwortartig."

Aufgabe 2
„Wie konnte dieses „Highlight" zustande kommen? Durch welche Bedingungen wurde es begünstigt?"

Aufgabe 3
„Wie kann man solche sich zufällig ergebenden Situationen zur Sprachbildung nutzen?"

■ Auswertung

Die Teilnehmenden diskutieren in der Großgruppe folgende Frage: „Wie können günstige Bedingungen für „Highlights" im Alltag geschaffen werden?"

■ Varianten/Tipps/Weiterführende Anregungen

Das Transkript „Ich will keinen Oktopus essen" (vgl. DVD) als positives Beispiel präsentieren und ggf. analysieren.

Highlights im Alltag — Arbeitsblatt

■ Aufgabe 1
Beschreiben Sie Ihr eigenes „Highlight" stichwortartig.

_____
_____
_____
_____

■ Aufgabe 2
Wie konnte dieses „Highlight" zustande kommen? Durch welche Bedingungen wurde es begünstigt?

_____
_____
_____
_____

■ Aufgabe 3
Wie kann man solche sich zufällig ergebenden Situationen zur Sprachbildung nutzen?

_____
_____
_____
_____

Baustein 4: Szenen des Alltags

Modul 5

Inhalt	Handlungsbegleitendes Sprechen
Ziel	Die Teilnehmenden analysieren Einflussfaktoren, um in Routinesituationen erfolgreiche Gespräche anzuregen.
Methode	Rollenspiel
Sozialform	Einzelaktivität, Partnergruppe
Zeitbedarf	30 Minuten
Material/Medien	Kärtchen „Szenen des Alltags", „Reflex-Eck" (siehe Abschnitt 8.2)
Vorbereitung	Kärtchen „Szenen des Alltags" ausdrucken und ausschneiden (je nach Größe der Gruppe auch mehrmals ausdrucken), „Reflex-Eck" kopieren
Theoriebezug	siehe Abschnitt 1.3.2

■ Einstieg/Einführung

Jeder Teilnehmende zieht ein Kärtchen (vgl. Kärtchen „Szenen des Alltags") mit jeweils einer Situation aus dem Kindergartenalltag. Anschließend werden die Teilnehmenden gebeten, sich zu überlegen, wie man eine solche Situationen sprachlich begleiten könnte. Die Teilnehmenden machen sich dazu Notizen.

■ Erarbeitung

Die Teilnehmenden bilden Partnergruppen und setzen ihre Überlegungen in einem Rollenspiel um. Die Partnerinnen überlegen anhand dieses Impulses, ob sie in dieser oder einer vergleichbaren Situation schon einmal mit einem Kind ins Gespräch gekommen sind und welche Faktoren dies begünstigt haben. Hierzu nehmen die Partnergruppen das „Reflex-Eck" als Gesprächsgrundlage zu Hilfe.

■ Auswertung

Abschließend beschäftigen sich die Partnergruppen mit folgender Fragestellung: „Was könnten Sie verändern, um solche Situationen häufiger entstehen zu lassen?"

■ Varianten/Tipps/Weiterführende Anregungen

Wenn in der Gruppe eine vertraute Atmosphäre herrscht, können die Teilnehmenden ausgewählte Rollenspiele in der Großgruppe präsentieren.

Szenen des Alltags — Kärtchen

Begrüßung am Morgen	Verabschiedung am Nachmittag	Anziehen nach dem Turnen	Ausziehen vor dem Turnen	Wickeln
Spülmaschine ausräumen	Zähne putzen	Frühstücken	Mittagessen	Brot schmieren
Geschirr spülen	Tisch decken	Ins Bett bringen	Blumen gießen	Hände waschen
Spülmaschine einräumen	Auf die Toilette begleiten	Tee kochen	Etwas aufhängen (z. B. Speiseplan, Bilder)	Namensliste führen/ überprüfen
Obst schneiden	Tisch abräumen	Spazieren gehen	Im Garten	Gruppenraum aufräumen

■ „Reflex-Eck"

Durch welche Faktoren wird die Sprachfördersituation beeinflusst?

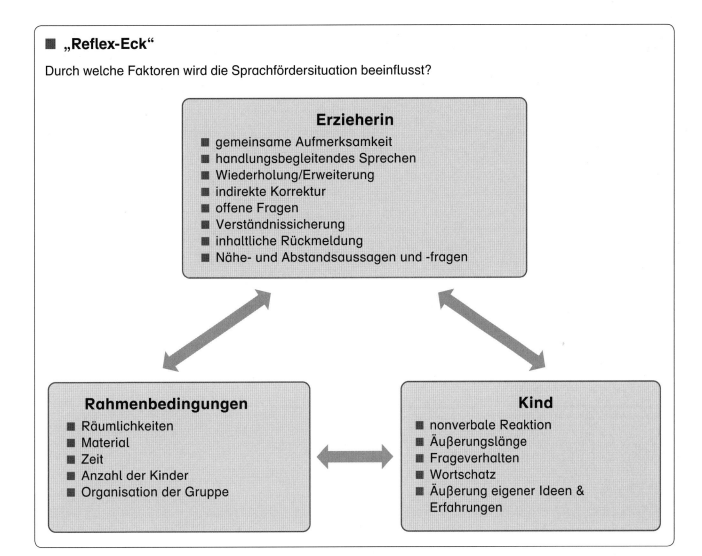

Baustein 5: Interessante Routinen — Modul 5

Inhalt	Routinesituationen
Ziel	Die Teilnehmenden erkennen, *welche* Routinesituationen *wie* für Sprachbildung genutzt werden können.
Methode	Sammeln und Sortieren, Planung einer Praxisaufgabe
Sozialform	Einzelaktivität, Partnergruppe, Großgruppe
Zeitbedarf	30 Minuten
Material/Medien	Arbeitsblatt „Interessante Routinen", Tafel/Flipchart
Vorbereitung	Arbeitsblatt „Interessante Routinen" kopieren
Theoriebezug	siehe Abschnitt 1.4.5

■ Einstieg/Einführung

Zu Beginn wird folgende Frage an die Teilnehmenden gestellt: „Welche Routinesituationen haben Sie tagtäglich durchzuführen?" Die Antworten der Teilnehmenden werden an einer Tafel/Flipchart gesammelt. Es findet ein Austausch mit den Teilnehmenden über ihre mit den Routinesituationen verbundenen Emotionen und Motivationen statt.

■ Erarbeitung

Die Teilnehmenden erhalten das Arbeitsblatt „Interessante Routinen" und füllen es aus.

Aufgabe 1
„Welche Routinesituation führe ich sehr gerne, welche sehr ungern durch?"

Aufgabe 2
„Wie nutze ich diese Situationen, um die sprachliche Entwicklung der beteiligten Kinder anzuregen?"

Aufgabe 3
„Wie können solche Routinesituationen besser genutzt werden? Welches Sprachförderpotenzial steckt in den jeweiligen Routinesituationen?"

■ Auswertung

Im Anschluss findet ein Austausch in einer Partnergruppe statt. Die Teilnehmenden notieren sich zudem, welche Routinesituation sie in ihrer Praxis filmen werden (vgl. Praxisaufgabe unten).

■ Varianten/Tipps/Weiterführende Anregungen

Die Auswertung kann auch in der Großgruppe in Form einer kurzen Blitzlichtrunde stattfinden.

■ Praxisaufgabe

„Filmen Sie sich in einer der besprochenen Routinesituationen mit einem oder mehreren Kindern!"

Interessante Routinen — Arbeitsblatt

Welche Routinesituationen haben Sie täglich durchzuführen? Wie gerne führen Sie diese durch? Wie gerne führen Sie diese durch? Fügen Sie weitere Beispiele aus Ihrer Praxis hinzu!

Routinesituation	sehr gerne	gerne	ungern	sehr ungern	Wie nutze ich die Situation?	Potenzial für Sprachbildung
Wickeln						
Tisch decken						

Baustein 6: Meine Lieblingsroutine

Modul 5

Inhalt	Routinesituationen, formale und inhaltliche Sprachförderstrategien
Ziel	Den Teilnehmenden wird der Einsatz von Sprachförderstrategien in Alltagssituationen bewusst gemacht.
Methode	Reflexion einer Praxisaufgabe
Sozialform	Vierergruppe
Zeitbedarf	30 Minuten (pro Film)
Material/Medien	Arbeitsblatt „Meine Lieblingsroutine", Laptops für Partnergruppen
Vorbereitung	Arbeitsblatt „Meine Lieblingsroutine" kopieren (mindestens drei Kopien für jeden Teilnehmenden anfertigen, ist von der jeweiligen Gruppengröße abhängig), Laptops bereitstellen
Theoriebezug	siehe Abschnitte 1.3.2, 1.3.3, 1.4.5

■ Einstieg/Einführung

Die Teilnehmenden begeben sich in eine Vierergruppe und tauschen sich über ihre Erfahrungen bei der Durchführung der Praxisaufgabe aus.

■ Erarbeitung

Aufgabe

Die Teilnehmenden betrachten in der Vierergruppe nacheinander die eigenen Filmaufnahmen bzw. Ausschnitte aus den eigenen Filmaufnahmen und machen sich auf dem Arbeitsblatt „Meine Lieblingsroutine" Notizen.

Folgende Fragen stehen im Mittelpunkt

- „Wie wurde die sprachliche Entwicklung des Kindes/der Kinder angeregt?"
- „Welche formalen Sprachförderstrategien wurden angewendet?"
- „Welche inhaltlichen Sprachförderstrategien wurden angewendet?"
- „Wie haben die beteiligten Kinder reagiert?"

■ Auswertung

Die Teilnehmenden machen nach jeder gesichteten Filmaufnahme der jeweiligen Akteurin ein Kompliment und benennen ein gesehenes „Highlight".
Nachdem alle Filmaufnahmen in den Vierergruppen betrachtet wurden, beschäftigen sich die Teilnehmenden abschließend mit folgenden Fragen: „Was ist meine Lieblingsroutine? Welche Routine hat Potenzial meine Lieblingsroutine zu werden."

■ Varianten/Tipps/Weiterführende Anregungen

Falls sich nicht alle Teilnehmenden in der Praxis gefilmt haben, wäre es sinnvoll, wenn die Vierergruppen auch dementsprechend zusammengesetzt werden, d.h. Teilnehmende, die sich gefilmt haben mit Teilnehmenden, die sich nicht gefilmt haben.

Meine Lieblingsroutine

Arbeitsblatt

Name: _____ Routinesituation: _____

■ Aufgabe

Wie wurde die sprachliche Entwicklung des Kindes/der Kinder **angeregt**?

_____
_____
_____

Welche **formalen** Sprachförderstrategien wurden angewendet?

_____
_____
_____

Welche **inhaltlichen** Sprachförderstrategien wurden angewendet?

_____
_____
_____

Wie haben die beteiligten Kinder **reagiert**?

_____
_____
_____

Baustein 7: Beim Wickeln

Modul 5

Inhalt	Routinesituation, formale und inhaltliche Sprachförderstrategien
Ziel	Die Teilnehmenden analysieren eine Routine im Hinblick auf ihre Bildungsfunktion.
Methode	Filmanalyse, Transkriptanalyse
Sozialform	Einzelarbeit, Großgruppe
Zeitbedarf	30 Minuten
Material/Medien	Transkript „Beim Wickeln", Arbeitsblatt „Beim Wickeln", Videoausschnitt „Beim Wickeln", Laptop/Beamer und Lautsprecher
Vorbereitung	Videoausschnitt vorab sichten, Transkript „Beim Wickeln" und Arbeitsblatt „Beim Wickeln" kopieren, Laptop/Beamer und Lautsprecher bereitstellen
Theoriebezug	siehe Abschnitte 1.4.5, 1.3.2, 1.3.3

▬ Einstieg/Einführung

Die Leitung steigt mit folgender Frage ein: „Wie ist bei Ihnen in der Einrichtung die Wickelsituation organisiert?"

▬ Erarbeitung

Aufgabe 1
„Betrachten Sie den Film und vergleichen Sie ihn mit eigenen Wickelsituationen."

Aufgabe 2
„Sichten Sie das Transkript
- Welche formalen und inhaltlichen Sprachförderstrategien setzt die Erzieherin ein?
- Markieren Sie diese farbig im Transkript.
- Wie reagiert das Kind?"

▬ Auswertung

Zum Abschluss beschäftigen sich die Teilnehmenden mit folgender Frage: „Sollte Wickeln auch als Bildungssituation genutzt werden?"

▬ Varianten/Tipps/Weiterführende Anregungen

Die Teilnehmenden diskutieren gemeinsam, wodurch Situationen zu Bildungssituationen werden.

Beim Wickeln

Arbeitsblatt

■ Aufgabe 1

Betrachten Sie den Film und vergleichen Sie ihn mit eigenen Wickelsituationen.

_____
_____
_____

■ Aufgabe 2

Sichten Sie das Transkript.
- Welche formalen und inhaltlichen Sprachförderstrategien setzt die Erzieherin ein?
- Markieren Sie diese farbig im Transkript.
- Wie reagiert das Kind?

_____
_____
_____

■ Transkriptauszug: Beim Wickeln

Die Erzieherin wickelt Felix (2;3) im Badezimmer der Einrichtung.

Erzieherin	Schau mal, jetzt gucken wir mal. Hose runter und die Strumpfhose, Pullover ein bisschen hoch. Oh, was seh ich denn da?
Felix	Ein Bauch.
Erzieherin	(*lacht*) Der Bauch? Und auf deinem Body, was is denn da drauf? Weißt du das, Felix?
Felix	Bauchnabel.
Erzieherin	Hast du das gesehen?
Felix	Ja.
Erzieherin	Da is ein Schlitten drauf und ein Hund.
Felix	Ja.
Erzieherin	Ja? Guck mal, ich zeigs dir mal. Ich mach mal die Knöpfe auf, damit du des sehen kannst. Vielleicht kann ichs dir ein bisschen hochhalten. Schau mal, siehst du des?
Felix	Ja.
Erzieherin	(*zeigt*) Da!
Felix	Ja.
Erzieherin	Da sitzt die Maus aufm Schlitten. Gell? So, jetzt suchen wir uns mal eine Windel aus, Felix, schau mal. Magst du dir eine aussuchen?

Baustein 8: An der Garderobe   Modul 5

Inhalt	Routinesituation
Ziel	Die Teilnehmenden analysieren eine Routinesituation im Hinblick auf ihre Bildungsfunktion.
Methode	Filmanalyse, Transkriptanalyse
Sozialform	Einzelarbeit, Partnergruppe, Großgruppe
Zeitbedarf	30 Minuten
Material/Medien	Transkript „An der Garderobe", Videoausschnitt „An der Garderobe", Laptop/Beamer und Lautsprecher
Vorbereitung	Videoausschnitt vorab sichten, Transkript „An der Garderobe" kopieren, Laptop/Beamer und Lautsprecher bereitstellen
Theoriebezug	siehe Abschnitt 1.4.5

■ Einstieg/Einführung
Die Teilnehmenden erhalten zu Beginn folgende Fragestellung: „Wie läuft in Ihrer Einrichtung die An- und Ausziehsituation ab?"

■ Erarbeitung
Die Teilnehmenden betrachten die Filmszene und erhalten danach das dazugehörende Transkript „An der Garderobe".

Aufgabe
„Wie ist es der Erzieherin gelungen mit dem Kind ins Gespräch zu kommen und im Gespräch zu bleiben?"
Die Teilnehmenden machen sich zu dieser Aufgabe in Einzelarbeit Notizen und besprechen dann ihre Überlegungen mit einer Partnerin.

■ Auswertung
Abschließend wird folgende Frage in der Großgruppe diskutiert: „Hat die An- und Ausziehsituation (Routine) für mich Potenzial zur Sprachbildung? Werde ich in Zukunft meine Aufmerksamkeit auf diese Situation richten?"

■ Varianten/Tipps/Weiterführende Anregungen
Die Teilnehmenden diskutieren das Sprachförderpotenzial anderer Routinesituationen in der Großgruppe (z. B. Aufräumen, Begrüßung am Morgen, Wickeln).

An der Garderobe

Arbeitsblatt

■ Transkriptauszug: An der Garderobe

Die Erzieherin und Amelie (2;8) stehen an der Garderobe.

Erzieherin	Was isch da? Soll mir nachher vorne rausgehn? Nach vorn, vorne draußen mal gucken. Aber draußen ischs kalt, du! (*reibt sich ihre Arme*)
Amelie	Was?
Erzieherin	Draußen ischs kalt. Es hat geschneit vorhin, draußen ischs kalt. Was braucht ma dann? Was muss ma dann noch anziehn?
Amelie	Ähm, eine Mütze.
Erzieherin	Eine Mütze. (*schaut hinauf zur Garderobe*) Holsch du mal deine Mütze?
Amelie	(*dreht sich um und steigt auf die Bank*)
Erzieherin	Wie siehtn deine Mütze heute aus?
Amelie	Ähm, ein Pinguin.
Erzieherin	Ein Pinguin! (*hilft dem Kind*) Achtung, Kopf, Achtung, Achtung, Achtung! Jetz hol mal deine Pinguinmütze.
Amelie	(*greift nach der Mütze und reicht sie der Erzieherin*)
Erzieherin	Ja super! Danke. Kommsch runter? (*hält dem Kind ihre Hand hin*)
Amelie	(*greift nach der Hand und steigt von der Bank*)
Erzieherin	(*betrachtet die Mütze*) An was erkennt ma denn, dass des ein Pinguin isch?
Amelie	Ähm, alles schwarz.
Erzieherin	Genau, der is überall ganz schwarz ge! (*berührt den Schnabel des Pinguins*) Aber da, guck ma, da isch er gar net schwarz. Was ischn des?

4.6 Modul 6: Markt & Möglichkeiten (Stationenarbeit)

Überblick über die Bausteine (Stationen) im Modul 6: Markt & Möglichkeiten

	Namen der einzelnen Stationen	Inhalt	Methoden
1	Baby füttern (Station 1)	Zusammenhängende Handlungen (Skripts)	Filmanalyse
2	Neues Ausprobieren (Station 2)	Symbol- und Rollenspiel	Sammeln und Sortieren
3	Gestaltung einer Rollenspielecke (Station 3)	Symbol- und Rollenspiel	Sammeln und Sortieren
4	In der Küche ist es dunkel (Station 4)	Gemeinsame Aufmerksamkeit	Rollenspiel
5	Joghurtbecher (Station 5)	Formale und inhaltliche Sprachförderstrategien, Spiel- und Angebotssituation	Filmanalyse
6	Häschen in der Grube (Station 5)	Symbol- und Rollenspiel, Kinderlieder	Sammeln und Sortieren
7	Hitliste (Station 7)	Alltagssituationen	Sammeln und Sortieren, Erarbeitung von Fallbeispielen
8	Sag mal aaahh! (Station 8)	Sprachmodell, Bilderbuchbetrachtung	Erarbeitung von Fallbeispielen
9	Was der Büchermarkt anbietet (Station 9)	Fachliteratur und Materialien zu Sprache und Sprachbildung, Bilderbücher	Sammeln und Sortieren
10	Transfer in den Alltag (Station 10)	Sprachförderliche Situationen, formale und inhaltliche Sprachförderstrategien	Bearbeitung eines Fragebogens

Markt der Möglichkeiten (Allgemeine Einführung) — Modul 6

Inhalt	Sprachförderstrategien, Bilderbuchbetrachtung, Spiel- und Angebotssituation, Symbol- und Rollenspiel, Alltagssituation, gemeinsame Aufmerksamkeit, zusammenhängende Handlungen
Ziel	Die Teilnehmenden wiederholen die Lerninhalte, vertiefen diese und wenden sie mithilfe praktischer Beispiele an (Transfer). Im abschließenden Zusammentragen der Ergebnisse erhalten die Teilnehmenden einen Überblick.
Methode	Stationenarbeit
Sozialform	Einzelaktivität, Partnergruppe, Kleingruppe, Großgruppe (in der Regel arbeiten zwei – maximal vier Personen einzeln, in Partner- oder Vierergruppe an einer Station)
Zeitbedarf	ca. 5 Stunden, optimal ein Weiterbildungstag (vormittags Bearbeitung der Stationen, nachmittags Auswertung und Reflexion der Stationen)
Material/Medien	Laufzettel, ggf. Schilder mit Namen der einzelne Stationen
Vorbereitung	Laufzettel kopieren, ggf. Schilder anfertigen
Theoriebezug	siehe Kapitel 1

■ Einführung

Zum Einstieg erhalten die Teilnehmenden einen Überblick zum Ablauf der Stationenarbeit. Orientierung bietet dabei der Laufzettel, den sie zu Beginn ausgeteilt bekommen. Der Laufzettel gibt eine Übersicht über die einzelnen Stationen und dient der Einschätzung der Bedeutung der einzelnen Stationen für die eigene Sprachförderarbeit. An den Stationen liegen Aufgaben aus, deren Inhalte den Teilnehmenden teilweise bereits bekannt sind, nun aber in anderer Form wiederholt werden. Die Übungen sind selbsterklärend und nach freier Zeiteinteilung zu bearbeiten.
An jeder Station befindet sich eine Schachtel als Briefkasten, in diese legen die Teilnehmenden ihre Ergebnisse zu den Aufgaben.

Die Stationenarbeit besteht aus folgenden Teilen:

■ Bearbeitung der Stationen

Die Teilnehmenden bearbeiten vormittags die einzelnen Stationen.

■ Auswertung und Reflexion der Stationen

Nachdem die Teilnehmenden alle Stationen bearbeitet haben, gehen sie nachmittags in Partnergruppen zusammen und suchen sich eine Station ihrer Wahl aus. Dort finden sie **Arbeitsblätter** zur Auswertung der Stationen und die Überlegungen und Antworten in den Briefkästen. Diese werden von den Teilnehmenden ausgewertet und die Ergebnisse im Anschluss in der Großgruppe präsentiert.

■ Varianten/Tipps/Weiterführende Anregungen

Die Anzahl der Stationen und der jeweiligen Arbeitsplätze sind für eine Gruppengröße von 16 Personen ausgelegt. Bei kleineren bzw. größeren Gruppen können Stationen weggelassen bzw. neue Stationen hinzugenommen werden.

Laufzettel — Arbeitsblatt

Station		bearbeitet	Welche Bedeutung wird diese Station Ihrer Meinung nach für Ihre weitere Sprachförderarbeit haben?			
			sehr große Bedeutung	große Bedeutung	weniger große Bedeutung	gar keine Bedeutung
1.	Baby füttern					
2.	Neues Ausprobieren					
3.	Gestaltung einer Rollenspielecke					
4.	In der Küche ist es dunkel					
5.	Joghurtbecher					
6.	Häschen in der Grube					
7.	Hitliste					
8.	Sag mal aaahh!					
9.	Was der Büchermarkt anbietet					
10.	Transfer in den Alltag					

Baustein 1: Baby füttern (Station 1) — Modul 6

Inhalt	Zusammenhängende Handlungen (Skripts)
Ziel	Die Teilnehmenden sehen sich eine Filmszene an und bauen das darin gezeigte Skript aus.
Methode	Filmanalyse
Sozialform	Partnergruppe
Material/Medien	Arbeitsblatt „Baby füttern", Videoausschnitt „Baby füttern" Laptop, Karteikarten, Stifte, Briefkasten, Auswertungsblatt „Baby füttern" (S. 176)
Vorbereitung	Arbeitsblatt und Auswertungsblatt „Baby füttern" kopieren, übrige Materialien bereitstellen

■ Bearbeitung der Station

Arbeitsauftrag 1
„Sehen Sie sich die Filmszene an."

Arbeitsauftrag 2
„Schreiben Sie möglichst viele Ideen auf, wie das Skript „Baby füttern" ausgebaut werden kann (jeweils eine Handlung auf eine Karteikarte). Legen Sie Ihre Karteikarten in den Briefkasten."

■ Auswertung und Reflexion der Station

Arbeitsauftrag 1
„Sichten Sie die Karteikarten der Teilnehmenden und sortieren Sie diese nach Handlungen. Welche Handlungen wurden häufig, welche wurden weniger häufig aufgeführt?"

Arbeitsauftrag 2
„Fügen Sie aus den einzelnen Handlungen ein umfassendes Skript zusammen."
„Stellen Sie Ihre Ergebnisse in der Großgruppe vor."

■ Varianten/Tipps/Weiterführende Anregungen

Hier kann auch eine andere (eigene) Filmszene verwendet werden.
Das Skript kann bzw. die einzelnen Karteikarten können auch an einer Stellwand befestigt werden.

Baby füttern (Station 1)

■ Arbeitsauftrag 1

Sehen Sie sich die Filmszene an.

■ Arbeitsauftrag 2

Schreiben Sie möglichst viele Ideen auf, wie das Skript „Baby füttern" ausgebaut werden kann (jeweils eine Handlung auf eine Karteikarte).

Legen Sie Ihre Karteikarten in den Briefkasten.

Baustein 2: Neues Ausprobieren (Station 2) — Modul 6

Inhalt	Symbol- und Rollenspiel
Ziel	Die Teilnehmenden überlegen sich ein Symbol- und Rollenspiel zu einem Thema, an dem sie sich bisher kaum beteiligt haben.
Methode	Sammeln und Sortieren
Sozialform	Einzelaktivität
Material/Medien	Arbeitsblatt „Neues Ausprobieren", Blätter DIN A4, Stifte, Briefkasten, Auswertungsblatt „Neues Ausprobieren" (S. 176)
Vorbereitung	Arbeitsblatt und Auswertungsblatt „Neues Ausprobieren" kopieren, übrige Materialien bereitstellen

■ Bearbeitung der Station

Arbeitsauftrag 1
„Überlegen Sie sich ein Rollenspiel zu einem Thema, an dem Sie sich bisher kaum oder noch nicht beteiligt haben. Schreiben Sie dieses auf ein Blatt."

Arbeitsauftrag 2
„Überlegen Sie sich, wie Sie bei diesem Spiel mitspielen können und schreiben Sie Ihre Überlegungen auf die Rückseite des Blattes."

„Legen Sie Ihr Blatt in den Briefkasten."

■ Auswertung und Reflexion der Station

Arbeitsauftrag 1
„Sichten Sie die verfassten Symbol- und Rollenspiele und geben Sie einen Überblick, welche Themen ausgesucht und welche Möglichkeiten gefunden wurden, sich an dem Spiel der Kinder zu beteiligen."

Arbeitsauftrag 2
„Wählen Sie drei Ihrer Meinung nach besonders gelungene Beispiele aus und begründen Sie Ihre Auswahl."
„Stellen Sie Ihre Ergebnisse in der Großgruppe vor."

■ Varianten/Tipps/Weiterführende Anregungen

Die Teilnehmenden überlegen sich ein Angebot, an dem Sie sich bisher kaum oder nicht beteiligt haben.

Neues Ausprobieren (Station 2)

■ Arbeitsauftrag 1

Überlegen Sie sich ein Rollenspiel zu einem Thema, an dem Sie sich bisher kaum oder noch nicht beteiligt haben. Schreiben Sie dieses auf ein Blatt.

■ Arbeitsauftrag 2

Überlegen Sie sich, wie Sie bei diesem Spiel mitspielen können und schreiben Sie Ihre Überlegungen auf die Rückseite des Blattes.

Legen Sie Ihr Blatt in den Briefkasten.

Baustein 3: Gestaltung einer Rollenspielecke (Station 3) — Modul 6

Inhalt	Symbol- und Rollenspiel
Ziel	Die Teilnehmenden planen ein Symbol- und Rollenspiel.
Methode	Sammeln und Sortieren
Sozialform	Einzelaktivität
Material/Medien	Arbeitsblatt „Gestaltung einer Rollenspielecke", Blätter DIN A4, Farbstifte, Karteikarten, Briefkasten, Auswertungsblatt „Gestaltung einer Rollenspielecke" (S. 176)
Vorbereitung	Arbeitsblatt und Auswertungsblatt „Gestaltung einer Rollenspielecke" kopieren, übrige Materialien bereitstellen

■ Bearbeitung der Station

Arbeitsauftrag 1
„Überlegen Sie, zu welchem Thema Sie eine neue Rollenspielecke einrichten könnten. Malen Sie diese Rollenspielecke auf."

Arbeitsauftrag 2
„Beantworten Sie die folgenden Fragen:
a) Welche Materialien könnten Sie den Kindern zur Verfügung stellen?
b) Was würden die Kinder spielen?
c) Wie könnten Sie mitspielen bzw. sich an dem Spiel beteiligen?
Notieren Sie Ihre Überlegungen auf eine Karteikarte und heften Sie diese an Ihr Blatt.
Legen Sie Ihr Blatt in den Briefkasten."

■ Auswertung und Reflexion der Station

Arbeitsauftrag 1
„Sichten Sie die Pläne der Rollenspielecken und schreiben Sie auf, welche Ideen zur Gestaltung der Rollenspielecken Ihrer Meinung nach besonders gelungen sind."

Arbeitsauftrag 2
„Sichten Sie die Karteikarten und erstellen Sie einen Überblick über die bevorzugten Materialien, die Themen der Kinder und wie sich die Teilnehmenden beteiligen würden."
„Stellen Sie Ihre Ergebnisse in der Großgruppe vor."

■ Varianten/Tipps/Weiterführende Anregungen

Die Poster zu den Rollenspielecken können im Raum aufgehängt werden, damit auch die anderen Teilnehmenden die Möglichkeit haben, alle Rollenspielecken zu betrachten.

Gestaltung einer Rollenspielecke (Station 3)

■ Arbeitsauftrag 1

Überlegen Sie, zu welchem Thema Sie eine neue Rollenspielecke einrichten könnten.
Malen Sie diese Rollenspielecke auf.

■ Arbeitsauftrag 2

Beantworten Sie die folgenden Fragen:
a) Welche Materialien könnten Sie den Kindern zur Verfügung stellen?
b) Was würden die Kinder spielen?
c) Wie könnten Sie mitspielen bzw. sich an dem Spiel beteiligen?

Notieren Sie Ihre Überlegungen auf einer Karteikarte und heften Sie diese an Ihr Blatt.
Legen Sie das Blatt in den Briefkasten.

Baustein 4: In der Küche ist es dunkel (Station 4) — Modul 6

Inhalt	Gemeinsame Aufmerksamkeit
Ziel	Die Teilnehmenden versuchen mithilfe einer „Taschenlampe" gemeinsame Aufmerksamkeit herzustellen und mit dem Partner ins Gespräch zu kommen.
Methode	Rollenspiel
Sozialform	Partnergruppe
Material/Medien	Arbeitsblatt „In der Küche ist es dunkel", Bilderbuchseite (siehe Abschnitt 8.2), Folien, schwarzer und weißer Fotokarton o. Ä. (ggf. noch andere Farben), Karteikarten, Stifte, Briefkasten, Auswertungsblatt „In der Küche ist es dunkel" (S. 176)
Vorbereitung	Arbeitsblatt und Auswertungsblatt „In der Küche ist es dunkel" kopieren, Taschenlampen basteln, Bilderbuchseite farbig auf eine Folie drucken und diese vor einen schwarzen Hintergrund legen, übrige Materialien bereitstellen

■ Bearbeitung der Station

Auf diesem Bild kann die Taschenlampe genutzt werden, um miteinander ins Gespräch zu kommen. Probieren Sie es selbst aus.

Arbeitsauftrag 1
„Einer von Ihnen beginnt die Taschenlampe zu führen und versucht, den Partner in ein Gespräch zu verwickeln."

Arbeitsauftrag 2
„Nach dem Gespräch wird demjenigen, der die Taschenlampe führte, eine Rückmeldung gegeben, welche von ihm eingesetzten Sprachförderstrategien dazu beigetragen haben, ins Gespräch zu kommen und im Gespräch zu bleiben."

Arbeitsauftrag 3
„Tauschen Sie die Rollen."

Arbeitsauftrag 4
„Schreiben Sie auf eine Karteikarte, welche Sprachförderstrategien besonders geeignet waren und warum."
„Legen Sie Ihre Karteikarte in den Briefkasten."

■ Auswertung und Reflexion der Station

Arbeitsauftrag 1
„Sichten Sie die Karteikarten."

Arbeitsauftrag 2
„Welche Spachförderstrategien wurden wie häufig und warum angewendet?"
„Stellen Sie Ihre Ergebnisse in der Großgruppe vor."

■ Varianten/Tipps/Weiterführende Anregungen

Falls man keine Zeit hat, eine Taschenlampe zu basteln und das Bild herzustellen, kann alternativ auch ein Buch aus der Reihe „Meyers kleine Kinderbibliothek – Licht an!" (z. B. Licht an! Tiere im Zoo: Band 16) verwendet werden.

In der Küche ist es dunkel (Station 4)

Auf diesem Bild kann die Taschenlampe genutzt werden, um miteinander ins Gespräch zu kommen. Probieren Sie es selbst aus.

■ Arbeitsauftrag 1

Einer von Ihnen beginnt, die Taschenlampe zu führen und versucht, den Partner in ein Gespräch zu verwickeln.

■ Arbeitsauftrag 2

Nach dem Gespräch wird demjenigen, der die Taschenlampe führte, eine Rückmeldung gegeben, welche von ihm eingesetzten Sprachförderstrategien dazu beigetragen haben, ins Gespräch zu kommen und im Gespräch zu bleiben.

■ Arbeitsauftrag 3

Tauschen Sie die Rollen.

■ Arbeitsauftrag 4

Schreiben Sie auf eine Karteikarte auf, welche Strategien besonders geeignet waren und warum.

Legen Sie Ihre Karteikarte in den Briefkasten.

Bildquelle: Butschkow, R. (2013). Da stimmt doch was nicht! Ein Suchspaß-Wimmelbuch. Frankfurt: Baumhaus.
© Baumhaus Verlag in der Bastei Lübbe AG
Foto: Boris Volandt

Bastelanleitung: Drucken Sie das Küchenbild farbig auf eine Folie und legen Sie diese auf einen schwarzen Hintergrund (z. B. schwarzen Tonkarton). Eine Seite des Bildes wird mit Klebeband am Rand befestigt. Die Taschenlampe kann ebenfalls aus Tonkarton hergestellt werden, achten Sie darauf, dass der Lichtkegel weiß ist.

Baustein 5: Joghurtbecher (Station 5) — Modul 6

Inhalt	Formale und inhaltliche Sprachförderstrategien, Spiel- und Angebotssituation
Ziel	Die Teilnehmenden betrachten eine Filmsequenz und finden die eingesetzten Sprachförderstrategien.
Methode	Filmanalyse
Sozialform	Partnergruppe
Material/Medien	Arbeitsblatt „Joghurtbecher", Videoausschnitt „Joghurtbecher", Laptop, Blätter DIN A4, Briefkasten, Auswertungsblatt „Joghurtbecher" (S. 176)
Vorbereitung	Arbeitsblatt und Auswertungsblatt „Joghurtbecher" kopieren, Laptop/Beamer, übrige Materialien bereitstellen

■ Bearbeitung der Station

Arbeitsauftrag 1
„Sehen Sie sich die Filmszene an."

Arbeitsauftrag 2
„Schreiben Sie auf, welche Strategien die Erzieherin einsetzt. Ergänzen Sie diese durch Beispiele."

Arbeitsauftrag 3
„Überlegen Sie, welche formalen und inhaltlichen Sprachförderstrategien die Erzieherin noch anwenden könnte und führen Sie diese mit Beispielen auf. Wie könnte das Kind evtl. darauf reagieren?"

„Legen Sie Ihr Blatt in den Briefkasten."

■ Auswertung und Reflexion der Station

Arbeitsauftrag 1
„Sichten Sie die Notizen der anderen Teilnehmenden und fassen Sie zusammen, welche Strategien die Erzieherin in der Filmszene angewendet hat."

Arbeitsauftrag 2
„Geben Sie einen Überblick, welche Strategien darüber hinaus vorgeschlagen wurden und welche Strategien häufig bzw. welche kaum notiert wurden."
„Stellen Sie Ihre Ergebnisse in der Großgruppe vor."

■ Varianten/Tipps/Weiterführende Anregungen
Hier kann auch eine andere (eigene) Filmszene verwendet werden.

Joghurtbecher (Station 5)

■ Arbeitsauftrag 1
Sehen Sie sich die Filmszene an.

■ Arbeitsauftrag 2
Schreiben Sie auf, welche Strategien die Erzieherin einsetzt. Ergänzen Sie diese durch Beispiele.

■ Arbeitsauftrag 3
Überlegen Sie, welche formalen und inhaltlichen Sprachförderstrategien die Erzieherin noch anwenden könnte und führen Sie diese mit Beispielen auf. Wie könnte das Kind evtl. darauf reagieren?

Legen Sie Ihr Blatt in den Briefkasten.

Baustein 6: Häschen in der Grube (Station 6) — Modul 6

Inhalt	Symbol- und Rollenspiel, Kinderlieder
Ziel	Die Teilnehmenden übertragen den Inhalt eines Kinderliedes in ein sprachförderliches Rollenspielsetting.
Methode	Sammeln und Sortieren
Sozialform	Partnergruppe
Material/Medien	Arbeitsblatt „Häschen in der Grube", evtl. eine kleine Auswahl an Büchern mit Kinderliedern, rote/gelbe/grüne Karteikarten, Briefkasten, Auswertungsblatt „Häschen in der Grube" (S. 177)
Vorbereitung	Arbeitsblatt und Auswertungsblatt „Häschen in der Grube" kopieren, übrige Materialien bereitstellen

■ Bearbeitung der Station

Arbeitsauftrag 1
„Wählen Sie ein Lied aus, welches Sie mit Ihren Kindern regelmäßig singen."

Arbeitsauftrag 2
„Überlegen Sie sich, wie Sie Ihr Lied in ein sprachförderliches Rollenspielsetting überleiten können, indem Sie
a) Material anbieten, z. B. bekommt das Häschen einen Schal, weil es Halsweh hat,
b) eine neue Person einführen, z. B. kommt der Rabe vorbei, um nach dem Häschen zu sehen,
c) eine neue Handlung einbringen, z. B. isst das Häschen einen Möhrenbrei."

Arbeitsauftrag 3
„Schreiben Sie Ihre Ideen auf verschiedenfarbige Karteikarten (Material – rote Karte; Person – grüne Karte; Handlung – gelbe Karte). Notieren Sie auf der Vorderseite der Karteikarte Ihr Lied und auf der Rückseite die jeweiligen Ideen. Gerne können Sie noch weitere Möglichkeiten aufführen."

„Legen Sie Ihre Karteikarten in den Briefkasten."

■ Auswertung und Reflexion der Station

Arbeitsauftrag 1
„Sichten Sie die Karteikarten."

Arbeitsauftrag 2
„Geben Sie einen Überblick zu ausgewählten Liedern, Materialien, Personen, Handlungen etc."
„Stellen Sie Ihre Ergebnisse in der Großgruppe vor."

■ Varianten/Tipps/Weiterführende Anregungen

Die Teilnehmenden bringen Liederbücher mit und stellen sie den anderen für diese Station zur Verfügung.

Häschen in der Grube (Station 6)

■ **Arbeitsauftrag 1**

Wählen Sie ein Lied aus, welches Sie mit Ihren Kindern regelmäßig singen.

■ **Arbeitsauftrag 2**

Überlegen Sie sich, wie Sie Ihr Lied in ein Rollenspiel überleiten können, indem Sie
a) Material anbieten, z. B. bekommt das Häschen einen Schal, weil es Halsweh hat,
b) eine neue Person einführen, z. B. kommt der Rabe vorbei, um nach dem Häschen zu sehen,
c) eine neue Handlung einbringen, z. B. isst das Häschen einen Möhrenbrei.

■ **Arbeitsauftrag 3**

Schreiben Sie Ihre Ideen auf verschiedenfarbige Karteikarten (Material – rote Karte; Person – grüne Karte; Handlung – gelbe Karte). Notieren Sie auf der Vorderseite der Karteikarte Ihr Lied und auf der Rückseite die jeweiligen Ideen. Gerne können Sie noch weitere Möglichkeiten aufführen.

Legen Sie Ihre Karteikarten in den Briefkasten.

Baustein 7: Hitliste (Station 7)   Modul 6

Inhalt	Alltagssituationen
Ziel	Die Teilnehmenden identifizieren Situationen mit besonderem Sprachförderpotenzial.
Methode	Sammeln und Sortieren, Erarbeitung von Fallbeispielen
Sozialform	Partnergruppe
Material/Medien	Arbeitsblatt „Hitliste", Plakat „Alltagssituationen", Klebepunkte, Blätter DIN A4, Stifte, Briefkasten, Auswertungsblatt „Hitliste" (S. 177)
Vorbereitung	Arbeitsblatt und Auswertungsblatt „Hitliste" kopieren, Plakat „Alltagssituationen" in DIN A3 oder DIN A4 ausdrucken, übrige Materialien bereitstellen

■ Bearbeitung der Station

„Auf dem Plakat sehen Sie verschiedene Alltagssituationen."

Arbeitsauftrag 1
„Welche drei Situationen eignen sich Ihrer Meinung nach besonders gut, um mit Kindern ins Gespräch zu kommen? Kleben Sie einen Punkt zu der jeweiligen Situation."

Arbeitsauftrag 2
„Führen Sie sich drei Kinder Ihrer Gruppe vor Augen und wählen Sie für jedes Kind eine geeignete Situation aus."

Arbeitsauftrag 3
„Schreiben Sie für ein Kind und eine Situation einen passenden Dialog auf."

„Legen Sie Ihr Blatt in den Briefkasten."

■ Auswertung und Reflexion der Station

Arbeitsauftrag 1
„Verschaffen Sie sich einen Überblick über die gewählten Situationen."

Arbeitsauftrag 2
„Sichten Sie die Dialoge und markieren Sie die verwendeten Sprachförderstrategien. Welche wurden vorrangig bzw. welche wurden kaum angewendet?"

Arbeisauftrag 3
„Wählen Sie ein Ihrer Meinung nach besonders gelungenes Beispiel aus und begründen Sie Ihre Auswahl."

„Stellen Sie Ihre Ergebnisse in der Großgruppe vor."

■ Varianten/Tipps/Weiterführende Anregungen

Falls keine Möglichkeit besteht, ein Plakat mit den verschiedenen Alltagssituationen anzufertigen, kann es auch in DIN-A4-Format an alle Teilnehmenden ausgegeben bzw. an der Station bereitgelegt werden.

Hitliste (Station 7)

Auf dem Plakat sehen Sie verschiedene Alltagssituationen.

■ Arbeitsauftrag 1

Welche drei Situationen eignen sich Ihrer Meinung nach besonders gut, um mit Kindern ins Gespräch zu kommen? Kleben Sie einen Punkt zu der jeweiligen Situation.

■ Arbeitsauftrag 2

Führen Sie sich drei Kinder Ihrer Gruppe vor Augen und wählen Sie für jedes Kind eine geeignete Situation aus.

■ Arbeitsauftrag 3

Schreiben Sie für ein Kind und eine Situation einen passenden Dialog auf.

Legen Sie Ihr Blatt in den Briefkasten.

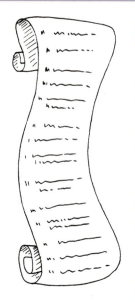

Alltagssituationen Arbeitsblatt

Alltagssituationen — Arbeitsblatt

Baustein 8: Sag mal aaahh! (Station 8) — Modul 6

Inhalt	Sprachmodell, Bilderbuchbetrachtung
Ziel	Die Teilnehmenden reflektieren Elemente ihres Sprachmodells.
Methode	Erarbeitung von Fallbeispielen
Sozialform	Einzelaktivität (man kann jedoch auch zu zweit an der Station arbeiten)
Material/Medien	Arbeitsblatt „Sag mal aaahh!", zwei Bilderbuchseiten (siehe Anhang 8.2), Blätter DIN A4, Stifte, Briefkasten, Auswertungsblatt „Sag mal aaahh!" (S. 177)
Vorbereitung	Arbeitsblatt und Auswertungsblatt „Sag mal aaahh" kopieren, Bilderbuchseiten farbig ausdrucken, übrige Materialien bereitstellen

■ Bearbeitung der Station

„An dieser Station geht es um Ihr Sprachmodell."

Arbeitsauftrag 1
„Betrachten Sie die Bilderbuchseiten und überlegen Sie, was Sie einem Ihrer Kinder dazu erzählen können und notieren Sie Ihre Überlegungen auf ein Blatt."

Arbeitsauftrag 2
Wenden Sie Ihre Überlegungen in einem Rollenspiel an, Ihre Partnerin übernimmt dabei die Rolle des „Kindes". Anschließend reflektieren Sie gemeinsam mit Ihrer Partnerin die Elemente des eigenen Sprachmodells (z. B. Sprachmelodie, Wortschatz, Gestik und Mimik)."

„Legen Sie Ihr Blatt in den Briefkasten."

■ Auswertung und Reflexion der Station

Arbeitsauftrag 1
„Sichten Sie die Notizen der Teilnehmenden."

Arbeitsauftrag 2
„Wählen Sie drei Ihrer Meinung nach besonders gelungene Beispiele aus und begründen Sie Ihre Auswahl."

„Stellen Sie Ihre Ergebnisse in der Großgruppe vor."

■ Varianten/Tipps/Weiterführende Anregungen

Für diese Station kann auch jedes andere Bilderbuch verwendet werden.

Sag mal aaahh! (Station 8)

Arbeitsblatt

Bildquelle: Sabine Kraushaar: Sag mal aaahh! © Verlag Friedrich Oetinger, Hamburg

An dieser Station geht es um Ihr Sprachmodell.

■ Arbeitsauftrag 1

Betrachten Sie die Bilderbuchseiten und überlegen Sie, was Sie einem Ihrer Kinder dazu erzählen können und notieren Sie Ihre Überlegungen auf ein Blatt.

■ Arbeitsauftrag 2

Wenden Sie Ihre Überlegungen in einem Rollenspiel an, Ihre Partnerin übernimmt dabei die Rolle des „Kindes". Anschließend reflektieren Sie gemeinsam mit Ihrer Partnerin die Elemente des eigenen Sprachmodells (z. B. Sprachmelodie, Wortschatz, Gestik und Mimik).

Legen Sie Ihr Blatt in den Briefkasten.

Baustein 9: Was der Büchermarkt anbietet (Station 9) — Modul 6

Inhalt	Fachliteratur und Materialien zu Sprache und Sprachbildung, Bilderbücher
Ziel	Die Teilnehmenden sichten und bewerten Fachliteratur und Bilderbücher zu Sprache und Sprachbildung.
Methode	Sammeln und Sortieren
Sozialform	Personenzahl beliebig
Material/Medien	Fachliteratur und Materialien zu Sprache und Sprachbildung, Bilderbücher (Literaturvorschläge siehe nachfolgende Seite), gelbe und grüne Klebezettel, Stifte, Auswertungsblatt „Was der Büchermarkt anbietet" (S. 173)
Vorbereitung	Auswertungsblatt „Was der Büchermarkt anbietet" kopieren, Literatur zu frühpädagogischen Themen auswählen und mitbringen, übrige Materialien bereitstellen

■ Bearbeitung der Station

„Auf diesem Tisch finden Sie Fachliteratur und Materialien zu den Themen Sprache und Sprachbildung".

Arbeitsauftrag 1
„Welches Buch/welche Materialien kennen Sie bereits und können Sie empfehlen und warum? Kleben Sie einen grünen Zettel mit Ihrem Kommentar auf das Buch."

Arbeitsauftrag 2
„Mit welchem Buch/mit welchen Materialien würden Sie sich gerne länger beschäftigen und warum? Schreiben Sie dies auf einen gelben Klebezettel."

■ Auswertung

Arbeitsauftrag 1
„Sichten Sie die Rückmeldungen zu den einzelnen Büchern."

Arbeitsauftrag 2
„Fassen Sie die Rückmeldungen zusammen."
„Stellen Sie Ihre Ergebnisse in der Großgruppe vor."

■ Varianten/Tipps/Weiterführende Anregungen

Die Teilnehmenden bringen selbst (Bilder-)Bücher mit und reflektieren die Bedeutung dieser Bücher für die eigene Sprachförderarbeit vor dem Hintergrund der Qualifizierung.
Es sollte eine bunte Mischung von Büchern (Grundlagenliteratur, Bilderbücher etc.) vorhanden sein.
Die Leitung kann vor dem nächsten Treffen eine Literaturliste erstellen und ggf. die Rückmeldungen der Teilnehmenden einfügen. Die Datei kann entweder per E-Mail an die Teilnehmenden versendet oder beim nächsten Treffen ausgegeben werden.

Was der Büchermarkt anbietet (Station 9)

Auf diesem Tisch finden Sie Fachliteratur und Materialien zu den Themen Sprache und Sprachbildung.

■ Arbeitsauftrag 1

Welches Buch/welche Materialien kennen Sie bereits und können Sie empfehlen und warum?
Kleben Sie einen grünen Zettel mit Ihrem Kommentar auf das Buch.

■ Arbeitsauftrag 2

Mit welchem Buch/mit welchen Materialien würden Sie sich gerne länger beschäftigen und warum?
Schreiben Sie dies auf einen gelben Klebezettel.

Literaturvorschläge (Beispiele)

Butschkow, R. (2013). Da stimmt doch was nicht! Ein Suchspaß-Wimmelbuch. Frankfurt: Baumhaus.

Reich, H. H. (2008). Sprachförderung im Kindergarten. Berlin: das netz.

Reimann, B. (2009). Im Dialog von Anfang an. Berlin: Cornelsen Scriptor.

Wilmes-Mielenhausen, B. (2007). Sprachförderung für Kleinkinder. Freiburg: Herder.

Baustein 10: Transfer in den Alltag (Station 10) — Modul 6

Inhalt	**Sprachförderliche Situationen, formale und inhaltliche Sprachförderstrategien**
Ziel	Die Teilnehmenden machen sich ihren bisherigen Lerneffekt bewusst und schätzen ihren weiteren Übungsbedarf ein.
Methode	Bearbeitung eines Fragebogens
Sozialform	Personenzahl beliebig
Material/Medien	Fragebogen „Transfer in den Alltag", Stifte, Briefkasten und Auswertungsblatt „Transfer in den Alltag" (S. 177)
Vorbereitung	Fragebogen und Auswertungsblatt „Transfer in den Alltag" kopieren, übrige Materialien bereitstellen

■ Bearbeitung der Station

Arbeitsauftrag
„Bitte füllen Sie den Fragebogen aus und legen Sie diesen in den Briefkasten."

■ Auswertung und Reflexion der Station

Arbeitsauftrag 1
„Sichten Sie die Fragebögen."

Arbeitsauftrag 2
„Führen sie auf, bei welchen Sprachförderstrategien die Teilnehmenden noch Übung benötigen und welche Sprachförderstrategien den Teilnehmenden bereits gelingen."
„Stellen Sie Ihre Ergebnisse in der Großgruppe vor."

■ Varianten/Tipps/Weiterführende Anregungen

Der Fragebogen kann auch in den Modulen 2 bis 5 von den Teilnehmenden ausgefüllt werden. Wenn die Teilnehmenden dann diesen erneut im Rahmen der Stationenarbeit ausfüllen, können die Antworten der Teilnehmenden im Nachhinein von der Leitung mit den vorherigen Antworten verglichen werden. Dadurch kann ein möglicher Lerngewinn erkannt werden.

Transfer in den Alltag (Station 10) — Arbeitsblatt

Arbeitsauftrag: Bitte füllen Sie den Fragebogen aus und legen Sie diesen in den Briefkasten.

Mit welchen Kindern gelingt es mir gut/weniger gut ins Gespräch zu kommen und warum?

Welche Situationen im Alltag sind für mich ergiebiger geworden, um mit Kindern ins Gespräch zu kommen?

- ☐ Bilderbuchbetrachtung
- ☐ Spiel- und Angebotssituation
- ☐ Symbol- und Rollenspielsituation
- ☐ Spontane Sprechanlässe und Routinen
- ☐ Sonstiges

Beschreiben Sie typische Situationen, in denen Ihnen der Einsatz der Strategien gut gelungen ist.

Wie gut gelingen mir die Strategien?

	++	+	–	– –
Sprachmodell				
Blickkontakt				
Pausensetzung				
Aussprache				
Intonation				
Gestik / Mimik				
eigener Wortschatz (und Satzbau)				
Formale Strategien				
Gemeinsame Aufmerksamkeit				
Handlungsbegleitendes Sprechen				
Wiederholung				
Erweiterung				
Indirekte Korrektur				
Offene Fragen				
Verständnissicherung				
Inhaltliche Rückmeldung				
Inhaltsbezogene Strategien: Nähe				
Ort / Personen				
Zeit				
Gegenstände				
Handlungen				
Inhaltsbezogene Strategien: Abstand				
Erfahrungen				
Persönliche Gedankengänge und Emotionen				
Zusammenhänge				
Fantasie				

Wie können Sie den Einsatz der Strategien künftig üben?

Auswertung und Reflexion

Auswertung und Reflexion der Station 1 – Baby füttern

■ **Arbeitsauftrag 1**

Sichten Sie die Karteikarten der Teilnehmenden und sortieren Sie diese nach Handlungen. Welche Handlungen wurden häufig, welche wurden weniger häufig aufgeführt?

■ **Arbeitsauftrag 2**

Fügen Sie aus den einzelnen Handlungen ein umfassendes Skript zusammen.

Stellen Sie Ihre Ergebnisse in der Großgruppe vor.

Auswertung und Reflexion der Station 2 – Neues Ausprobieren

■ **Arbeitsauftrag 1**

Sichten Sie die verfassten Symbol- und Rollenspiele und geben Sie einen Überblick, welche Themen ausgesucht und welche Möglichkeiten gefunden wurden, sich an dem Spiel der Kinder zu beteiligen.

■ **Arbeitsauftrag 2**

Wählen Sie drei Ihrer Meinung nach besonders gelungene Beispiele aus und begründen Sie Ihre Auswahl.

Stellen Sie Ihre Ergebnisse in der Großgruppe vor.

Auswertung und Reflexion der Station 3 – Gestaltung einer Rollenspielecke

■ **Arbeitsauftrag 1**

Sichten Sie die Pläne der Rollenspielecken und schreiben Sie auf, welche Ideen zur Gestaltung der Rollenspielecken Ihrer Meinung nach besonders gelungen sind.

■ **Arbeitsauftrag 2**

Sichten Sie die Karteikarten und erstellen Sie einen Überblick über die bevorzugten Materialien, die Themen der Kinder und wie sich die Teilnehmenden beteiligen würden.

Stellen Sie Ihre Ergebnisse in der Großgruppe vor.

Auswertung und Reflexion der Station 4 – In der Küche ist es dunkel

■ **Arbeitsauftrag 1**

Sichten Sie die Karteikarten.

■ **Arbeitsauftrag 2**

Welche Sprachförderstrategien wurden wie häufig und warum angewendet?

Stellen Sie Ihre Ergebnisse in der Großgruppe vor.

Auswertung und Reflexion der Station 5 – Joghurtbecher

■ **Arbeitsauftrag 1**

Sichten Sie die Notizen der anderen Teilnehmenden und fassen Sie zusammen, welche Strategien die Erzieherin in der Filmszene angewendet hat.

■ **Arbeitsauftrag 2**

Geben Sie einen Überblick, welche Strategien darüber hinaus vorgeschlagen wurden und welche Strategien häufig bzw. welche kaum notiert wurden.

Stellen Sie Ihre Ergebnisse in der Großgruppe vor.

Auswertung und Reflexion der Station 6 – Häschen in der Grube

■ **Arbeitsauftrag 1**

Sichten Sie die Karteikarten.

■ **Arbeitsauftrag 2**

Geben Sie einen Überblick zu ausgewählten Liedern, Materialien, Personen, Handlungen etc.

Stellen Sie Ihre Ergebnisse in der Großgruppe vor.

Auswertung und Reflexion der Station 7 – Hitliste

■ **Arbeitsauftrag 1**

Verschaffen Sie sich einen Überblick über die gewählten Situationen.

■ **Arbeitsauftrag 2**

Sichten Sie die Dialoge und markieren Sie die verwendeten Sprachförderstrategien. Welche wurden vorrangig bzw. welche wurden kaum angewendet?

■ **Arbeitsauftrag 3**

Wählen Sie ein Ihrer Meinung nach besonders gelungenes Beispiel aus und begründen Sie Ihre Auswahl.

Stellen Sie Ihre Ergebnisse in der Großgruppe vor.

Auswertung und Reflexion der Station 8 – Sag mal aaahh!

■ **Arbeitsauftrag 1**

Sichten Sie die Notizen der Teilnehmenden.

■ **Arbeitsauftrag 2**

Wählen Sie drei Ihrer Meinung nach besonders gelungene Beispiele aus und begründen Sie Ihre Auswahl.

Stellen Sie Ihre Ergebnisse in der Großgruppe vor.

Auswertung und Reflexion der Station 9 – Was der Büchermarkt anbietet

■ **Arbeitsauftrag 1**

Sichten Sie die Rückmeldungen zu den einzelnen Büchern.

■ **Arbeitsauftrag 2**

Fassen Sie die Rückmeldungen zusammen.

Stellen Sie Ihre Ergebnisse in der Großgruppe vor.

Auswertung und Reflexion der Station 10 – Transfer in den Alltag

■ **Arbeitsauftrag 1**

Sichten Sie die Fragebögen.

■ **Arbeitsauftrag 2**

Führen Sie auf, bei welchen Sprachförderstrategien die Teilnehmenden noch Übung benötigen und welche Sprachförderstrategien den Teilnehmenden bereits gelingen.

Stellen Sie Ihre Ergebnisse in der Großgruppe vor.

5. Evaluation des Qualifizierungskonzeptes

Das vorgestellte Qualifizierungskonzept wurde sowohl formativ als auch summativ (extern) evaluiert. Die Befunde zeigen, dass pädagogische Fachkräfte, die an der Qualifizierung „Mit Kindern im Gespräch" teilgenommen haben, sich in der sprachbezogenen Prozessqualität verbessern.

5.1 Formative Evaluation

Im Rahmen einer formativen Evaluation wurde die Art und Weise der Umsetzung der Qualifizierung prozessnah erfasst, die Erkenntnisse wurden in den weiteren Verlauf einbezogen. Zudem wurde die Erzieherin-Kind-Interaktion in den Blick genommen, mit der Frage, wie häufig die kennengelernten Sprachförderstrategien der Erzieherinnen im Alltag eingesetzt wurden und wie gut ihnen dies ihrer Einschätzung nach gelang.

Das Qualifizierungskonzept „Mit Kindern im Gespräch" wurde von Herbst 2008 bis Sommer 2012 an der Universität Koblenz-Landau, Campus Landau, im Institut für Bildung im Kindes- und Jugendalter, im Auftrag der Baden-Württemberg Stiftung, entwickelt und mit einer Gruppe von 17 Erzieherinnen erprobt und evaluiert. Je zwei Erzieherinnen aus verschiedenen Gruppen einer Einrichtung bildeten über den gesamten Projektverlauf eine feste Partnergruppe, um im Sinne des Situierten Lernens die Möglichkeiten und Bedingungen der Sprachbildung in der Einrichtung aus zwei unterschiedlichen Perspektiven zu analysieren. Um die Inhalte der Weiterbildungen einzuüben und – ebenfalls im Sinne des Situierten Lernens – den konkreten Anwendungskontext einzubeziehen, nahm jede Teilnehmerin dabei mindestens vier sogenannte Zielkinder im Alter von zwei bis drei Jahren besonders in den Blick.

Die beteiligten Erzieherinnen besuchten über einen Zeitraum von 18 Monaten insgesamt 14 Qualifizierungstage, davon zehn ganztägige und vier halbtägige. In diesen wurden die meisten der hier dargestellten Module und Bausteine eingesetzt. Zwischen den zehn ganztägigen Qualifizierungen fanden Coachings mit und ohne Video statt.

Zum Einsatz kamen (zur Halbzeit der Qualifizierungsreihe) ein prozessbezogener sowie (am Ende der Qualifizierungsreihe) ein summativer Rückmeldebogen. Beide Rückmeldebögen beinhalteten offene und geschlossene Fragestellungen. Des Weiteren erfasste ein Fördertagebuch die eingesetzten Sprachförderstrategien an insgesamt 14 Tagen. Dieses Fördertagebuch ist ein kurzer standardisierter Fragebogen mit einer vierstufigen Einschätzskala (von 1 = „trifft eher nicht zu" bis 4 = „trifft voll zu"). Die Erzieherinnen gaben in einem regelmäßigen Zeitabstand am Ende eines Tages Auskunft über ihre realisierte Sprachförderung. Beispielitems: „Heute habe ich eigene und/oder kindliche Handlungen sprachlich kommentiert" oder „Heute habe ich bewusst das Kind/die Kinder angeregt über Zusammenhänge nachzudenken/ Zusammenhänge herzustellen".

Folgende Befunde wurden aus der formativen Evaluation gewonnen (vgl. auch King, Metz, Kammermeyer & Roux, 2011): Die Erzieherinnen wurden am Ende der Weiterbildung befragt, bei welchen Inhalten sie am meisten, bzw. am wenigsten gelernt haben und wovon die Kinder der Gruppe am meisten profitierten. Folgende Themen waren aufgeführt: formale Strategien, inhaltliche Strategien, Begriffsnetze, Skripts, handlungsbegleitendes Sprechen, menschliche Grundbedürfnisse, Bilderbuchbetrachtung, Angebotssituation, Symbol- und Rollenspiel und Alltagssituationen. Die Erzieherinnen lernten nach eigener Aussage demnach am meisten anhand der inhaltlichen Strategien dazu, gefolgt von der Situation des Symbol- und Rollenspiels. Die Strategien des Abstands waren für einige Erzieherinnen anfangs zu abstrakt, ihre Bedeutung für den kindlichen Spracherwerb wurde jedoch im Verlauf der Qualifizierung erkannt.

Am wenigsten Neues lernten sie im Vergleich zu allen anderen Situationen bei der Angebotssituation und der Bilderbuchbetrachtung hinzu. Die Eignung der Spiel- und Angebotssituation als sprachförderliche Situation für unter Dreijährige wurde zudem kritisch diskutiert. Die Ergebnisse verdeutlichen, dass sich die Erzieherinnen der Wirkung des handlungsbegleitenden Sprechens bereits im Vorfeld der Weiterbildung bewusst waren. Die Kinder profitieren, nach Einschätzungen der Erzieherinnen, am ehesten von dieser Strategie.

Der vielfältige Methodeneinsatz wurde von den Teilnehmerinnen ebenfalls als besonders hilfreich eingeschätzt.

Zu Beginn standen einige Erzieherinnen dem Coaching mit Filmmaterial allerdings eher skeptisch gegenüber. Bereits zur Mitte der Weiterbildung gaben jedoch die meisten Erzieherinnen (bis auf eine Person) die Rückmeldung, dass die Reflexionsarbeit mit eigenem Filmmaterial für die Entwicklung des sprachlichen Verhaltens von besonders großem Nutzen sei.

Die Praxisaufgaben wurden von einigen Teilnehmerinnen anfangs eher als zusätzliche Belastung für ihren Alltag angesehen. Im Nachhinein gaben sie jedoch an, deren Bedeutung für die Weiterbildung und ihre Arbeit erkannt und wertgeschätzt zu haben.

Im Mittelpunkt der formativen Evaluation stand zudem die Frage, wie häufig die gelernten Sprachförderstrategien von den Erzieherinnen im Alltag eingesetzt wurden und wie gut ihnen dies gelang. Nach Angaben der Erzieherinnen wurden die Strategien der Modellierungsebene in hohem Maße eingesetzt. Vor allem stimmten sie der Aussage zu, dass sie dem Kind Zeit ließen sich zu äußern und dass sie Mimik und Gestik sowie lautmalerische Elemente verwendeten. Dagegen wurden die formalen Strategien im Vergleich dazu eher unterschiedlich häufig eingesetzt. Komplexe W-Fragen und Wiederholungen kamen demnach häufig vor, gegenüber den kaum mehr gestellten einfachen Ja/Nein-Fragen. Ebenfalls gaben die Erzieherinnen an, die indirekte Korrektur eher seltener angewendet zu haben.

Darüber hinaus wurden die inhaltlichen Strategien unterschiedlich eingesetzt. Die Erzieherinnen gaben an, am ehesten das Kind zum Benennen anzuregen, Themen/Interessen des Kindes aufzunehmen und das Kind zu ermuntern, eigene Erfahrungen einzubringen. Zudem gaben sie an, eher seltener die Gefühle und Bedürfnisse des Kindes zu versprachlichen, Zusammenhänge aufzuzeigen und eigene Gefühle/Bedürfnisse zu äußern.

Nach der Hälfte der Qualifizierung gaben die Erzieherinnen an, welche Strategien ihnen bereits gelingen und bei welchen Strategien sie noch Übung benötigen.

Insgesamt gelangen den Erzieherinnen nach ihren Angaben die Strategien der Modellierungsebene gut. Bei der Pausensetzung gaben sechs Erzieherinnen Übungsbedarf an, diese Strategie erwies sich somit als die Schwierigste auf der Modellierungsebene. Auch die formalen Strategien gelangen den Erzieherinnen nach eigenen Aussagen bereits gut. Übungsbedarf gab es bei sechs Erzieherinnen zu der Strategie der Erweiterung und bei vier Erzieherinnen zu den Strategien Verständnissicherung sowie inhaltliche Rückmeldung. Bei den inhaltlichen Strategien gelangen die Strategien des Abstandes nach Angaben der Erzieherinnen weniger gut als die Strategien der Nähe. Daraus ableitbar ist der große Übungsbedarf der Erzieherinnen zu den Strategien die distanzierte Inhalte aufgreifen.

Von den Teilnehmerinnen wurde die Weiterbildung durchgängig positiv eingeschätzt. Auch die Gesamtdauer der Weiterbildung „Mit Kindern im Gespräch" von insgesamt 18 Monaten wurde als angemessen angesehen. Die Umsetzung neuer Strategien in Handlungsroutinen im Alltag benötigt eine gewisse Übungszeit. Gerade die Reflexion eigener Erfahrungen anhand von Videoaufnahmen war, nach Angaben der Erzieherinnen, trotz anfänglicher Skepsis im Nachhinein von großer Bedeutung.

5.2 Summative Evaluation

Das Qualifizierungskonzept „Mit Kindern im Gespräch" wurde zusammen mit den Sprachförderprogrammen „Dialoge mit Kindern führen" (Best, Laier, Jampert, Sens & Leuckefeld, 2011) und „Sprache macht stark" (Tracy & Lemke, 2009) in einer externen Evaluation im Auftrag der Baden-Württemberg Stiftung im Hinblick auf die Veränderung pädagogischer Prozesse im Kindergartenalltag von Lee, Jahn und Tietze (2011, 2014) summativ evaluiert. In allen drei Programmen geht es um die Weiterbildung von pädagogischen Fachkräften mit dem Ziel, deren Sprachförderkompetenz im pädagogischen Alltag mit Kindern im Alter von zwei bis drei Jahren zu verbessern. Die Studie ging u. a. der Frage nach, ob sich in den Kindergruppen, deren Erzieherinnen an einer entsprechenden Weiterqualifizierung teilgenommen haben gegenüber Kontroll- bzw. Vergleichsgruppen ohne diese Maßnahme eine höhere sprachförderbezogene Prozessqualität feststellen lässt.

Für alle drei Programme wurde jeweils dasselbe Kriterienraster bezüglich der sprachförderbezogenen Prozessqualität in den Kindergruppen sowie bezüglich der Erfassung des Sprachstands bei den Kindern angelegt. Konzeptspezifische Aspekte der einzelnen Programme wurden bei der Evaluation im Rahmen eines experimentellen Kontrollgruppendesigns nicht berücksichtigt. Die teilnehmenden Einrichtungen wurden beim vorliegenden Qualifizierungskonzept „Mit Kindern im Gespräch" und beim Sprachförderprogramm „Dialoge mit Kindern führen" (Best et al., 2011) per Zufall der Programmgruppe und der Kontrollgruppe zugewiesen. Bei „Sprache macht stark" war kein randomisiertes Kontrollgruppendesign möglich. Als Alternativstrategie wurden Vergleichsgruppen durch das Hinzumatchen von geeigneten Paarlingen gebildet. Zur Erfassung der pädagogischen Prozessqualität wurden vier verschiedene Erhebungsinstrumente eingesetzt:

- Teile des IQS-Instrumentariums (Integrierte Qualitäts-Skalen; vgl. Tietze et al., 2008), bestehend aus der KES-R und KES-E,
- die deutsche Version der Caregiver Interaction Scale (CIS) von Arnett (1989, o. J.),
- eine modifizierte Form des Aktivitätsfragebogens für Erzieherinnen (AKFRA) von Roßbach und Leal (1993) und
- die speziell auf die Erfassung der Sprachförderqualität ausgelegte Dortmunder Ratingskala zur Erfassung sprachförderrelevanter Interaktionen (DO-RESI) von Fried und Briedigkeit (2008).

Aufgrund der Befunde aus der externen summativen Evaluation kann davon ausgegangen werden, dass es mit dem Qualifizierungskonzept „Mit Kindern im Gespräch" gelingt, die sprachbezogene Prozessqualität, die nach derzeitigem Erkenntnisstand für die Sprachentwicklung besonders wirkungsvoll ist, kurzfristig zu verbessern. Die Ergebnisse der formativen und summativen Evaluation sind in der Publikation zum Projekt „Sprachliche Bildung für Kleinkinder" (Baden-Württemberg Stiftung, 2014) ausführlich dokumentiert.

6. Zusammenfassung und Ausblick

Das Qualifizierungskonzept „Mit Kindern im Gespräch" erfüllt vielfältige Forderungen, die derzeit an Ansätze zur sprachlichen Bildung und Förderung in der frühen Kindheit gestellt werden. Es ist anschlussfähig sowohl an internationale und nationale Forschungsbefunde als auch an Weiterbildungs- bzw. Qualifizierungsaktivitäten (u. a. die Weiterbildungsinitiative Frühpädagogische Fachkräfte, WiFF). Es stellt somit eine solide Grundlage auch für die Weiterentwicklung der Sprachbildungsaktivitäten im Rahmen der Bund-Länder-Initiative „Bildung durch Sprache und Schrift (BiSS)" dar.

Eine *forschungsbasierte Aus- und Weiterbildung* von Erzieherinnen und Erziehern mit Blick auf sprachliche Handlungsfähigkeiten im betreffenden Kindesalter wird von Redder et al. (2011) gefordert. Die Autoren stellen deutlich heraus, dass die Implementierungen von Sprachförderkonzepten in der Regel mit spezifischen Qualifizierungsmaßnahmen für das pädagogische Personal verbunden sind, es jedoch weitgehend offen ist, welche Inhalte zentral für solche Qualifizierungsmaßnahmen sind, in welcher Hinsicht die Qualifizierungsmaßnahmen tatsächlich das Verhalten des pädagogischen Personals kurz-, mittel- und langfristig verändern und darüber einen Einfluss auf die Sprachentwicklung der Kinder haben. Durch das theoretisch fundierte und in der Praxis erprobte und sowohl formativ als auch extern summativ evaluierte Qualifizierungsprogramm „Mit Kindern im Gespräch" wird die kurzfristige Prozessqualität in Sprachförderaktivitäten gefördert.

Die deutsche Frühpädagogik steht zunehmend vor der Herausforderung *anschlussfähig an internationale Entwicklungen* zu sein. Auch im englischsprachigen Ausland sind derzeit bedeutsame Entwicklungen im Bereich der Professionalisierung pädagogischer Fachkräfte zu erkennen, die wichtige Impulse für die deutsche Frühpädagogik geben können. Im forschungsbasierten Programm „MyTeachingPartner" (Pianta et al., 2008, 2011) steht beispielsweise – wie in „Mit Kindern im Gespräch" – die Qualifikation der Erzieherinnen zur Sicherung der Qualität in der Frühpädagogik im Mittelpunkt. Dort wird ebenfalls ein inhaltlicher Fokus auf die Erzieherin-Kind-Interaktion gelegt. Hinzu kommt, dass in „MyTeachingPartner", auch wenn dies nicht explizit so benannt wird, zentrale Prinzipien des Situierten Lernens berücksichtigt werden. Im Mittelpunkt steht (web-basiertes) Videocoaching, das sich auf die Stärken der pädagogischen Fachkräfte bezieht. Die Anschlussfähigkeit von „Mit Kindern im Gespräch" an „MyTeachingPartner" ist deshalb bedeutsam, weil die Wirkungen dieses Programms sowohl in Bezug auf die Verbesserung der Prozessqualität als auch auf die sprachlichen Kompetenzen der Kinder in einer randomisierten Studie belegt wurden.

Das vorliegende Qualifizierungskonzept „Mit Kindern im Gespräch" ist darüber hinaus auch *anschlussfähig an die nationale Weiterbildungsinitiative Frühpädagogische Fachkräfte (WiFF)* unter Leitung des Deutschen Jugendinstituts[1], in der es ebenfalls um die Professionalisierung der pädagogischen Fachkräfte geht. WiFF verfolgt das Ziel, die Kita bzw. die Elementarpädagogik als Basis des Bildungssystems zu stärken und bezieht sich, um die Qualität der frühen Bildung zu fördern, explizit auf die Akteure der Aus- und Weiterbildung. Auch „Mit Kindern im Gespräch" trifft die Zielsetzung dieser Initiative, die berufsbegleitende, kompetenzorientierte Weiterbildung von pädagogischen Fachkräften in den Mittelpunkt stellt.

Das Qualifizierungskonzept „Mit Kindern im Gespräch" ist nicht auf unter Dreijährige beschränkt. Es bietet Potenzial zur Weiterentwicklung auch für andere Altersgruppen und eignet sich deshalb für die Anwendung im Rahmen der Bund-Länder-Initiative „Bildung durch Sprache und Schrift (BiSS)". Diese ist im September 2013 gestartet und verfolgt das Ziel, Sprachförderung, Sprachdiagnostik und Leseförderung in Deutschland systematisch weiterzuentwickeln. Dabei beschränkt sie sich nicht

---

1 vgl. http://www.weiterbildungsinitiative.de/

auf den Elementarbereich, sondern bezieht alle Bildungsstufen bis zur Sekundarstufe mit ein. Im Rahmen dieser Initiative sollen Wege gefunden werden, wie bestehende Ansätze auf der Grundlage wissenschaftlicher Erkenntnisse weiterentwickelt und in ihrer Effektivität geprüft werden können. Da die Grundprinzipien des Ansatzes altersunabhängig sind, können sie von der alltagsintegrierten auch auf die additive Sprachförderung übertragen werden. Im Rahmen von BiSS werden solche Adaptionen für den Elementar- und Primarbereich derzeit in Rheinland-Pfalz, Nordrhein-Westfalen und Baden-Württemberg (weiter-)entwickelt und erprobt. „Mit Kindern im Gespräch" entspricht folgenden zentralen Leitlinien des BiSS-Programms (vgl. Schneider et al., 2012, S. 27 f.):

- Die Qualität des sprachlichen Inputs ist für die Sprachentwicklung entscheidend.
- Eine wesentliche Voraussetzung für sprachförderliches Verhalten von Erzieherinnen ist deren Fähigkeit zur Reflexion und Modifikation ihres eigenen Sprachverhaltens.
- Als Ausgangspunkte für Sprachbildung und Sprachförderung sollen gezielt Situationen des Kindergartenalltags gewählt werden. Zugleich muss an den Interessen der Kinder angeknüpft werden, um möglichst lang anhaltende Gespräche zu ermöglichen.
- Fort- und Weiterbildungen vermitteln nicht „träges Wissen", sondern erzeugen flexibel anwendbares Wissen, das auf die Praxis übertragen werden kann. Ziel ist nicht das exakte Ausführen eines eng vorgegebenen stark strukturierten Programms, sondern die Verbesserung von Sprachförderkompetenzen, die zu langfristigen Veränderungen der Handlungskompetenzen der Erzieherin führen und die auch flexibel in komplexen variablen Alltagssituationen angewendet werden.
- In Fortbildungen wechseln Phasen der Information, des Übens und der Reflexion ab, in denen Erzieherinnen/Lehrkräfte als Partner/Team teilnehmen, die sich sowohl gegenseitig anleiten als auch über Videos angeleitet werden. Videoanalysen mit eigenen und fremden Videos haben sich als ein wichtiges Element im Rahmen Situierten Lernens erwiesen. Bewährt hat sich auch eine Kombination von webbasierten Fort- und Weiterbildungen und „Coaching".
- Fort- und Weiterbildungen sind langfristig angelegt, um Verhaltensänderungen zu ermöglichen und Nachhaltigkeit zu sichern. Die Wirkung kann erhöht werden, wenn das ganze Team an der Weiterbildung teilnimmt. Zum fachlichen Angebot der Fort- und Weiterbildungsveranstaltungen hinzu kommt dann der gezielt angeregte Informationsgewinn durch den kollegialen Austausch. Auch Auffrischungskurse und fortgesetzte kollegiale Beratung tragen zur Nachhaltigkeit bei.

Die Entwicklung, Erprobung und Evaluation des Qualifizierungsansatzes „Mit Kindern im Gespräch", die theoretische und empirische Anschlussfähigkeit sowie die Nähe zu derzeitigen nationalen wie internationalen Qualifizierungsaktivitäten lassen erwarten, dass das vorliegende Qualifizierungskonzept sich in der Nutzung, auch über die Altersgruppe der unter Dreijährigen bewährt. Daher ist geplant „Mit Kindern im Gespräch" weiterzuentwickeln und empirisch zu evaluieren.

Die Durchführung des Qualifizierungsprogramms „Mit Kindern im Gespräch" stellt hohe Anforderungen an die Leitung der Maßnahme. Da im Mittelpunkt des Ansatzes nicht die Vermittlung von Inhalten steht, sondern die Reflexion der Teilnehmenden über ihre eigenen Erfahrungen sowie die Auseinandersetzung mit den Perspektiven Anderer, benötigt die Leitung ein hohes Maß an eigener Gesprächsführungskompetenz. Sie hat nicht nur die Aufgabe die Gespräche zu moderieren, sie ist auch gleichzeitig Modell für die Teilnehmenden in der Anwendung von gesprächsförderlichen Strategien. Die Wirkung des vorgestellten Qualifizierungskonzepts hängt somit nicht nur von den dargestellten Inhalten, Methoden und Materialien ab, sondern auch von der Prozessqualität der Durchführung.

7. Literatur

Albers, T. (2009). Sprache und Interaktion im Kindergarten. Eine quantitativ-qualitative Analyse der sprachlichen und kommunikativen Kompetenzen von drei- bis sechsjährigen Kindern. Bad Heilbrunn: Klinkhardt.

Albers, T. (2011). Sag mal! Krippe, Kindergarten und Familie: Sprachförderung im Alltag. Weinheim: Beltz.

Andresen, H. (2002). Interaktion, Sprache und Spiel: Zur Funktion des Rollenspiels für die Sprachentwicklung im Vorschulalter. Tübingen: Narr.

Arnett, J. (1989). Caregivers in day-care centers: Does training matter? Journal of Applied Developmental Psychology, 10, 541–552.

Arnett, J. (o. J.). Caregiver interaction scale. Research instrument. Unpublished paper. Atlanta: Oglethorpe University.

Baden-Württemberg Stiftung (Hrsg.). (2011). Sag' mal was – Sprachförderung für Vorschulkinder. Tübingen: Narr Francke.

Baden-Württemberg Stiftung (Hrsg.). (2014). Sag' mal was – Sprachliche Bildung für Kleinkinder. Sprachförderansätze: Erfahrungen und Reflexion. Tübingen: Narr Francke. (in Druck)

Beck, I. & McKeown, M. G. (2001). Text Talk: Capturing benefits of read-aloud experiences for young children. The Reading Teacher, 55, 1, 10–20.

Beller, S. & Beller, E. K. (2009). Abschlussbericht des Projekts Systematische sprachliche Anregung im Kindergartenalltag zur Erhöhung der Bildungschancen 4- und 5-jähriger Kinder aus sozial schwachen und Migrantenfamilien – ein Modell der pädagogischen Intervention. http://www.jugendmarke.de/upload/pdf/Berichte/2009/Abschlussbericht-52-36-06-INA.pdf [27.07.2011].

Beller, K., Merkens, H. & Preissing, C. (2007). Abschlussbericht des Projekts – Erzieherqualifizierung zur Erhöhung des sprachlichen Anregungsniveaus in Tageseinrichtungen für Kinder – eine Interventionsstudie. Berlin. http://www.beller-und-beller.de/ESIA-Abschlussbericht-05-2007-2.pdf [15.05.2013].

Berufsbildungswerk Leipzig (2011). Arbeitsmaterial zur Sprachförderung in Kindertagesstätten. Miteinander Lesen – Miteinander Sprechen. http://www.bbw-leipzig.de/fileadmin/user_upload/1_Gruppe/Downloads/Handreichung_Miteinander_Lesen_-_Miteinander_Sprechen.pdf [06.01.2014].

Best, P., Laier, M., Jampert, K., Sens, A. & Leuckefeld, K. (2011). Dialoge mit Kindern führen. Die Sprache der Kinder im dritten Lebensjahr beobachten, entdecken und anregen. Weimar: das Netz.

Blank, M. & Franklin, E. (1980). Dialogue with preschoolers: A cognitively-based system of assessment. Applied Psycholinguistics, 1, 127–150.

Bronfenbrenner, U. & Morris, A.P. (2006). The bioecological model of human development. In W. Damon & R.M. Lerner (Eds.), Handbook of child psychology, Vol. 1 (6th ed.)(pp. 793–828). New York: Wiley.

Bruner, J. (1987). Wie das Kind sprechen lernt. Bern: Huber.

Bürki, D. (1988). Vom Symbol- zum Rollenspiel. In B. Zollinger (Hrsg.), Kinder im Vorschulalter. Erkenntnisse, Beobachtungen und Ideen zur Welt der Drei- bis Siebenjährigen (2. Aufl.) (S. 11–47) Bern: Haupt.

Buschmann, A. (2009). Heidelberger Elterntraining zur frühen Sprachförderung. Trainermanual. München: Urban & Fischer.

Buschmann, A. & Jooss, B. (2007). Frühintervention bei verzögerter Sprachentwicklung: Heidelberger Elterntraining zur frühen Sprachförderung. Theorie und Praxis. Forum Logopädie, 5, 6–11.

Buschmann, A., Jooss, B., Simon, S. & Sachse, S. (2010). Alltagsintegrierte Sprachförderung in Krippe und Kindergarten. Das „Heidelberger Trainingsprogramm". Ein sprachbasiertes Interaktionstraining für den Frühbereich. Interdisziplinär, 18, 2, 84–95.

Buschmann A., Simon, S., Jooss B. & Sachse, S. (2010). Ein sprachbasiertes Interaktionstraining für ErzieherInnen („Heidelberger Trainingsprogramm") zur alltagsintegrierten Sprachförderung in Krippe und Kindergarten – Konzept und Evaluation. In K. Fröhlich-Gildhoff, I. Nentwig-Gesemann & P. Strehmel (Hrsg.), Forschung in der Frühpädagogik III. Schwerpunkt: Sprachentwicklung & Sprachförderung (S. 107–133). Freiburg: FEL.

Butschkow, R. (2013). Da stimmt doch was nicht! Ein Suchspaß-Wimmelbuch. Frankfurt: Baumhaus.

Camarata, S. M. & Nelson, K. E. (1992). Treatment efficiency as a function of target selection in the remediation of child language disorders. Clinical Linguistics & Phonetics, 6, 167–178.

Cocking, R. R. & Copple, C. E. (1979). Change through exposure to others: A study of children's verbalizations as they draw. In J. Magary (Ed.), Proceedings of the eighth annual UAP-USC conference on Piagetian theory and the helping professions (pp. 124–132). University Park, CA: University of Southern California Press.

Cocking, R. R. & McHale, S. (1980). A comparative study of the use of pictures and objects in assessing children's receptive and productive language. Journal of Child Language, 8, 1–13.

Copple, C., Sigel, I. & Saunders, R. (1979). Educating the young thinker: Classroom strategies for cognitive growth. New York: Van Nostrand.

Copple, C., Sigel, I. E. & Saunders, R. (1984). Educating the young thinker: Classroom strategies for cognitive growth. Hillside, NJ: Erlbaum.

Dannenbauer, F. M. (1984). Techniken des Modellierens in einer entwicklungsproximalen Therapie für dysgrammatisch sprechende Vorschulkinder. Der Sprachheilpädagoge, 16, 2, 35–49.

Dannenbauer, F. M. (1994). Zur Praxis der entwicklungsproximalen Intervention. In H. Grimm & S. Weinert (Hrsg.), Intervention bei sprachgestörten Kindern. Voraussetzungen, Möglichkeiten und Grenzen (S. 83–104). Stuttgart: Fischer.

Deci, E. L. & Ryan, R. M. (1993). Die Selbstbestimmungstheorie der Motivation und ihre Bedeutung für die Pädagogik. Zeitschrift für Pädagogik, 39, 2, 223–238.

Deci, E. L. & Ryan, R. M. (2000). The „what" and „why" of goal pursuits: Human needs and the self-determination of behaviour. Psychological Inquiry, 11, 227–268.

Delafosse, C. (2014). Licht an! Tiere im Zoo, erstmals erschienen 2003 im Sauerländer Verlag. Frankfurt: Fischer.

Downer, J., Sabol, T. J. & Hamre, B. (2010). Teacher-child interactions in the classroom: Toward a theory of within- and cross-domain links to children's developmental outcomes. Early Education and Development, 21, 5, 699–723.

Early, D. M., Burchinal, M. A., Bender, R. H., Bryant, D., Cai, K., Clifford, R. M., Ebanks, C., Griffin, J. A., Henry, G. T., Howes, C., Iriondo-Perez, J., Jeon, H. J., Mashburn, A. J., Peisner-Feinberg, E., Pianta, R. C., Vandergrift, N. & Zill, N. (2007). Teachers' education, classroom quality, and young children's academic skills: results from seven studies of preschool programs. Child Development, 78, 2, 558–580.

Einsiedler, W. (1999). Das Spiel der Kinder: Zur Pädagogik und Psychologie des Kinderspiels. Bad Heilbrunn: Klinkhardt.

Engelking, K. (2008). Kleine Geschichten vom Flo. Hamburg: Oettinger.

Esser, H. (2011). Was ist praktischer als eine gute Theorie? Anmerkungen zur wissenschaftlichen Begründung und Evaluation von praktischen Maßnahmen (nicht nur) im Bereich der Modellversuche zur Sprachförderung. In Baden-Württemberg-Stiftung (Hrsg.), Sag' mal was – Sprachförderung für Vorschulkinder. Zur Evaluation des Programms der Baden-Württemberg Stiftung. Sprachförderung im Spannungsfeld zwischen Wissenschaft und Praxis (S. 49–60). Tübingen: Francke.

Fölling-Albers, M., Hartinger, A. & Mörtl-Hafizović, D. (2004). Situiertes Lernen in der Lehrerbildung. Zeitschrift für Pädagogik, 50, 5, 727–747.

Frede, E., Jung, K., Barnett, S. & Figueras, A. (2009). The APPLES Blossom: Abbott Preschool Program Longitudinal Effects Study (APPLES). Preliminary results through 2nd grade. Interim Report. http://nieer.org/pdf/apples_second_grade_results.pdf [16.04.2011].

Fried, L. (2007). Die Entwicklung kindlichen Wissens sichtbar machen. In N. Neuß (Hrsg.), Bildung und Lerngeschichten im Kindergarten (S. 101–124). Weinheim: Beltz.

Fried, L. (2013). Sprachförderung. In L. Fried & S. Roux (Hrsg.), Handbuch Pädagogik der frühen Kindheit (S. 175–180). Berlin: Cornelsen.

Fried, L. & Briedigkeit, E. (2008). Sprachförderkompetenz. Selbst- und Teamqualifizierung für Erzieherinnen, Fachberatungen und Ausbilder. Berlin: Cornelsen Scriptor.

Gasteiger-Klicpera, B., Knapp, W. & Kucharz, D. (2010). Abschlussbericht der Wissenschaftlichen Begleitung des Programms „Sag' mal was – Sprachförderung für Vorschulkinder".http://www.ph-weingarten.de/zep/Projekte/Abschlussbericht_Sprachfoerderung_Landesstiftung_PH_Weingarten.pdf [25.06.2010].

Geisler, D. (2008). Luzie und Lottchen ziehen sich an. Hamburg: Oetinger.

Girolametto, L., Weitzman, E. & Greenberg, J. (2003). Training day care staff to facilitate children's language. American Journal of Speech-Language Pathology, 12, 299–311.

Götte, R. (2002). Sprache und Spiel im Kindergarten: Praxis der ganzheitlichen Sprachförderung in Kindergarten und Vorschule. Weinheim: Beltz.

Grimm, H. (2003). Störungen der Sprachentwicklung (2. Aufl.). Göttingen: Hogrefe.

Gruber, H. (2009). Situiertes Lernen. In K.-H. Arnold, U. Sandfuchs & J. Wiechmann (Hrsg.), Handbuch Unterricht (2. Aufl.) (S. 249–252). Bad Heilbrunn: Klinkhardt.

Hamre, B. K., Justice, L. M., Pianta, R. C., Kilday, C., Sweeney, B., Downer, J. T. & Leach, A. (2010). Implementation fidelity of MyTeachingPartner literacy and language activities: Association with preschoolers' language and literacy growth. Early Childhood Research Quarterly, 25, 329–347.

Hart, B. & Risley, T. R. (1995). Meaningful differences in the everyday experience of young American children. Baltimore: Brookes.

Hartinger, A., Lohrmann, K., Rank, A. & Fölling-Albers, M. (2011). Situiertes Lernen. In E. Kiel & K. Zierer (Hrsg.), Basiswissen Unterrichtsgestaltung. Band 2: Unterrichtsgestaltung als Gegenstand der Wissenschaft (S. 77–85). Baltmannsweiler: Schneider Hohengehren.

Häuser, D. & Jülisch, B.-R. (2006). Handlung und Sprache. Das Sprachförderprogramm. Berlin: NIF.

Hauser, B. (2013a). Spielen. Frühes Lernen in Familie, Krippe und Kindergarten. Stuttgart: Kohlhammer.

Hauser, B. (2013b). Spielen und Lernen. In L. Fried & S. Roux (Hrsg.), Handbuch Pädagogik der frühen Kindheit (S. 241–248). Berlin: Cornelsen.

Hergenröder, M. (2012). Das Spiel des Kleinkindes in der Familie – Sind Eltern mittendrin oder doch „nur" dabei? Unveröffentlichte Diplomarbeit. Landau: Universität.

Justice, L. M., Mashburn, A., Pence, K., & Wiggins, A. (2008). Experimental Evaluation of a Preschool Language Curriculum: Influence on Children's Expressive Language Skills. Journal of Speech, Language, and Hearing Research, 51, 4, 983–1001.

Kaltenbacher, E. & Klages, H. (2007). Deutsch für den Schulstart: Zielsetzungen und Aufbau eines Förderprogramms. In B. Ahrenholz (Hrsg.), Deutsch als Zweitsprache (S. 135–150). Freiburg: Fillibach.

Kaltenbacher, E., Klages, H. & Pagonis, G. (2009). Projekt Deutsch für den Schulstart – Arbeitsbericht April 2009. http://www.deutsch-fuer-den-schulstart.de/upload /arbeitsbericht.pdf [08.04.2013].

Kammermeyer, G. (2007). Mit Kindern Schriftsprache entdecken. Entwicklung, Diagnose und Förderung (schrift-)sprachlicher Fähigkeiten in Kindertagesstätte und Anfangsunterricht. In Stiftung Bildungspakt Bayern (Hrsg.), KiDZ – Das Programm (S. 205–263). Kronach: Link.

Kammermeyer, G., Roux, S. & Stuck, A. (2011). Additive Sprachförderung in Kindertagesstätten – wann ist sie erfolgreich? Ergebnisse der Evaluation in Rheinland-Pfalz. In S. Roux & G. Kammermeyer (Hrsg.), Sprachförderung im Blickpunkt (Themenheft). Zeitschrift für empirische Pädagogik, 25, 4, 439–461.

Kammermeyer, G. & Roux, S. (2013). Sprachbildung und Sprachförderung. In M. Stamm & D. Edelmann (Hrsg.), Handbuch frühkindliche Bildungsforschung (S. 515–528). Berlin: Springer.

Kasten, H. (2007). 0–3 Jahre: Entwicklungspsychologische Grundlagen. Berlin: Cornelsen Scriptor.

King, S., Metz, A., Kammermeyer, G. & Roux, S. (2011). Ein sprachbezogenes Fortbildungskonzept für Erzieherinnen auf Basis situierter Lernbedingungen. In S. Roux & G. Kammermeyer (Hrsg.), Sprachförderung im Blickpunkt (Themenheft). Zeitschrift für empirische Pädagogik, 25, 4, 481–498.

König, A. (2009). Interaktionsprozesse zwischen ErzieherInnen und Kindern. Eine Videostudie aus dem Kindergartenalltag. Wiesbaden: VS.

Krapp, A. (2002). An educational-psychological theory of interest and its relation to selfdetermination theory. In E. L. Deci & R. M. Ryan (Eds.), The handbook of self-determination research (pp. 405–427). Rochester: University of Rochester Press.

Kraus, K. (2005). Dialogisches Lesen – Neue Wege der Sprachförderung. In S. Roux (Hrsg.), PISA und die Folgen. Sprache und Sprachförderung im Kindergarten (S. 109–129). Landau: Empirische Pädagogik.

Kraushaar, S. & Fiedler, S. (2004). Sag mal aaahh! Beim Kinderarzt. Hamburg: Oetinger.

Küspert, P. & Schneider, W. (2006). Hören, lauschen, lernen. Sprachspiele für Kinder im Vorschulalter. Würzburger Trainingsprogramm zur Vorbereitung auf den Erwerb der Schriftsprache (5. Aufl.). Göttingen: Vandenhoeck & Ruprecht.

Kuyk, J. J. van (2003). Pyramide. Die Methode für junge Kinder. Nijmegen: CITO.

Lee, H.-J., Jahn, M. & Tietze, W. (2011). Summative Evaluation von Modellprojekten zur Sprachförderung im Programm „Sprachliche Bildung für Kleinkinder". Abschlussbericht. (Unveröffentlichtes Manuskript) Berlin: EduCERT.

Lee, H.-J., Jahn, M. & Tietze, W. (2014/im Druck). Summative Evaluation (EduCert). In Baden-Württemberg Stiftung (Hrsg.), Integrierter Bericht zur Sprachförderung im Programm „Sprachliche Bildung für Kleinkinder" (S. 93–123). Tübingen: Francke.

Lisker, A. (2010). Sprachförderung vor der Einschulung. Expertise für das Deutsche Jugendinstitut München. http://www.dji.de/bibs/Expertise_Sprachstandserhebung_Lisker_2010.pdf [21.02.2011].

Lisker, A. (2011). Additive Maßnahmen zur vorschulischen Sprachförderung in den Bundesländern. Expertise im Auftrag des Deutschen Jugendinstituts. München: DJI. http://www.dji.de/bibs/Expertise_Sprachfoerderung_Lisker_2011.pdf [07.06.2011].

Lipowsky, F. (2004). Was macht Fortbildungen für Lehrkräfte erfolgreich? Die Deutsche Schule, 4, 462–478.

Lipowsky, F. (2010a). Lernen im Beruf. Empirische Befunde zur Wirksamkeit von Lehrerfortbildung. http://www.unikassel.de/~lipowski/Publikationen/Lipowsky_Lernen%20im%20Beruf.PDF [01.02.2011].

Lipowsky, F. (2010b). Lernen im Beruf. In F. Müller, A. Eichenberger, M. Lüders & J. Mayr (Hrsg.), Lehrerinnen und Lehrer lernen. Konzepte und Befunde zur Lehrerfortbildung (S. 51–69). Münster: Waxmann.

Mashburn, A. J. & Pianta, R. C. (2010). Opportunity in early education: Improving teacher-child interactions and child outcomes. In A. Reynolds, A. Rolnick, M. Englund & J. Temple (Eds.), Childhood programs and practices in the first decade of life: A human capital integration (pp. 243–265). New York: Cambridge University Press.

Neugebauer, U. (2010). Keine Outcomes trotz Kompetenzüberzeugung? Qualifikationen und Selbsteinschätzungen von Sprachförderkräften in KiTa's. Empirische Sonderpädagogik, 2, 34–47.

Oerter, R. (1999). Psychologie des Spiels. Weinheim: Beltz.

Oerter, R. (2002). Kindheit (Kap. 6). In R. Oerter & L. Montada (Hrsg.), Entwicklungspsychologie (S. 209–257). Weinheim: Beltz.

Peter, U. (1998). Entwicklung sozial-kommunikativer Kompetenzen. In B. Zollinger (Hrsg.), Kinder im Vorschulalter. Erkenntnisse, Beobachtungen und Ideen zur Welt der Drei- bis Siebenjährigen. Bern: Haupt.

Pianta, R. C., Hamre, B. K. & Downer, J. T. (2011). Alingning measures of quality with professional development goals and goals for children's development. In M. Zaslow, I. Martinez-Beck & K. Tout (Eds.), Quality measurement in early childhood settings (pp. 297–315). Baltimore: Paul Brookes.

Pianta, R. C., Mashburn, A. J., Downer, J. T., Hamre, B. K. & Justice, L. (2008). Effects of web-mediated professional development resources on teacher-child interactions in pre-kindergarten classrooms. Early Childhood Research Quarterly, 23, 4, 431–451.

Rank, A., Gebauer, S., Fölling-Albers, M. & Hartinger, A. (2011). Vom Wissen zum Handeln in Diagnose und Förderung – Bedingungen des erfolgreichen Transfers einer situierten Lehrerfortbildung in die Praxis. Zeitschrift für Grundschulforschung, 2, 70–82.

Redder, A., Schwippert, K., Hasselhorn, M., Forschner, S., Fickermann, D., Ehlich, K., Becker-Mrotzeck, M., Krüger-Potratz, M., Roßbach, H.-G., Stanat, P. & Weinert, S. (2011). Bilanz und Konzeptualisierung von strukturierter Forschung zu „Sprachdiagnostik und Sprachförderung". Hamburg: ZUSE. http://www.zuse.uni-hamburg.de/501publikation/zuse_berichte_02.pdf [15.06.2011].

Reich, H. (2011). Bedingungen des Gelingens. Eine Orientierungssuche nach der Evaluation. In Baden-Württemberg-Stiftung (Hrsg.), Sag' mal was – Sprachförderung für Vorschulkinder (S. 183–190). Tübingen: Francke.

Reusser, K. (2005). Situiertes Lernen mit Unterrichtsvideos. Unterrichtsvideografie als Medium des situierten beruflichen Lernens. Journal für Lehrerinnen- und Lehrerbildung, 5, 2, 8–18.

Ritterfeld, U. (1999). Pragmatische Elternpartizipation in der Behandlung dysphasischer Kinder. Sprache Stimme Gehör, 1, 23, 192–197.

Ritterfeld, U. (2000). Welchen und wie viel Input braucht das Kind? In H. Grimm (Hrsg.), Sprachentwicklung (S. 403–432). Göttingen: Hogrefe.

Roos, J., Polotzek, S. & Schöler, H. (2010). EVAS. Evaluationsstudie zur Sprachförderung von Vorschulkindern. Wissenschaftliche Begleitung der Sprachfördermaßnahmen im Programm „Sag' mal was – Sprachförderung für Vorschulkinder". Abschlussbericht. Unmittelbare und längerfristige Wirkungen von Sprachförderungen in Mannheim und Heidelberg. http://www.sagmalwas-bw.de/media/WiBe%201/pdf/EVAS_Abschlussbericht_Januar2010.pdf [17.04.2013].

Roßbach, H.-R. & Leal, T.B. (1993). Mütterfragebogen zu kindlichen Aktivitäten im Kontext des Familiensettings (AKFRA). Deutsche Fassung des Questionnaire on preschool-aged children's activities in the family. Unveröffentl. Manuskript, Westfälische Wilhelms-Universität, Münster und Universidade do Porto.

Roskos, K. A. & Christie, J.F. (2000). Play and literacy in early childhood. London: Lawrence Erlbaum.

Rüter, M. (2004). Die Rolle der Elternsprache im frühen Spracherwerb. Sprache, Stimme, Gehör, 28, 29–36.

Schank, R. C. & Abelson, R. P. (1977). Scripts, Plans, goals and understanding: an inquiry into human knowledge structures. Hillsdale, NJ: Lawrence Erlbaum.

Scherer, N. & Olswang, I. (1984). The role of mother's expansions in stimulating children's language production. Journal of Speech and Hearing Research, 27, 387–396.

Scherer, N. & Olswang, L. (1989). Using structured discourse as a language intervention technique with autistic children. Journal of Speech and Hearing Disorders, 54, 383–394.

Schneider, W., Baumert, J., Becker-Mrotzek, M., Hasselhorn, M., Kammermeyer, G., Rauschenbach, Th., Roßbach, H.-G., Roth, H.-J., Rothweiler, M. & Stanat, P. (2012). Expertise „Bildung durch Sprache und Schrift (BISS)". Bund-Länder-Initiative zur Sprachförderung, Sprachdiagnostik und Leseförderung. Berlin: BMBF. http://www.bmbf.de/pubRD/BISS_Expertise.pdf [28.10.2013].

Schneider, W., Visé, M., Reimers, P. & Blaesser, B. (1994). Auswirkungen eines Trainings der sprachlichen Bewusstheit auf den Schriftspracherwerb in der Schule. Zeitschrift für Pädagogische Psychologie, 8, 177–188.

Sigel, I. E. (1982). The relationship between parental distancing strategies and the child's cognitive behavior. In L. M. Laosa & I. E. Sigel (Eds.), Families as learning environments for children (pp. 47–86). New York: Plenum.

Sigel, I. E. (2000). Educating the young thinker model from research to practice. In J. L. Roopnarine & J. E. Johnson (Eds.), Approaches to early childhood education (pp. 315–340). Prentice Hall: Pearson.

Silverman, R. (2007). A comparison of three methods of vocabulary instruction during read-alouds in kindergarten. The Elementary School Journal, 108, 2, 97–113.

Siraj-Blatchford, I., Sylva, K., Muttock, S., Gilden, R. & Bell, D. (2002). Researching effective pedagogy in the early years. Research Report RR. 356. London: Department for Education and Skills.

Smilanski, S. (1978). Wirkungen des sozialen Rollenspiels auf benachteiligte Vorschulkinder. In A. Flitner (Hrsg.), Das Kinderspiel (S. 151–187). München: Piper.

Stich, M. & Ptok, M. (2009). Symbolspielkompetenz bei Vorschulkindern. HNO, 57, 1163–1166.

Sylva, K., Melhuish, E., Sammons, P., Siraj-Blatchford, I., Taggart, B. & Elliot, K. (2004). The effective provision of pre-school education project – Zu den Auswirkungen vorschulischer Einrichtungen in England. In G. Faust, M. Götz, H. Hacker & H.-G. Roßbach (Hrsg.), Anschlussfähige Bildungsprozesse im Elementar- und Primarbereich (S. 154–167). Bad Heilbrunn: Klinkhardt.

Szagun, G. (2010). Sprachentwicklung beim Kind. Weinheim: Beltz.

Tietze, W. et al. (2008). *Integrierte Qualitätsskalen.* Forschungsversion. Berlin: PädQUIS gGmbH.

Tracy, R. & Lemke, V. (Hrsg.). (2009). Sprache macht stark. Offensive Bildung. Berlin: Cornelsen Scriptor.

Tracy, R. (2011). Was uns „Sag' mal was" sagen kann: Impressionen einer Bildungsreise. In Baden-Württemberg Stiftung (Hrsg.), Sag' mal was – Sprachförderung für Vorschulkinder (S. 78–92). Tübingen: Francke.

Ulich, M. (2003). Literacy – sprachliche Bildung im Elementarbereich. Kindergarten heute, 33, 3, 6–18.

Valdez-Menchaca, M. C. & Whitehurst, G. J. (1992). Accelerating language development through picture book reading: A systematic extension to Mexican day care. Development Psychology, 28, 6, 1106–1114.

Vygotsky, L. S. (1978). Mind in society: The development of higher psychological processes. Cambridge, MA: Harvard University Press.

Weinert, S. & Grimm, H. (2012). Sprachentwicklung. In W. Schneider & U. Lindenberger (Hrsg.), Entwicklungspsychologie (S. 433–456). Weinheim: Beltz.

Weitzman, E. & Greenberg, J. (2002). Learning language and loving it: A guide to promoting children's social, language, and literacy development. Toronto: Hanen Centre.

Whitehurst, G. J., Arnold, D. S., Epstein, J. N., Angell, A. L., Smith, M. & Fischel, J. (1994). A picture book reading intervention in day care and home for children from low-income families. Developmental Psychology, 30, 679–689.

Whitehurst, G. J., Falco, F. L., Lonigan, C. J., Fischel, J. E., DeBaryshe, B. D., Valdez-Menchaca, M.C. & Caulfield, M. (1988). Accelerating language development through Picture book reading. Developmental Psychology, 24, 552–558.

Whitehurst, G. J. & Lonigan, C. J. (1998). Relative efficacy of parent and teacher involvement in a shared-reading intervention for preschool children from low-income backgrounds. Early Childhood Research Quarterly, 13, 2, 163–290.

Wolf, K. M., Felbrich, A., Stanat, P. & Wendt, W. (2011). Evaluation der kompensatorischen Sprachförderung in Brandenburger Kindertagesstätten. In S. Roux & G. Kammermeyer (Hrsg.), Sprachförderung im Blickpunkt (Themenheft). Zeitschrift für empirische Pädagogik, 25, 4, 423–438.

Zollinger, B. (2010). Die Entdeckung der Sprache. Bern: Haupt.

8. Anhang

8.1 Verzeichnis der Abbildungen und Tabellen

Verzeichnis der Abbildungen

Abb. 1: Vereinfachte Darstellung des PPCT-Modells von Bronfenbrenner und Morris (2006)
Abb. 2: Strategiepyramide
Abb. 3: Stufenartiger Aufbau der Qualifizierung
Abb. 4: Baustein mit Erläuterungen

Verzeichnis der Tabellen

Tab. 1: Modellierungsstrategien
Tab. 2: Übersicht zu mütterlichen Sprechstilen (vgl. Weinert & Grimm, 2012, S. 454)
Tab. 3: Formale Strategien
Tab. 4: Inhaltliche Strategien der Nähe und des Abstandes
Tab. 5: Module und Bausteine des Qualifizierungskonzepts
Tab. 6: Alle Methoden im Überblick
Tab. 7: Videoausschnitte mit dazugehörenden Modulen bzw. Bausteinen
Tab. 8: Arbeitsblätter und die dazugehörenden Module und Bausteine
Tab. 9: Transkripte und die dazugehörenden Module und Bausteine

8.2 Ergänzende Materialien (auf DVD)

- **Strategiepyramide**
- **Reflex-Eck**
- **Bilderbuchseite** für Modul 1: Strategien & Situationen; Baustein 7 „Nähe und Abstand"
- **Fotos** verschiedener Bilderbetrachtungssituationen für Modul 2: Bilder & Bilderbücher; Baustein 1 „Wie gestalte ich eine Bilderbuchbetrachtung?"
- **Bilderbuchseite** für Modul 2: Bilder & Bilderbücher; Baustein 6 „Neue Wörter"
- **Bilderbuchseite** für Modul 2: Bilder & Bilderbücher; Baustein 7 „Worteinführung in der Bilderbuchbetrachtung"
- **Bilderbuchseite** für Modul 2: Bilder & Bilderbücher; Baustein 8 „Pitschenass wird die Luzie"
- **JA-ja-NEIN-nein Kärtchen** für Modul 4: Symbol- & Rollenspiel; Baustein 1 „Meine eigene Rolle im Rollenspiel"
- **Fotostrecke** für Modul 4: Symbol- & Rollenspiel; Baustein 6 „Was sind Skripts?"
- **Bilderbuchseite** für Modul 6: Markt & Möglichkeiten; Station 4 „In der Küche ist es dunkel"
- **Bilderbuchseiten** für Modul 6: Markt & Möglichkeiten; Station 8: „Sag mal aaahh!"

Auer empfiehlt

Die optimale Ergänzung zu diesem Buch:

64 S., DIN A4 mit CD-ROM
▸ Best-Nr. **06807**

Heike Grüner
Einfach und sicher beurteilen in der Kita
Fertige Textbausteine zur Beobachtung und Dokumentation

▸ Schnell und richtig beurteilen!

Sie wissen nicht, wie Sie die Beobachtung aller Kinder im normalen Alltag nebenbei leisten sollen? Sie brauchen einfache Methoden der Beobachtung, die Sie gut in den normalen Ablauf integrieren können? Sie suchen nach Vorlagen, mit denen Sie ohne großen Aufwand genaue Dokumentationen erstellen können, die fachlich richtig und treffend formuliert sind? Dann ist dieser Band genau das Richtige für Sie. Sie erhalten die wichtigsten Hintergrundinformationen und Hilfen zum Thema, durchdachte Beobachtungsbögen für jeden Anlass sowie fertig ausformulierte Beurteilungsbausteine, die Sie ohne großen Aufwand nur noch zusammenfügen müssen.

Die Themen dieses Bandes:

▸ Motorische Entwicklung des Kindes | Wahrnehmung | Emotionale Entwicklung des Kindes | Kognitive Entwicklung des Kindes | Soziale Entwicklung des Kindes | Arbeitsverhalten | Das Kind in der Gruppe

Dieser Band enthält:

▸ wichtige Hintergrundinformationen zur Beobachtung und Dokumentation in der Kita, einfach aufbereitet | genaue Hilfen zur einfachen Umsetzung in der Praxis | Bausteine zur einfachen Beurteilung und Dokumentation auf CD-ROM

WWW.AUER-VERLAG.DE
WEBSERVICE
www.auer-verlag.de/go/
06807

Blättern im Buch

Download

Leseprobe

Weitere Titel zu dem Thema:

Silke Hertel, Kerstin Klauß, Meike Laux
Soziale Kompetenzen gezielt fördern
Praktische Übungen, Spiele und Geschichten!
128 S., DIN A4
▸ Best-Nr. **04836**

Karin Arthen, Birgit Ruf
ADHS und Wahrnehmungsauffälligkeiten
Früherkennung und Prävention!
120 S., DIN A4
▸ Best-Nr. **04544**

Michael Schnabel
Das Elterngespräch im Kindergarten
Erfolgreich vorbereiten, durchführen und auswerten!
120 S., DIN A4
▸ Best-Nr. **06142**

Bestellschein (bitte kopieren und faxen/senden)

Ja, bitte senden Sie mir gegen Rechnung:

Anzahl	Best.-Nr.	Kurztitel
	06807	Einfach und sicher beurteilen in der Kita
	04836	Soziale Kompetenzen gezielt fördern
	04544	ADHS und Wahrnehmungsauffälligkeiten
	06142	Das Elterngespräch im Kindergarten

☐ Ja, ich möchte per E-Mail über Neuerscheinungen und wichtige Termine informiert werden.

E-Mail-Adresse

Auer Verlag
Postfach 1152
86601 Donauwörth

Fax: 09 06 / 73-178
oder einfach anrufen:
Tel.: 09 06 / 73-240
(Mo-Do 8:00-16:00 & Fr 8:00-12:00)
E-Mail: info@auer-verlag.de

Absender:

Aktionsnummer: 9066

Vorname, Nachname

Straße, Hausnummer

PLZ, Ort

Datum, Unterschrift

10 Beobachtung des Verhaltens bei angeleiteter Aktivität
(kurzfristige Projekte, Tagesangebote, längerfristige Projekte)

Verhaltensweisen bei Anleitung	Gezeigtes Verhalten
Das Kind fragt nach.	
Das Kind schaut interessiert zu.	
Das Kind läuft desinteressiert herum.	
Das Kind stört durch …	
Das Kind ist abgelenkt.	
Das Kind kann nicht durchhalten.	
Umsetzung von Anweisungen	**Gezeigtes Verhalten**
Das Kind folgt den Anweisungen, hat aber Schwierigkeiten.	
Das Kind folgt den Anweisungen, fordert Hilfe ein.	
Das Kind folgt den Anweisungen und resigniert.	
Das Kind macht etwas anderes.	
Das Kind zerstört etwas.	
Das Kind hat kreative Vorschläge zur Ausgestaltung von …	
War mein Angebot so, dass	**Gezeigtes Verhalten**
die meisten Kinder interessiert mit machten?	
einige Kinder kreative Vorschläge machen konnten?	
mindestens ¼ der Kinder uninteressiert, abgelenkt, zerstörerisch war?	
mindestens ¼ der Kinder wegliefen.	
Welche Konsequenzen ziehe ich daraus? Wie verändere ich mein Projekt?	